Peinture et décoration de meubles

PEINTURE ET DÉCORATION DE MEUBLES

Sheila McGraw

Broquet

Données de catalogage avant publication (Canada)

McGraw, Sheila

Peinture et décoration de meubles

Traduction de : Painting and decorating furniture.

Comprend un index.

ISBN 2-89000-592-5

1. Meubles - Peinture. 2. Arts décoratifs I. Titre.

TT199.4.M3314 2003 745.7'23 C2003-940731-4

Pour l'aide à la réalisation de son programme éditorial, l'éditeur remercie :
Le Gouvernement du Canada par l'entremise du Programme d'Aide au Développement de l'Industrie de l'Édition (PADIÉ) ;
La Société de Développement des Entreprises Culturelles (SODEC) ;
L'Association pour l'Exportation du Livre Canadien (AELC).
Le Gouvernement du Québec - Programme de crédit d'impôt pour l'édition de livres - Gestion SODEC.

traduction : Anne-Marie Courtemanche
révision : Marcel Broquet

Titre original : Painting and decorating furniture
Publié par Firefly Books LTD

Texte par Sheila McGraw
Photographies et illustrations par Sheila McGraw
Édité par Sarah Swartz et Dan Liebman
Conception graphique par Sheila McGraw et Counterpunch/Linda Gustafson
Mise en page par Counterpunch

Pour l'édition en langue française :

Dépôt légal — Bibliothèque nationale du Québec
3e trimestre 2003

Imprimé en Malaisie

ISBN 2-89000-592-5

Les peintures, composés chimiques et outils (à main ou électriques), ainsi que tout autre matériel dont il est fait mention dans ce livre doivent être manupilés avec soin. Une ventilation adéquate ainsi que des vêtements et matériel de protection doivent être utilisés lorsque c'est nécessaire. L'auteur et l'éditeur n'assument aucune responsabilité en cas d'accidents ou de réactions allergiques résultant de l'utilisation de matériel, du déplacement des meubles dans le but de les peindre et de les décorer ou de l'utilisation ultérieure des traitements pour meubles expliqués dans ce livre. Afin d'obtenir les résultats illustrés, toutes les étapes ainsi que les conseils qui accompagnent le projet doivent être suivis à la lettre, avec les matériaux recommandés.
L'auteur et l'éditeur n'assument aucune responsabilité pour une qualité d'exécution insatisfaisante.

À Swee'pea

Remerciements

Merci à tous ceux qui ont travaillé avec moi à ce projet de livre : Lionel Koffler grâce à qui la publication de ce livre fut possible ; Pamela Anthony, Melanie Siegel et Pauline McGraw-Pike pour leur soutien et leur collaboration à la prise des photographies. Merci également à Max Piersig et à Jason Wing pour leurs esprits vifs… et leur force physique. Merci à tous ceux qui ont prêté leurs meubles à ce projet et qui m'ont laissé les emprunter et à ceux qui m'ont ouvert leur maison et permis de prendre des photos. Un merci tout spécial à *The Paint Depot* de Toronto pour leurs excellents conseils, leur enthousiasme sans bornes et leur patience. Merci aussi à la designer Linda Gustafson qui a travaillé très fort avec moi, sans perdre le sourire afin de rendre tout ceci sur papier ainsi qu'à mes réviseurs, Sarah Swartz et Dan Liebman. Mon appréciation s'adresse aussi à toutes les personnes qui ont travaillé à l'ombre de ces pages afin de produire et d'imprimer ce livre, ainsi qu'à l'ensemble du personnel de l'éditeur.

TABLE DES MATIÈRES

Bureaux

168

Commodes

194

Tables

226

Index

300

INTRODUCTION

Promenez-vous dans les rues. Entrez dans des édifices, des centres commerciaux ou même votre propre maison. L'art, la peinture, le design et la décoration nous entourent et reflètent les styles et messages actuels grâce à un langage visuel universel composé de textures, de couleurs et de motifs. Le besoin ressenti par chacun d'imprégner son environnement de sa touche artistique personnelle est documenté à travers l'Histoire. Le désir de peindre vos meubles, de leur donner un style personnel, constitue une motivation naturelle. Les meubles sont dotés de propriétés uniques qui en font des sujets parfaits pour l'expression personnelle. Moins intimidants à taquiner qu'un mur, c'est l'échelle d'un meuble qui le rend si attrayant. Un meuble propose une surface facile à traiter – tout comme le canevas d'un artiste – sur laquelle les traitements affligés à la peinture des murs peuvent être magnifiquement mélangés aux embellissements émanant des techniques artistiques, afin d'obtenir des résultats qui inspirent.

Un pinceau du destin

Nombreux sont ceux qui, au moment d'appliquer une simple couche de peinture sur un meuble dans le but de le rafraîchir, ont été frappés par une forte inspiration. Avec pour résultat un chef-d'œuvre peint à la main, une part d'héritage familial qui sera apprécié par les générations futures. Les plans unis des meubles - plateaux de tables, façades de tiroirs, etc. - constituent autant d'occasions d'utiliser des techniques décoratives et picturales, alors que les formes en trois dimensions, sculpturales de nature, offrent plusieurs angles à la vue. La peinture et la décoration de meubles, est une créativité en ronde-bosse. Souvent, un grain de bois chargé, un fini inapproprié, ou simplement la familiarité d'une pièce de mobilier peut assombrir ces qualités jusqu'à ce que vous vous plantiez devant le meuble, peinture et pinceau à la main.

Si vous vous sentez tenaillé par l'indécision lorsque vous tentez de choisir le traitement adéquat, déterminez le type de décorateur que vous êtes.

Si vous préférez un meuble exceptionnel quoique discret, pensez aux couleurs pastel, aux teintes neutres, ainsi qu'aux traitements et textures ton sur ton.

Ce qui vaut la peine d'être fait mérite d'être extraordinaire ? Penchez du côté des couleurs vibrantes, des embellissements décoratifs à couper le souffle et à un savant mélange de traitement pour des résultats qui seront le fruit d'un heureux hasard.

Il n'est plus nécessaire de nos jours, d'utiliser des peintures à base d'huile qui sèchent lentement pour obtenir des résultats professionnels.

Comment utiliser ce livre

Lire toutes les instructions avant d'entamer un projet, c'est comme examiner une carte routière. Cela vous aide à anticiper ce qui s'en vient.

Que vous soyez débutant ou expert en peinture, ce livre vous guidera dans le labyrinthe des peintures et outils disponibles sur le marché et vous montrera de quelle façon manipuler et combiner matériaux et techniques afin d'obtenir des résultats époustoufflants et résolument créatifs. Consultez la section *Outils et matériaux* (page 14), dans le but de vous familiariser avec la pléiade de matériaux aussi faciles à trouver qu'à utiliser, chez les détaillants de peinture, de matériel d'artistes et d'artisanat. Sauf exception, seuls des produits peu toxiques et à base d'eau sont utilisés ici et recommandés. Les peintures à base d'eau ont grandement évolué et sont devenues faciles à nettoyer, simples d'utilisation et surtout, durables.

Les techniques de base de la peinture, telles que la peinture au pinceau, la peinture au rouleau, la peinture par pulvérisation, la teinture et le vernissage du bois sont abordées, y compris la réalisation d'une peinture de base pour ceux qui souhaitent simplement appliquer une couche de peinture uniforme à un meuble. Vous serez invité à consulter l'une ou l'autre de ces sections, lorsque cela sera nécessaire à la réalisation d'un projet. Ces sections sont une mine d'or de conseils et d'astuces de base qui vous feront économiser beaucoup de temps.

Lorsque vous choisirez un traitement, consultez la section qui présente le type de meuble que vous souhaitez peindre ou décorer - armoires, chaises, bureaux, commodes ou tables - et examinez les traitements qui y sont proposés. Si vous n'y trouvez pas la finition qui vous convient, feuilletez les autres sections. Un fini craquelé vu sur une armoire peut s'avérer parfait pour votre table. Consultez *À lire d'abord* cette courte portion du projet qui vous fera savoir s'il existe des restrictions quant à l'application de cette technique à d'autres types de meubles. Pour trouver les techniques et traitements spéciaux tels que la peinture à l'éponge, le ratissage et le pochoir, consultez *l'index* à la fin du livre. Vous serez référé au projet approprié. À l'intérieur de chacune des sections, les projets sont disposés en ordre, faisant appel aux compétences les plus rudimentaires, jusqu'aux plus avancées. Ne soyez cependant pas intimidé par les traitements plus complexes. Tous les projets, sans exception, son découpés en étapes faciles à suivre.

Les mesures sont empruntées à l'unité anglo-saxonne, avec conversions métriques en premier. Dans le but d'alléger les instructions, les conversions sont souvent arrondies. Par exemple, une pinte sera convertie en un litre, et une verge en un mètre. Les projets sont aussi facilement réalisables que vous adoptiez les mesures anglo-saxonnes ou métriques. Enfin, ne laissez pas le pingouin jouet qui apparaît sur les photos *Avant* vous déconcentrer. Ce petit jouet apparaît en guise d'échelle, offrant un point de référence. Sans lui, la taille d'une armoire ou d'un autre meuble aurait été difficile à évaluer à partir d'une simple photo.

Le pingouin qui apparaît sur les photos « Avant » mesure 22,5 cm (9 pouces) de hauteur.

Inspectez toutes les portions mobiles d'un meuble.

Choisir vos meubles

Imaginons que tante Edna vous a légué un monstre sur quatre pattes. Ce meuble est certainement robuste, bien fabriqué et solide, et de meilleure qualité que ce qui se vend aujourd'hui. Qui plus est, il est gratuit. Plutôt que de relayer le monstre aux oubliettes, transformez-le afin qu'il convienne à votre décor et soutirez-lui des dizaines, et possiblement des centaines d'années d'utilisation. Si aucune de vos tantes ne répond au prénom d'Edna, les ventes de garage et les marchés aux puces s'avèrent souvent des coffres aux trésors pour les vieux meubles. Parmi les autres possibilités, celle des meubles non peints, idéals pour la peinture et la teinture dans des couleurs aussi variées que nombreuses. Et ne jetez pas ces meubles de plastique stratifié. Même ces meubles de fabrication récente en mélamine sur un aggloméré peuvent être transformés grâce à des peintures à mélamine spéciales.

Si une portion de la planète est composée d'amoureux des chats, l'autre portion est amoureuse des chiens. Même chose pour les meubles : une portion des gens peint les meubles, l'autre les restaure. Ceux qui restaurent les meubles considèrent que le bois et son grain sont sacrés et que même la plus fine baguette mérite décapage et refinition. Alors que les disciples de la peinture croient que le bois est tout simplement le plastique de la nature, et que celui-ci n'est qu'en attente d'une transformation en chef-d'oeuvre. La vérité se trouve quelque part au milieu. Ce livre devrait donc contribuer à établir l'équilibre. Pratiquement tout style, type ou fini de meuble peut être peint, y compris le bois, le métal, la mélamine, et même les pièces qui ont déjà été peintes, laquées et vernies. Et s'il-vous-plaît : ne peignez pas d'antiquités authentiques ou d'autre pièces détenant une intégrité historique ou architecturale, y compris des classiques datant d'aussi récemment que les années 1960 et 1970. Si vous croyez que vos meubles ont de la valeur, faites-les évaluer. Dans bien des cas, vous pouvez tout simplement prendre une photo de la pièce et la faire parvenir à un expert-évaluateur ou à une maison de vente aux enchères. Si vous découvrez que vous possédez un classique mais que son style n'est pas attrayant à vos yeux, vendez la pièce plutôt que de la peindre. Toute antiquité dont la finition est originale devrait être conservée intacte. La finition ou la peinture originale d'une antiquité, même abîmée, ajoute à son authenticité et à sa valeur.

Si votre objectif est d'écourter le temps nécessaire à la préparation, recherchez une pièce dont les proportions sont intéressantes

Les courbes les plus intéressantes sont mises en valeur par la restauration.

Même un meuble aussi endommagé détient un potentiel de restauration.

Les tables de bois dont les lignes sont simples suggèrent un traitement antique ou rustique.

et dont la finition est solide et stable. Méfiez-vous des meubles qui ont des trous de vers, et plus particulièrement si vous constatez la présence de sciure près de la pièce, sur le plancher – un signe irréfutable de présence d'insectes. Lorsqu'ils emménagent, ces désagréables invités ont une fâcheuse tendance de tout manger. Et même si vous ne pouvez exiger la perfection, puisque les meubles *doivent nécessairement* être vieux et abîmés, inspectez tout de même toutes les portions mobiles du meuble afin de déterminer l'état des tiroirs qui coincent ou des portes qui collent, particulièrement si le vendeur les a fixés avec du ruban. Retirer les tiroirs afin d'examiner si l'emboîtage est intact et si les fonds ne s'affaissent pas. Si les pattes des tables ou des chaises tremblotent, assurez-vous qu'elles peuvent être réparées. Évitez les meubles dont les pattes ont déjà subi une chirurgie mais chambranlent toujours.

Plusieurs pièces neuves, telles que cette armoire à confitures dont la finition laisse à désirer peuvent tirer avantage d'une restauration.

Si vous prévoyez appliquer à un meuble un traitement brillant, choisissez-le en bonne condition, avec une finition solide et uniforme. Faites le test de l'ongle. Une finition solide ne bronchera pas si vous la grattez avec votre ongle. Les pièces dentelées, égratignées, et qui présentent des brûlures de cigarette ou d'autres types de dommages de surface auront besoin d'un déguisement chargé et d'une finition peu lustrée qui distraieront l'oeil des imperfections. Vous choisirez peut-être de réparer des pièces ayant subi des dommages causés par l'eau et dont le placage est soulevé. Un placage mobile ou soulevé doit être enlevé et les cicatrices réparées ; un travail qui requiert certaines connaissances. N'oubliez pas de prendre un ruban à mesurer pour vous assurer que le meuble pourra être logé à l'endroit où il est destiné, et surtout qu'il pourra passer au travers des portes et cages d'escalier.

Lorsque vous choisissez un traitement, recherchez la finition qui rehaussera le style prédéfini du meuble et qui mettra ses lignes en valeur.

On dit souvent qu'un bon design est constitué d'une forme épousant une fonction et que le style réel est l'appréciation des choses simples. L'art de peindre les meubles emprunte ces deux qualités imprécises.

Choisissez la finition qui s'harmonisera à l'humeur du meuble : finis rustiques pour les fabrications simples, traitements victoriens pour les pièces décoratives et des finis discrètement brillants pour les meubles modernes simples.

Outils et matériaux

Rénover des meubles grâce aux techniques de peinture et de décoration n'aura jamais été aussi facile. Si votre plus récente excursion pour l'achat de peinture remonte à plusieurs années, vous allez adorer. Les progrès technologiques du côté de la peinture à base d'eau ont donné naissance à des produits durables, à faible odeur, de texture lisse, dans une gamme impressionnante de couleurs, qui couvrent bien et sèchent rapidement. Pinceaux, rouleaux, papier sablé et plusieurs autres outils et matériaux conçus pour l'application de ces peintures ont été repensés afin de rester à la hauteur. Aux côtés de la pléiade de peintures et de pinceaux, vous trouverez des fournitures, des trousses et d'autres matériaux novateurs permettant une immense gamme de traitements. Cette section explique les propriétés et fonctions des outils et matériaux les plus souvent utilisés et vous indique où les dénicher. Il est aussi question d'autres articles spécialisés moins communs à l'intérieur des projets qui les requièrent.

Adhésifs

TOUTE SITUATION OÙ L'ON SOUHAITE FAIRE ADHÉRER DES SURFACES FAIT APPEL À DES COLLES PUISSANTES ET DES ADHÉSIFS FIABLES.

La colle de menuisier blanche devient en séchant transparente et très solide. Utilisez-la pour assembler des pièces de bois, si vous souhaiter joindre ou réparer les pièces d'un meuble en bois peint ou non. Appliquez une quantité généreuse sur les deux portions à joindre et réunissez-les. (Si vous réparez une pièce, nettoyez la portion à joindre avec un couteau tout usage ou du papier sablé, avant d'appliquer la colle.) Essuyez l'excédent de colle et joignez-les en fixant un serre-joint pour la nuit, en prenant soin de coussiner les extrémités du serre-joint, au besoin, et ainsi éviter d'abîmer le meuble. Si vous ne disposez pas de serre-joints, une corde élastique pourra être enroulée autour des pièces. Lorsque vous teignez les pièces d'un meuble, faites-le avant de les encoller puisque la colle peut agir à titre de scellant et empêcher sa teinture.

Le pistolet à colle. Parce que sa colle sèche rapidement et qu'elle est relativement solide, le pistolet à colle s'avère indispensable pour fixer des créations décoratives. Sur un meuble, il peut servir à ajouter un détail décoratif ou une finition, mais n'est pas assez fort pour coller les pièces structurales d'un meuble. Soyez prudent lorsque vous utilisez un pistolet à colle chaude. Ce type de colle adhère à la peau et peut causer de graves brûlures. Certains pistolets produisent une chaleur moindre mais l'adhérance de leur colle en est d'autant diminuée.

La colle Mucilage, aussi appelée colle de bureau, est de couleur ambre. Elle est souvent utilisée pour le bricolage dans les écoles. Elle est présentée dans une étroite bouteille de plastique avec applicateur en caoutchouc. La colle Mucilage est l'ingrédient secret et très abordable utilisé pour créer une peinture craquelée, donnant l'impression que la peinture s'écaille. La colle est peinte sur une couche de fond sèche de peinture. Alors que la colle est toujours humide, une nouvelle couche est appliquée au pinceau, par-dessus la colle. Ce sont les temps de séchage

différents de la colle et de la peinture qui créent cette technique appelée craquelage et qui fonctionne mieux avec la peinture au latex. (Voir *Craquelage en* page 63.)

LE RUBAN ADHÉSIF. Le fait d'isoler les sections à peindre en appliquant du ruban adhésif autour d'elles est appelé «masquage». Ironiquement, le ruban masque ne doit pas être utilisé. Le ruban-cache, disponible en adhérence légère et moyenne, comporte deux avantages majeurs par raport au ruban à masquer. Il est lisse et ses rebords bien tendus, alors que le ruban à masquer tend à onduler et à laisser la peinture se glisser sous ses rebords. Le ruban-cache se pèle de la plupart des surfaces sans les abîmer, contrairement au ruban à masquer. Le seul désavantage du ruban-cache est sa tendance à tomber. Pour éviter ce décollage soudain, on peut utiliser de petits morceaux de ruban à masquer pour coller bien en place les extrémités du ruban-cache. Retirez tout le ruban dès que possible après avoir peint, de préférence aussitôt que la peinture est sèche au toucher. Un ruban appliqué trop longtemps laissera des dépôts gommeux ou se fondra à la peinture, l'arrachant lorsque le ruban est enlevé.

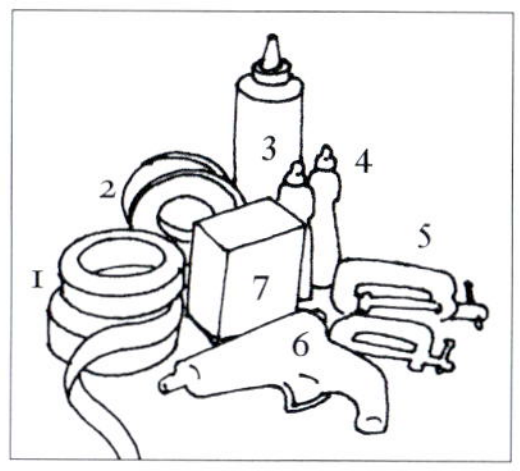

(1) ruban-cache pour peintre ; (2) ruban cache ; (3) colle de menuisier blanche ; (4) colle Mucilage ; (5) serre-joints en C ; (6) pistolet à colle chaude ; (7) adhésif pour papier peint à base de cellulose.

L'ADHÉSIF POUR PAPIER PEINT, qui devient transparent une fois sec, facile à manipuler et à base d'eau, est probablement le meilleur choix pour fixer des matériaux souples, tels le papier et le tissu, à un meuble. Achetez l'adhésif à base de cellulose sous sa forme sèche chez votre détaillant de peinture et mélangez la quantité désirée avec de l'eau. Cet adhésif doit reposer pendant un minimum de quinze minutes après avoir été mélangé (brassez de temps à autre) pour permettre aux granules de se dissoudre. Commencez à utiliser l'adhésif lorsque sa consistance est gluante. Utilisez un large pinceau souple ou une éponge pour recouvrir les grandes pièces de tissu, et utilisez vos mains pour recouvrir de plus petites surfaces, tels que des découpages. Un papier enduit d'adhésif liquide plissera dans bien des cas. Ces ridules s'amenuiseront et disparaîtront lorsque l'adhésif séchera. Il est possible aussi que le papier s'étire et qu'il doive être taillé une fois sec.

LA COLLE EN AÉROSOL. Disponible entre autres chez les quincailliers et dans les boutiques d'artisanat, ce produit est très versatile, rapide à utiliser et propose une adhérence temporaire ou permanente. Appliquez la colle en aérosol aux dos des pochoirs afin de les maintenir en position. Elle peut aussi être utilisée à titre d'adhésif permanent pour fixer tissus et affiches mais n'offre qu'un essai de positionnement. Si cette idée vous angoisse, utilisez plutôt l'adhésif pour papier peint. Pour les travaux de tapisserie, la colle en aérosol sera utilisée pour contre-coller la mousse au contre plaqué, et la nappe à la mousse. La colle en aérosol est aussi utilisée pour fixer les estampes à un rouleau afin d'obtenir une impression continue. Le désavantage de la colle en aérosol ? La surpulvérisation que l'on obtient et la quantité de colle qui se fixe à nos doigts.

Lorsque vous utilisez de la colle en aérosol, évitez de coller à votre projet. Cette colle est tenace. Aussi tenace... que de la colle !

Apprêt de délustrage

GRÂCE AUX NOUVEAUX PAPIERS SABLÉS ET À SES SUBSTITUTS, LE DÉLUSTRAGE EST PLUS RAPIDE ET PLUS PROPRE QUE JAMAIS.

TSP COMPOSÉ DE DÉLUSTRAGE. Les meubles dont la finition est lustrée devront être «délustrés» avant de pouvoir être peints, pour que la peinture adhère à la surface. Les finis mélamine ou très lustrés requièrent un léger sablage, alors qu'un meuble dont le fini est stable, non écaillé et moyennement lustré peut être délustré grâce à des agents de délustrage liquides. Le *TSP* ou tout autre papier sablé liquide peut être utilisé pour ternir le lustre et enlever tout résidu de graisse et de saleté. Mélangez le *TSP* avec de l'eau conformément aux instructions de l'étiquette du produit. Enfilez ensuite des gants en caoutchouc, nettoyez le meuble avec cette solution et rincez bien avec une eau propre. Laissez sécher jusqu'au lendemain avant d'appliquer la peinture.

PAPIER SABLÉ. Afin d'obtenir la meilleure adhérence possible entre la surface du meuble et l'apprêt ou la peinture, sablez légèrement les surfaces qui seront le plus exposées à l'usure, à l'aide d'un papier sablé fin (grade 220). Les finis très lustrés ou de plastique stratifié doivent être légèrement sablés. C'est un travail qui s'effectue rapidement. Rappelez-vous que vous ne faites qu'enlever le lustre à une surface, vous ne sablez pas en profondeur. Sablez également la surface jusqu'à ce qu'elle ait une apparence matte. Lorsque vous sablez du bois brut, sablez toujours dans *le sens* du grain. Sabler, même légèrement, dans le sens contraire au grain peut laisser des marques profondes et permanentes. Le fait de sabler entre les couches de peinture avec un papier sablé fin (grade 220 ou plus fin) vous

permettra d'obtenir une couche de finition plus lisse, s'apparentant à un fini laqué. Lors du vernissage, sablez aussi légèrement avec un papier sablé fin (grade 220 ou plus fin) entre chaque couche. Ne vous préoccupez pas de l'effet trouble du sablage sur le vernis. La couche suivante sera lisse et transparente. Après avoir sablé une surface, prenez soin d'éliminer toute trace de poussière avec un chiffon de dépoussiérage.

Choisissez le papier sablé approprié, selon le travail. Le grain ou grade, imprimé à l'endos, précise le nombre de grains de sable au pouce. Plus le nombre est faible, plus la texture est grossière.

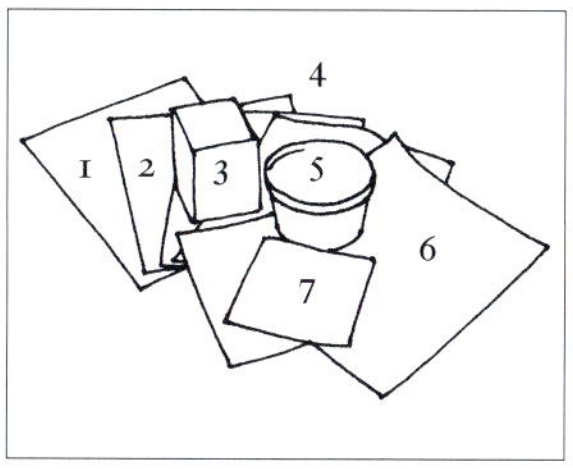

(1) papier grenat fin ; (2) papier sablé pour peinture latex ; (3) TSP composé de délustrage ; (4) papier grenat grossier ; (5) composé de délustrage biodégradable ; (6) toile d'émeri ; (7) chiffon de dépoussiérage.

Toile d'émeri - papier sablé noir dont l'endos est en tissu et le papier sablé gris-noir dont l'endos est en papier vert – n'existe qu'en grades très fins. Ces deux sortes de papier peuvent être utilisées humides pour le sablage du métal ou sèches pour le bois et le métal.

Papier abrasif de grenat. De couleur brune, le papier abrasif de grenat est le papier sablé le plus utilisé. Choisissez ce papier grenat pour le sablage du bois, des surfaces peintes ou des plastiques stratifiés. Disponible dans des grades très fins jusqu'à très grossiers, il est parfait pour tous les besoins de sablage, sauf pour le sablage du métal.

Papier sablé vert. Récemment développé pour utilisation sur les peintures au latex et les vernis, le papier sablé vert ne s'encrassera pas comme les autres types de papier sablé. Il est aussi disponible dans toute la gamme de grades.

Chiffon de dépoussiérage. Il ressemble à une tranche de fromage dans un sac de plastique... Et ils sont généralement vendus sans mode d'emploi, ce qui en fait un des produits mystère que l'on retrouve chez les détaillants en quincaillerie et les détaillants de peinture. Le chiffon de dépoussiérage est absolument essentiel. Composé de toile à fromage imprégnée d'une substance adhésive, il est fait pour recueillir tout résidu de poussière. Ces chiffons sont si efficaces qu'ils peuvent épousseter votre maison.

Ramassez la poussière à l'aspirateur. Puis, prenez un chiffon de dépoussiérage dans son emballage, sans le déplier. Utilisez plutôt sa surface extérieure, jusqu'à ce qu'elle soit complètement collée de poussière. Pliez ensuite le chiffon pour exposer sa surface intérieure et continuez. Essuyez et repliez le chiffon jusqu'à ce qu'il soit complètement utilisé. Entre deux utilisations, conservez le chiffon dans un emballage de plastique bien fermé pour éviter qu'il ne sèche.

Vous détestez le sablage ? Sautez cette étape ! Personne ne le saura. Pas vrai ?

Outillage à main et outils électriques

OUTILS ET MESURES DE PROTECTION ÉLÉMENTAIRES POUR DES RÉSULTATS PROFESSIONNELS

OUTILS DE BASE. Si vous souhaitez créer un coffre à outils de base, les outils suivant sont recommandés. Débutez avec un tournevis ; le type vendu avec plusieurs embouts interchangeables dans le manche. (Certains de ces tournevis sont dotés d'un dispositif à cliquet qui évite de perdre du temps, de l'énergie et de fatiguer le poignet.) Viennent ensuite les vis. Sur les vieux meubles qui ont été rafistolés, on remarquera souvent différents types de vis, alors que sur le mobilier récent, on ne s'entend pas sur le modèle de vis à adopter. Dans un monde parfait, il n'existerait qu'un type de vis, et ce type porterait le nom Robertson - une vis à tête carrée qui tient sur la pointe du tournevis. Un petit marteau est également pratique lorsque vient le temps de fixer boiserie ou garniture et pour enfoncer des clous dont la tête dépasse. Les petits et moyens serre-joints en C constituent une bonne « agrafeuse » à avoir dans son coffre à outils, pour maintenir ensemble des pièces collées. Tout comme les petits et grands grattoirs à peinture qui permettent de gratter les finis qui retroussent, les adhésifs qui s'étendent et la peinture. Une petite et légère scie à dents fines est souvent nécessaire pour couper différentes granitures de bois. Un pistolet agrafeur est aussi très pratique. Choisissez-en un qui accepte les agrafes de 1 cm ($^3/_8$ po). Si vous vous servez beaucoup d'une agrafeuse, vous devriez considérer l'achat d'une agrafeuse électrique. (Voir *Outils électriques* ci-dessous.) Et faites l'acquisition d'outils supplémentaires si le besoin se manifeste. Coupez au minimum la frustration en rangeant vos outils pour qu'ils soient toujours visibles ou dans un tiroir peu profond, plutôt que dans une immense boîte où vos outils seront pêle-mêle et difficiles à trouver. Il y a

cependant une attrape. Pour que votre coffre à outils soit efficace, vous devez y remettre vos outils chaque fois que vous les utilisez.

OUTILS ÉLECTRIQUES. Très peu d'outils électriques sont nécessaires à la peinture et à la refinition de meubles. Une petite sableuse à vibration peut s'avérer une alternative pratique au sablage à la main. À l'occasion, vous aurez besoin d'une perceuse électrique pour percer des trous pour la quincaillerie et des avant-trous pour les vis. Une perceuse légère sans fil avec mandrin auto-serrant est préférable. Achetez les types et les tailles de forets appropriés selon que vous percez du bois ou du métal. Une perceuse aussi peut contribuer à garder votre coude en bon état, plutôt que de lui infliger de visser des vis à répétition, Vous aurez besoin d'embouts de tournevis qui s'adaptent à votre perceuse. La coupe de contreplaqué pour créer des plaques de table ou des sièges de chaises doit être effectuée avec la scie appropriée : une scie circulaire à table pour les coupes droites, et une scie sauteuse ou une scie à découper pour les coupes toutes en courbes. Et vous n'avez pas besoin de laisser tomber un projet parce que vous ne possédez pas une scie électrique. La plupart des parcs à bois débités peuvent couper le bois selon vos dimensions. Si vous devez couper du métal, utilisez une lame spéciale. *Et peu importe avec quelle scie vous coupez, portez toujours l'équipement de protection nécessaire et faites attention à vos doigts !* Si vous devez abattre un gros projet d'agraffage - un ensemble de six coussins de chaises, par exemple - pensez sérieusement à une agrafeuse électrique. Contrairement aux agrafeuses à main, la plupart des agrafeuses électriques acceptent toutes les tailles d'agrafes. Et leur facilité d'opération accélère considérablement la réalisation du travail.

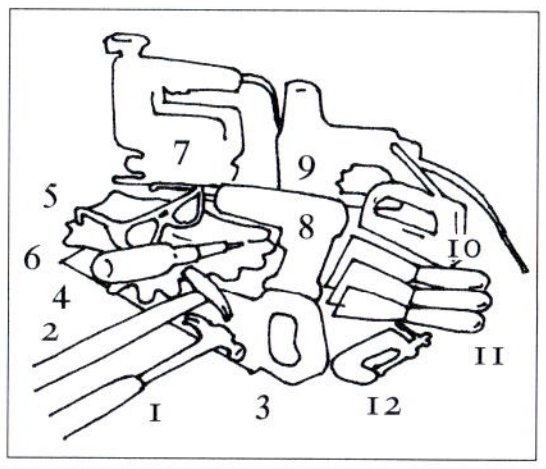

(1) marteau 255 gr. (9 oz) ; (2) marteau de soudeur ; (3) scie à main ; (4) tournevis ; (5) lunettes de sécurité ; (6) gants de caoutchouc ; (7) scie sauteuse (scie à découper) ; (8) perceuse électrique ; (9) agrafeuse électrique ; (10) agrafeuse ; (11) grattoirs à peinture ; (12) serre-joint en C.

ÉQUIPEMENTS DE PROTECTION. Portez toujours des lunettes de sécurité lorsque vous coupez du métal, cassez de la tuile pour la mosaïque ou effectuez toute autre tâche pouvant produire des débris. Lorsque vous sablez, peignez ou utilisez d'autres matériaux pouvant produire des particules aériennes de peinture ou de poussière pouvant être inhalées, portez toujours un masque qui filtre les particules. Afin de bloquer à la fois particules et émanations (ou uniquement les émanations), portez un masque au charbon. Pour certains travaux tels l'application de décapant pour peinture ou de tout autre produit toxique sur l'étiquette duquel le symbole d'une main se transformant en squelette apparaît, le port des gants est absolument nécessaire. Choisissez dans ces cas des gants au caoutchouc épais comme ceux que l'on utilise dans la cuisine. Les gants ne sont pas essentiels pour la plupart des travaux de peinture. Pourtant, la majorité des peintres les portent en tout temps. Les gants de latex - fins, élastiques, légers et à usage unique - s'avèrent parfaits pour peindre. Portez ces gants pour tous les travaux pouvant irriter vos mains, comme le sablage, la peinture au pinceau, au rouleau ou la pose de tuiles. Finies les mains rugueuses et les manucures bousillées. Si vous développez une éruption ou si vous ressentez des symptômes similaires à ceux de la fièvre des foins, cessez de porter des gants de latex. Vous pourriez souffrir d'une allergie.

Inutile de vous ruiner pour faire l'acquisition d'outils. Achetez uniquement ce dont vous avez besoin pour un projet et louez les outils qui ne serviront qu'une fois comme les coupe-carreaux ou les scies électriques.

Substances métalliques

VIEILLISSEMENT ET PATINES AJOUTENT DE L'ÉCLAT AU MÉTAL

FEUILLES D'OR. La riche patine que produit la feuille d'or n'est plus l'apanage des peintres d'enseignes hautement qualifiés ou des spécialistes de la refinition. La feuille d'or d'imitation ou autres feuilles métalliques, ainsi que les composants adhésifs et scellants sont aujourd'hui disponibles dans les boutiques d'artisanat. Pour dénicher l'or véritable, un fournisseur d'encadrements fera probablement l'affaire. Assurez-vous de vous procurer des produits compatibles, soit des produits provenant tous du même fabricant. Des produits incompatibles peuvent causer des réactions chimiques qui gâcheront le fini. L'application de la feuille métallique est simple et facile. Les résultats auront une apparence professionnelle.

L'adhésif est appliqué à la surface et séchera ensuite pendant plusieurs minutes. Il demeure extrêmement collant. La feuille métallique est appliquée sur l'adhésif et brunie pour créer un contact avec l'adhésif. L'excédent de feuille est brossé à l'aide d'un petit pinceau à peinture. La feuille est ensuite protégée par l'application d'une couche de scellant. Cette feuillaison colorée est offerte en or, argent, étain et cuivre, pouvant être vieillie ou laissée à son fini brillant. Pour vieillir la feuille métallique, achetez une peinture à patiner ou servez-vous des acryliques pour artiste. (Voir *Argent Sterling éclatant,* page 273, étape 3; *Droits miniers,* page 279, étape 3.)

LA PEINTURE MÉTALLIQUE disponible dans les boutiques d'artisanat peut s'avérer une alternative à la feuille métallique

(faite de minerai terrestre en suspension dans un milieu liquide), tout en créant un fini métallique opaque et convaincant. Ne confondez pas ces peintures avec les petits pots d'émail argent et or tant utilisés pour différents hobbies. Vous saurez que vous avez trouvé le bon produit lorsque vous verrez à proximité, patine, scellant et solution de morsure. Choisissez fer, or, cuivre ou bronze instantané. Les étiquettes sur les pots de peinture présentent les modes d'emploi de chaque produit. Un scellant transparent qui constitue la couche d'apprêt, est d'abord appliqué au pinceau, suivi de deux couches de peinture métallique. La peinture peut alors être patinée ou scellée telle quelle. (Voir *Passion lierre,* page 267, à propos du cuivre ; *Argent Sterling éclatant,* page 273, étape 6, à propos du fini rouille.)

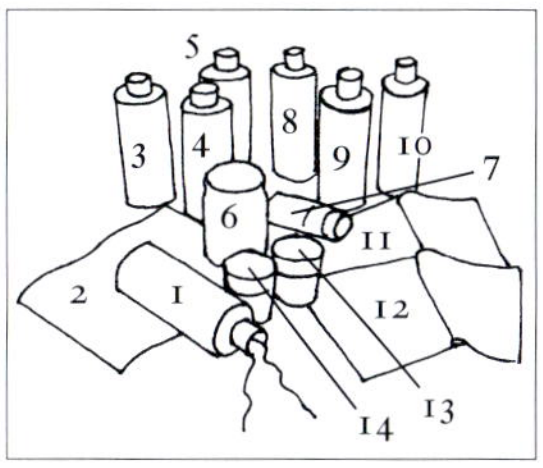

(1) cuivre liquide ; (2) cuivre en feuille ; (3) patine bleue ; (4) apprêt d'impression ; (5) solution de morsure (6) gel mica ; (7) peinture acrylique pour artistes ; (8) fer liquide ; (9) rouille instantanée ; (10) patine verte ; (11) feuille de cuivre ; (12) feuille d'or ; (13) scellant pour feuille ; (14) adhésif pour feuille.

LE PATINAGE. Une patine est le léger brillant qui apparaît sur le cuivre ou d'autres surfaces avec le temps. Le patinage d'une peinture métallique donne à un meuble un caractère vieilli et raffiné.

Ces traitements sont généralement appliqués à des pièces décoratives moulées ou d'apparence sculptées, telles que des piédestals ; ils sont toutefois très efficaces sur les surfaces planes. Les patines de couleur bleue et verte sont disponibles pour la peinture métallique de couleur cuivre, alors que le fini rouille est disponible pour le fer. Vous trouverez les patines à l'endroit où vous achetez la peinture métallique. Toutes les patines sont particulièrement aqueuses. Lorsqu'elles sont appliquées au pinceau sur la peinture métallique sèche, elles débutent presque aussitôt leur travail d'oxydation du métal. Appliquez modérément, quitte à ajouter des couches supplémentaires afin d'obtenir l'effet désiré. Une fois que la patine a terminé d'oxyder le métal - généralement trois jours - un scellant transparent est appliqué. Le scellant transparent élimine parfois en partie l'effet de la patine et enlève à la peinture métallique sa brillance. C'est donc une bonne idée de faire d'abord un test sur un carton et d'examiner les effets du scellant sur le fini. Si vous décidez de ne pas sceller le métal patiné, le traitement pourra s'altérer ou s'endommager par l'usure.

LES FEUILLES DE CUIVRE. Visitez les boutiques de passe-temps aussi bien que les boutiques d'artisanat pour trouver des feuilles de cuivre. Ce cuivre est celui qui est utilisé par les amateurs pour le brunissage. Ces feuilles ont la densité d'un papier épais et peuvent être découpées avec des ciseaux de cuisine ou destinés aux gros travaux. *Soyez très prudent lorsque vous coupez ce cuivre.* Les rebords peuvent être extrêmement tranchants. Et peuvent causer des blessures beaucoup plus douloureuses et fâcheuses qu'une coupure avec une feuille de papier... (Le port de gants de cuir maillés peut contribuer à protéger vos mains.) Les rebords tranchants peuvent être sablés avec un papier sablé très fin ou une toile d'émeri. La feuille de cuivre peut être patinée avec la patine bleue ou verte pour peintures métalliques. Avant de patiner le cuivre, vous devez le traiter à l'aide d'une solution de morsure, membre de la famille des peintures métalliques et des patines. Suivez ensuite les étapes du patinage de la peinture métallique. (Voir *Quand l'art est créatif,* page 189, étape 4.)

Les substances métalliques sont à leur meilleur lorsqu'elles servent à accentuer plutôt que de constituer un traitement complet.

Outils pour la peinture

DE NOUVEAUX APPLICATEURS INGÉNIEUX SE MÊLENT AUX OUTILS TRADITIONNELS POUR CRÉER DES TRAITEMENTS CRÉATIFS

LES PINCEAUX. Faites l'acquisition de pinceaux de bonne qualité. Les pinceaux de piètre qualité perdent leurs soies sur votre travail et iront même jusqu'à se transformer en queue d'écureuil pour mieux pulvériser de la peinture pendant que vous travaillez. Un pinceau de qualité retient mieux la peinture, applique la peinture plus uniformément et résiste à une beaucoup plus longue utilisation et d'innombrables nettoyages, en reprenant toujours son état et sa forme d'origine.

Pour le découpage sur meuble, choisissez un pinceau d'environ 4 cm (1 1/2 po) de largeur. Pour peindre de grandes sections planes, achetez un pinceau de 5 cm (2 po). Prenez aussi soin de choisir des pinceaux conçus pour la peinture à l'eau. Ces pinceaux synthétiques, contrairement à leurs confrères aux soies naturelles, ne buissonneront pas au contact avec l'eau. Accordez votre préférence à des pinceaux aux soies fines qui ne laisseront pas de rainures sur votre travail de peinture. Un pinceau aux soies en coupe diagonale facilite la peinture des coins et angles d'un meuble.

Le travail de détail peut être envisagé avec deux pinceaux d'artiste : le premier de taille moyenne et à pointe fine, et un deuxième à pointe carrée d'environ 1,25 cm (1/2 po) de largeur. Il n'est pas essentiel de les payer très cher. Assurez-vous seulement que le pinceau fin conservera sa forme et n'adoptera pas celle d'un petit palmier… Choisissez des pinceaux compatibles avec les produits de peinture à base d'eau.

Évitez de laisser la peinture sécher sur les soies du pinceau si vous voulez maximiser sa durée de vie. Nettoyez les pinceaux à fond avec de l'eau tiède et du savon à vaisselle. Rincez bien et emballez chaque pinceau dans du papier essuie-tout pour que les soies conservent leur forme. Laissez les pinceaux sécher à plat. Les faire tenir sur leur manche écarte les soies, fait rouiller le métal et pourrir le manche. Et les faire tenir sur les soies leur donne une drôle de permanente. (Pour plus de renseignements sur la peinture au pinceau, voir *Peindre au pinceau*, page 40.)

LES ROULEAUX. Les petites et planes surfaces des meubles se prêtent parfaitement à la peinture au rouleau, éliminant coups de pinceaux et garantissant à un travail de peinture une texture lisse et uniforme. Les rouleaux sont disponibles dans une variété de tailles et de matières. L'idéal est un petit rouleau à poils courts. De leur côté, les rouleaux en mousse peuvent retenir l'air et ainsi créer des bulles dans la peinture. (Les nouveaux rouleaux en mousse « velours » sont dotés de petits poils qui percent les bulles au fur et à mesure que vous peignez.) Les manchons de rouleaux bon marché ou à poils longs peuvent aussi créer des bulles. Celles-ci peuvent être éliminées (tout comme les peluches du rouleau) en mouillant légèrement le manchon du rouleau et en le frottant jusqu'à ce qu'il soit le plus sec possible avec un papier essuie-tout avant de l'enfiler sur le manche. Choisissez un bac de la bonne grandeur pour le rouleau. Le bac procure un réservoir pour la peinture et un plan pour « rouler » l'excédent de peinture, éviter les coulures, les festons et les applications inégales.

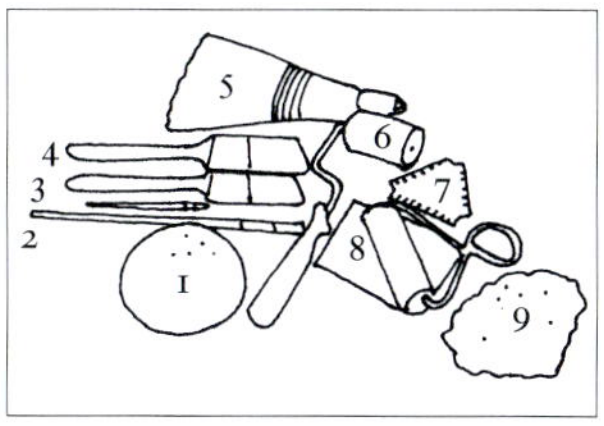

(1) éponge synthétique ; (2) pinceau d'artiste à pointe carrée ; (3) pinceau d'artiste à pointe fine ; (4) pinceaux pour peinture latex ; (5) balai à texturer la peinture ; (6) petit rouleau ; (7) outil de peignage ; (8) outil de grainage du bois ; (9) éponge naturelle.

Les manchons de rouleaux peuvent être nettoyés avec de l'eau et du savon, même si la plupart perdra ainsi sa texture lisse et douce. Si c'est le cas, conservez-les pour l'application de couches d'apprêt et non pour les couches de finition. (Pour plus de renseignements sur la peinture au rouleau, voir *Peindre au rouleau*, page 42.)

LES ÉPONGES. L'application de peinture à l'éponge est devenue une technique de texturage à la portée de tous les talents. Les éponges, qu'elles soivent synthétiques ou naturelles, conçues spécialement pour l'utilisation avec la peinture, sont disponible dans les boutiques d'artisanat et de matériel d'artiste. Les éponges synthétiques ont souvent la forme d'une demi lune et sont dotées de petits pores répartis uniformément. Les éponges de mer sont plutôt dotées de grands pores répartis au hasard de la nature et sont de taille et de forme irrégulières. La technique de peinture à l'éponge sur un meuble est très différente de celle qui est utilisée pour peindre un mur complet. Les grands imprimés produits par l'éponge de mer sont aussi agréables à regarder sur un mur qu'étranges sur un meuble. C'est l'échelle qui fait toute la différence. On peut donc utiliser tout autant une éponge de mer qu'une éponge synthétique si celle que l'on choisit est dotée de petits pores. Pour peindre à l'éponge, déchirez un morceau d'éponge de la taille d'une balle de tennis. En tenant la morceau d'éponge entre vos doigts, dans un mouvement poncif, appliquez la peinture à l'éponge par section, en superposant et en mélangeant les couleurs pour créer un effet suédé.

LES TEXTURES. Un peintre créatif pourra réaliser un grand nombre de textures uniques simplement en superposant des couches de peinture et en lui donnant la forme d'objets ménagers inusités. La plupart des traitements de texturage ont pour effet de soulever la portion encore humide de la couche de peinture avec un outil à texturer tel un sac de plastique mis en boule, un plumeau bon marché ou un chiffon torsadé, ou encore en traînant une brosse dans la peinture mouillée. Un ombrage peut être créé en masquant et en peignant des bandes en deux finis différents - mat et brillant - de la même teinte. Les détaillants de peinture vendent de nombreux objets et instruments à texturer, dont des rouleaux texturés permettant de créer un grain de bois imprimé et des peignes créant des filets uniformes et des tressages en panier.

L'IMPRESSION À LA MAIN est une autre méthode efficace pour la création d'images multiples qui s'adresse aussi bien à l'artiste accompli qu'au néophyte. Vous pouvez faire l'achat d'estampes déjà découpées faites de mousse, ou couper à la main vos propres estampes. Achetez une mousse mince et flexible ou utilisez une semelle de mousse. Après avoir découpé les estampes, tracez au couteau des détails sur leur surface. Celles-ci retiendront plus de peinture et l'impression sera donc plus foncée. L'impression à la main grâce à des estampes permet l'impression unique ou la répétition de motifs identiques - fixés à un rouleau - pour une impression continue. Appliquez un glacis, une peinture acrylique ou latex sur l'estampe (ou le rouleau d'estampes) et pressez-la sur la surface du meuble en prenant soin d'appliquer une pression uniforme. Ensuite soulevez-la. (Voir *Imprimés charmants,* page 57 et *Enchantement diaphane,* page 259.) Autre forme d'impression à la main, celle-ci utilise une pomme de terre sculptée. L'impression sur pomme de terre produit une impression naïve et vieillie en harmonie avec plusieurs traitements rustiques et patinés. (Voir *Craquelage* en page 63 et *Impressions durables* en page 229.)

Produits de peinture

PEINTURES, ADDITIFS ET VERNIS QUI SÈCHENT RAPIDEMENT, DÉGAGENT PEU D'ODEURS, SE NETTOIENT FACILEMENT ET AJOUTENT AU PLAISIR DE PEINDRE

LA PEINTURE AU LATEX. Même si certains experts chez votre détaillant en quincaillerie insistent peut-être sur la nécessité d'utiliser une peinture à l'huile, gardez en tête qu'ils ne sont probablement pas non plus des génies en informatique. Les temps ont changé. Il n'est plus nécessaire d'endurer les émanations nocives, les temps de séchage qui n'en finissent plus et les pénibles opérations de nettoyage des peintures à base d'huile. La technologie des produits de peinture à base d'eau a évolué au point où cette peinture est maintenant très durable, disponible dans une gamme de finis - de très mat à très brillant - faible en odeur, sèche rapidement et se nettoie en un clin d'oeil avec de l'eau et du savon. Que vous achetiez une peinture acrylique (émulsion plastique) ou au latex (émulsion de caoutchoux synthétique) – les deux types sont désignés sous le nom latex – prévoyez appliquer deux couches pour obtenir un recouvrement consistant. Ne vous inquiétez pas si la couleur de la peinture est pâle dans le contenant. Celle-ci deviendra plus foncée en séchant. Choisissez un fini peu lustré à brillant pour les meubles. Évitez les finis mats qui laissent voir les marques de doigts et les écorchures. Avant son utilisation, une peinture à base d'eau doit être bien mélangée ou brassée. Au toucher, une peinture au latex sera sèche rapidement – environ une heure – mais devra sécher pendant plusieurs heures avant que ne soit appliquée une nouvelle couche. Consultez l'étiquette pour connaître les temps de séchage précis. Les peintures demeurent fragiles pendant les premiers temps et doivent reposer pendant un minimum de 30 jours avant d'être nettoyées ou soumises à l'usure et à la détérioration.

LA PEINTURE ACRYLIQUE. Cette peinture est vendue en contenants de différents formats chez les détaillants de peinture. Parce qu'elle est à base d'eau, elle est souvent désignée (à tort) sous le nom de latex. Consultez l'étiquette

pour connaître le contenu précis. Plus dispendieuse que la peinture au latex, la peinture acrylique pure pour les murs se situe au haut de la gamme de la plupart des lignes de peinture. Pourtant, dans la réalité, lorsque cette peinture sèche, son fini caoutchouteux a tendance à coller aux objets qui demeurent en contact trop longtemps, ce qui a pour résultat de soulever la peinture (un problème pour les meubles). Une gageure plus certaine est la combinaison d'acrylique et de latex. Vous aurez ainsi le meilleur de deux mondes. Tout comme celle au latex, la peinture acrylique doit sécher pendant une trentaine de jours.

Les peintures acryliques pour artistes. Créée dans le but de constituer une alternative aux huiles d'artistes, la peinture acrylique s'est développée pour devenir un médium polyvalent de son propre compte. Disponibles dans une vaste gamme de couleurs prémélangées qui sèchent incroyablement vite, la compatibilité de ces peintures avec celles au latex rend les peintures acryliques pour artistes idéales au traitement des meubles. Les acryliques pour artistes peuvent être utilisées directement du tube pour obtenir une texture de peinture à l'huile ou diluées avec de l'eau pour obtenir des lavis d'aquarelle et des glacis. Elles peuvent aussi être utilisées pour le pochoir, la peinture à main levée et le texturage. Généralement vendues en petits pots et tubes, ces acryliques évitent de devoir acheter un contenant de peinture au latex beaucoup trop gros pour le travail de détail.

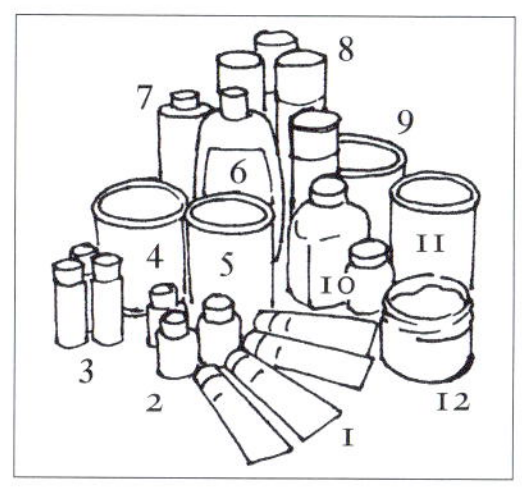

(1) acryliques en tubes pour artistes ; (2) acryliques en pots pour artistes ; (3) glacis colorés ; (4) peinture au latex ; (5) glacis ; (6) produit d'addition ; (7) vernis à la gomme laque ; (8) peinture en aérosol ; (9) apprêt ; (10) coloris moyens acryliques ; (11) vernis ; (12) gel.

Les peintures à mélamine. La popularité des plastiques stratifiés, des meubles et les dessus de comptoir en aggloméré de bois ont contribué à créer une génération de peintures à grande adhérence mieux connues sous le nom de peinture mélamine. Contrairement à la plupart des autres peintures qui perdent en adhérence et qui pèlent, celles-ci s'agrippent solidement aux surfaces plastifiées. Il faut cependant toujours délustrer la surface de mélamine en sablant légèrement avec un papier sablé fin (grade 220 ou plus fin) avant d'appliquer la peinture. Les peintures à mélamine varient d'un détaillant à l'autre. Si l'étiquette indique qu'une couche d'apprêt est nécessaire, choisissez pour de meilleurs résultats un apprêt dont l'adhérence est maximale, à pigment blanc et à base de vernis. Une fois appliquée, laissez la peinture mélamine sécher pendant deux à quatre semaines avant de la soumettre à un nettoyage, à l'usure ou à la détérioration. Si une peinture mélamine n'est pas disponible, une peinture au latex pourra la remplacer - dans la mesure où la surface de mélamine a été délustrée grâce au sablage, et qu'une couche d'apprêt dont l'adhérence est maximale, à pigment blanc et à base de vernis est appliquée en premier.

La qualité, la durabilité et la versatilité des acryliques pour artistes, ainsi que leur compatibilité avec les autres types de peinture, les rendent parfaits pour quiconque souhaite s'exprimer sur son mobilier.

Les peintures à vaporiser sont idéales lorsque vient le temps de peindre des meubles dotés de moulures, par exemple. La peinture par pulvérisation produit une couche uniforme, lisse et opaque et est disponible dans une variété de finis, du plus moins lustré au plus brillant. Cette forme de peinture élimine également les goutes, les écarts et les festons associés à la peinture au pinceau.

Il est vrai que les graffitis ont donné mauvaise réputation à la peinture par pulvérisation. Par contre, la demande créée par cette forme d'art pour de la peinture à vaporiser a grandement bénéficié aux refinisseurs de meubles puisque cette peinture est aujourd'hui disponible dans une large gamme de couleurs, qu'elle dégage peu d'odeurs et est peu toxique. Vous pouvez acheter la peinture à vaporiser chez les détaillants en quincaillerie et dans les boutiques d'artisanat et de matériel d'artiste. Également disponibles sous forme de vaporisateur, nombre de traitements texturés tels que granit et marbre, des peintures recouvrant métal ou rouille, des vernis ainsi que des vernis-laques transparent qui sèchent rapidement. (Voir *Peinture par pulvérisation en* page 44 pour plus de renseignements sur les techniques d'application de ce type de peinture.) Le pistoleur avide de technique pourra adopter différents embouts qui produisent un recouvrement très étroit jusqu'à très large, disponibles dans les boutiques d'art spécialisées dans les fournitures destinées aux graffitistes.

PRODUIT D'ADDITION. Un produit d'addition est ajouté à la peinture pour ralentir son temps de séchage. Utilisez ce produit lorsque vous travaillez à l'aide d'une technique particulièrement laborieuse, telle que le marbrage, ou lorsque vous appliquez une technique à une grande surface de texturage, telle que l'éponge.

Ajoutez un produit d'addition à base d'eau aux peintures acryliques ou latex dans les proportions indiquées sur l'étiquette. Les produits d'addition et les glacis, peuvent être mélangés ensemble à la peinture. Les produits d'addition sont offerts dans les boutiques d'artisanat et de matériel d'artiste dans des quantités plus petites que ce que vous trouverez chez les détaillants de peinture.

Les gels épais, malléables lorsqu'ils sont mouillés et presque aussi durs que le ciment lorsqu'ils sont secs, peuvent servir à créer une table-vitrine texturée, telle qu'illustrée ici.

LE GLACIS, un liquide visqueux d'apparence laiteuse, est ajouté à la peinture pour la rendre plus transparente, tout en lui permettant de conserver sa consistance originale. Ajoutez un glacis lorsque vous adoptez des techniques de texturage ou de superposition telles que le badigeon ou la peinture à l'éponge, si vous souhaitez que la sous-couche soit visible à un certain degré. Certains peintres ajouteront de l'eau à la peinture pour obtenir la transparence nécessaire à la peinture à l'éponge et d'autres traitements similaires. Pour d'autres techniques de texturage, la peinture doit conserver sa viscosité. Trop liquide, elle coulerait et détruirait l'effet recherché. Ajoutez un glacis à base d'eau aux peintures acryliques ou latex dans les proportions indiquées sur l'étiquette. Les produits d'addition et les glacis, peuvent être mélangés ensemble à la peinture. Les glacis sont offerts chez les détaillants de peinture en quantités plus grandes que ce que vous trouverez dans les boutiques d'artisanat et de matériel d'artiste.

Les glacis teintés pré-mélangés sont disponibles dans les boutiques d'artisanat et de matériel d'artiste. Ce sont des mélanges de peintures et de glacis vendus dans de petits pots qui vous évitent d'avoir à colorer vous-même votre glacis. Utilisez ces glacis pour des petits projets tels l'impression à la main pour lesquels décoration, superposition et transparence sont les effets recherchés.

LES COLORIS MOYENS ET LES GELS sont des cousins à base d'acrylique de la famille des glacis et des produits d'addition. Ils sont offerts dans les boutiques d'artisanat et de matériel d'artiste dans des quantités plus petites que ce que vous trouverez chez les détaillants de peinture. Les coloris moyens sont des liquides visqueux d'apparence laiteuse qui deviennent transparents en séchant et qui sont utilisés comme vernis. Ils sont offerts dans une variété de finis, du plus mat au plus brillant, et plusieurs contiennent une protection contre les rayons ultraviolets qui contribue à empêcher la sous-couche de peinture de pâlir ou de craquer à la suite d'une exposition aux rayons UV. Contrairement aux vernis à base d'eau, les coloris moyens ont tendance à avoir une texture caoutchoutée lorsqu'ils sont secs, ce qui les fait coller aux objet à leur contact. Les gels sont utilisés pour épaissir la peinture ou pour ajouter de la texture à une surface peinte. Ils sont laiteux lorsque secs et sont disponibles dans une gamme d'épaisseurs, de très légers (comme une soupe gluante) à très épais (comme du beurre d'arachides). Certains gels contiennent des additifs tels que la peinture, le sable ou le mica qui leur procure couleur et texture. (Voir *Argent Sterling éclatant en* page 273 au sujet de l'utilisation de ces gels sur un dessus de table.)

COUCHE D'APPRÊT/SCELLANT. *La couche d'apprêt* est beaucoup plus qu'une simple première couche de peinture. Elle adhère plus solidement que toute autre peinture et permet de créer une surface peinte qui ne pèlera pas. En fait, la couche d'apprêt ressemble à une peau qui évite les irrégularités et l'absorbtion inégale de la peinture sur la surface. Appliquez toujours une couche d'apprêt avant de peindre ou de décorer, sauf si vous avez décidé de veillir l'objet et d'utiliser un papier sablé (voir *Pour l'amour du placard* en page 53) au sujet de la teinture. La teinture doit être appliquée au bois non traité.

Plusieurs types de couches d'apprêt sont disponibles. Les apprêts à base d'eau et à adhérence élevée sont parfaits pour la majorité des meubles. Les apprêts qui ont une adhérence moins grande sont conçus pour les murs et non pour les meubles. Si vous utilisez une couche d'apprêt à base d'eau sur un meuble en bois non peint, il est possible que l'apprêt soulève le grain du bois. Si cela se produit, sablez légèrement avec un papier sablé fin (grade 220) une fois la couche d'apprêt sèche. Les meubles au fini brillant devraient être délustrés grâce à un nettoyage avec du phosphate trisodique ou sablés avant de recevoir une couche d'apprêt.

De leur côté, les finis de plastique stratifié doivent être délustrés par un sablage, et ensuite peints avec une peinture à mélamine ; vous pouvez aussi utiliser un apprêt dont l'adhérence est maximale, à pigment blanc et à base de vernis, avant de peindre au latex. Ces apprêts ultra adhérents ne peuvent cependant être nettoyés qu'avec des solvants chimiques (consultez l'étiquette). Ou utilisez tout simplement un pinceau ou un manchon de rouleau bon marché. Les apprêts à base de vernis ne sont pas recommandés sur les meubles vernis ou laqués puisqu'ils peuvent abîmer leur fini.

Peu importe le type de vernis, appliquez-le toujours avec un pinceau à peinture. Les rouleaux, particulièrement ceux en mousse, laissent des bulles dans le vernis.

Utilisez un apprêt à vaporiser sur les meubles ornés de moulures ou autres détails.

Les scellants ont deux utilisations. Premièrement, lorsque vous peignez (et non pas teignez) des meubles en bois non peints, utilisez un vernis ou tout autre scellant recommandé pour ce type d'utilisation afin de bien sceller les noeuds du bois avant d'y appliquer une couche d'apprêt ou de peinture. Sinon, les noeuds décoloreront la peinture. Le nettoyage des pinceaux qui ont été en contact avec du vernis doit être effectué avec un nettoyant chimique (consultez l'étiquette). Si vous préférez, vous pouvez aussi utiliser des pinceaux bon marché que vous jetterez après usage. Deuxièmement, vous remarquerez que les scellants transparents sont vendus avec les traitements spéciaux tels que la feuille d'or et les peintures métalliques. C'est parce qu'ils ne sont pas utilisés que comme scellants afin de protéger un traitement, mais aussi comme couche d'apprêt. Prenez donc soin d'acheter un scellant compatible avec le produit que vous utilisez.

Les vernis à base d'eau, souvent appelés uréthanes, sèchent rapidement, sont peu odorants et faciles à nettoyer avec du savon et de l'eau. Ils sont disponibles dans une variété de finis, du moins lustré au plus brillant, et plusieurs ne jaunissent pas. Les vernis enrichissent la couleur, un peu comme l'eau sur votre voiture, et protègent votre peinture contre les nettoyants, les éraflures et l'écaillage. Appliqués en couches multiples, ils procurent un riche fini d'apparence vitrée. Les vernis peuvent souvent rendre possible l'utilisation de matériaux et traitements inusités, puisqu'ils stabilisent les couleurs en changement et emprisonnent les matériaux fragiles dans une couche plastique durable. Il est toujours préférable de vernir l'ensemble d'un meuble. Par contre, le vernissage des seules zones qui seront exposées à l'usure et à la détérioration si une formule qui ne jaunit pas est utilisée.

Surtout, ne percevez pas le vernis comme un ennemi... Travaillez rapidement, évitez le brossage excessif et appliquez plusieurs couches en prenant soin de sabler légèrement entre chacune. (Voir *Vernir,* en page 48.) Les vernis à base d'huile peuvent également être utilisés. Si vous trouvez que les vernis à base d'eau sèchent trop rapidement, rendant l'application difficile, vous préférez peut-être les uréthanes à base d'huile. Ils ont besoin d'une nuit complète pour sécher et ont tendance à ajouter une touche ambrée au fini. Le vernis à base d'huile est aussi utilisé pour créer un fini craquelé. (Voir *L'armoire était nue,* en page 105.)

Plusieurs désastres, dans l'histoire de la peinture, ont débuté dans le rayon des soldes – un litre de peinture pour quatre litres de teinture . . . une peinture de la mauvaise couleur ou du mauvais fini... et d'autres peintures qui, pour une raison obscure, ne sèchent jamais.

Décapants

FINI LE BON VIEUX TEMPS - DÉCAPANTS DOUX ET OUTILS EFFICACES RENDENT LE DÉCAPAGE AMUSANT (OU PRESQUE)

LES DÉCAPANTS. Si vous visualisez des produits chimiques fumants chaque fois que vous pensez aux décapants à peinture, c'est que vous n'avez pas décapé depuis très longtemps. Il existe maintenant des décapants à odeur d'agrumes, et d'autres qui sont suffisamment peu toxiques pour que le port des gants soit optionnel lorsqu'on les applique. Aussi agréable que ces progrès puissent être, le décapage de meubles demeure un travail salissant, surtout si le meuble est orné de détails, ou encore s'il est recouvert de plusieurs couches de peinture et de vernis. Malgré cela, le décapage d'un meuble dont la valeur est historique ou sentimentale vaudra toujours le coup. Le décapage d'un meuble basique enseveli sous de nombreuses couches de peinture mal appliquées vaut également l'effort, puisqu'il ne pourra être repeint sans que plusieurs couches aient été éliminées. Vous pouvez aussi décaper en partie un meuble et laisser voir certaines couches de peinture jusque là cachées. Ce traitement n'est pas seulement intéressant et attrayant, il permet de révéler l'histoire du meuble. (Voir *Témoin du temps,* en page 123.)

L'ancienne méthode de décapage passait par le trempage. Le meuble était trempé dans un bac de décapant extrêmement toxique. Ce procédé était tellement fort qu'il décollait souvent les joints et avait un effet corrosif sur le bois. La plupart des décapants de nos jours sont beaucoup plus doux. Choisissez un décapant en gel qui ne coulera pas le long des surfaces verticales.

Déposer une pellicule plastique sur la couche de décapant peut accélérer le temps de prise. Assurez-vous d'abord que votre décapant ne fera pas qu'une bouchée du plastique. (Pour plus de renseignements sur le décapage, voir *L'armoire était nue,* en page 105.)

ÉQUIPEMENTS DE PROTECTION. Le décapant à peinture détruira le fini de votre plancher. Étendez plusieurs couches de papier (le papier journal est idéal), et ajoutez sur le dessus un plastique, ou encore mieux (puisque certains décapants dissoudront le plastique), un vieux drap. Décantez le décapant. Versez-le dans une pièce de vaisselle, pas dans du plastique. Portez des gants de caoutchouc de type cuisine si vous entreprenez ce travail. Évitez les gants chirurgicaux en latex à moins d'être convaincu que le décapant ne les transperçera pas. Des lunettes de sécurité sont également recommandées. Lorsque vous étendez le décapant au pinceau et que vous grattez la peinture qui se soulève, des particules peuvent se retrouver dans l'air.

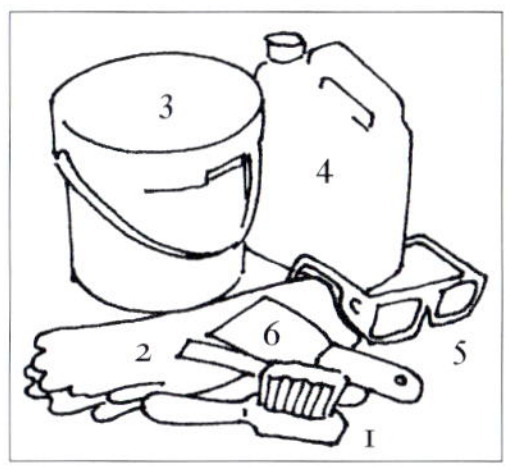

(1) brosse métallique; (2) gants de caoutchouc; (3) décapant organique; (4) décapant en gel; (5) lunettes de sécurité; (6) grattoirs à peinture.

OUTILS. L'utilisation des outils adéquats rendra le décapage beaucoup plus rapide et facile. Au cours des premières étapes de décapage, un grattoir à peinture de largeur moyenne sera nécessaire afin de soulever la peinture qui ballonne. Ensuite, un tampon de plastique dur à alvéoles ouverts - qui ressemble beaucoup à un nid de spaghetti pétrifié - est idéal s'il est utilisé en conjonction avec le décapant pour soulever la peinture. Lorsque la majorité de la peinture a été enlevée, utilisez une brosse métallique avec votre tampon de plastique. Cette brosse ressemble étrangement aux brosses aux soies de cuivre (qui ne rouillent pas) d'un côté et aux soies de nylon de l'autre, qui servent à récurer les grilles des barbecues. Le côté nylon est parfait pour donner au meuble un brossage complet. Alors que les soies de cuivre élimineront jusqu'à la dernière particule de peinture et de vernis des sections sculptées et des garnitures, ainsi que du grain du bois. Lorsque vous utilisez des grattoirs et autres objets acérés, rappelez-vous de toujours laisser le décapant faire son travail. Un décapage trop énergique ou enthousiaste pourra endommager les bois les plus fins et les plus mous, faisant perdre au décapage tous ses avantages, dont celui de révéler la beauté naturelle du bois.

Holà ! Ne décapez pas cette antiquité ! Même très abîmée et usée par le temps la peinture originale d'un meuble antique ajoutera toujours à son authenticité et à sa valeur.

Produits spéciaux

QUE VOUS SOYEZ INSPIRÉ OU EN QUÊTE D'IDÉES, CES NOUVEAUX PRODUITS COMBLERONT TOUS VOS BESOINS

Ensembles pour texture. Une pléiade d'ensembles est disponible pour réaliser des craquelages, des impressions à la main, des marbrages, de la peinture à l'éponge et des pochoirs. La plupart d'entre eux sont parfaits pour le peintre occasionnel ou celui qui doit peindre une petite surface, puisqu'ils vous évitent d'acheter d'importantes quantités de produits que vous n'utiliserez pas. Toutefois, certains de ces ensembles ne sont pas à la hauteur des attentes, sont munis de peu d'instructions et de matériel qui ne fonctionne tout simplement pas comme prévu. Dites-vous qu'un grand nombre de ces techniques faciles à réaliser sont clairement expliquées dans ces pages et que les ingrédients sont nécessaires à leur réalisation faciles à trouver.

Produits applicateurs. Les fabricants s'essoufflent à maintenir le rythme afin de répondre à la forte demande de produits applicateurs novateurs pour la peinture. Mis à part les traditionnels pinceaux et rouleaux, il existe des peignes (pour créer des rayures et des effets de tressages) et des motifs surélevés de grain de bois à rouler et à traîner. Parmi les plus inusités, des rouleaux auxquels on a fixé des formes de fleurs en plastique, souvenir intarissable d'un certain bonnet de bain des années 1960. Ces rouleaux sont utilisés pour créer une texture en superposant des couches de peinture dont la couleur est semblable, diluée grâce à un glacis, alors que les fleurs de plastique produisent un motif subtil et semi-régulier. Une grande variété d'éponges, de chiffons et de pinceaux à texturer sont aussi disponibles, tout comme les applicateurs en mousse pour peindre les rebords, les coins et les surfaces planes.

PEINTURES SPÉCIFIQUES. Des designers de mode tels Ralph Lauren et Laura Ashley, qui sont devenus des spécialistes de la décoration intérieure et des modes de vie, ont créé des peintures au latex de la meilleure qualité qui soit, dans des gammes de couleurs riches et fertiles en inspiration pour les peintres. Des peintures crées spécifiquement pour servir de complément aux articles ménagers inventés par ces mêmes designers. Même si cette façon de choisir une couleur de peinture peut sembler excessive pour certains, d'autres la considèrent rassurante et excitante, étant confiants que les résultats seront à la hauteur des attentes et que le décor et la peinture s'harmoniseront parfaitement. D'autres fabricants de peinture créent des produits de peinture novateurs dont les possibilités d'applications sont illimitées. Il existe des peintures iridescentes très épaisses qui sont appliquées en couches grâce à une truelle, sablées et ensuite émaillées d'une pellicule presque vitrée. Il en existe d'autres qui contiennent des flocons de couleur en suspension, pensées pour être superposées avec des glacis de mêmes teintes afin de créer une superbe profondeur et une texture en suspension. On compte également sur le marché une gamme d'effets créés grâce à la peinture en aérosol, dont un composé imitation granit vendu sous forme d'ensemble. On trouve même des veinures de marbre à vaporiser, quoique celles-ci ressemblent plus à un mélange de cheveux et de spaghettis collants. Au lieu de l'essayer pour créer des veines de marbre, tout peintre créatif l'adoptera pour réaliser un effet tout à fait différent et inusité.

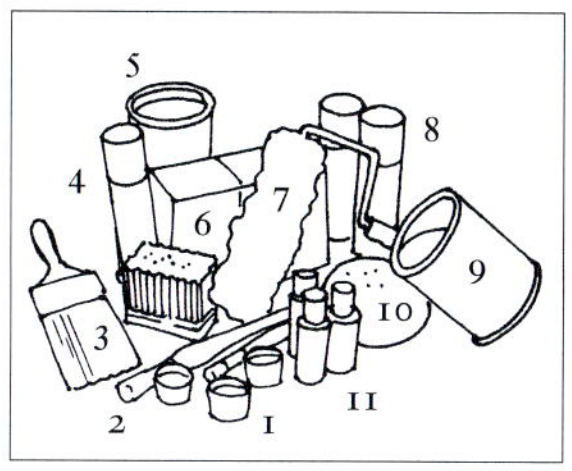

(1) peintures en crème pour pochoirs ; (2) pinceau pour pochoirs ; (3) pinceaux à texturer ; (4) aérosol pour marbrage ; (5) peinture mouchetée ; (6) ensemble à marbrer ; (7) rouleau à texturer ; (8) aérosol granit ; (9) peinture à texturer ; (10) éponge synthétique ; (11) glacis colorés.

LES POCHOIRS. Achetez un pochoir prédécoupé parmi la vaste sélection offerte ou créez-en un. Si vous souhaitez découper votre propre pochoir, achetez du plastique à pochoir dans une boutique d'artisanat ou de matériel d'artiste. Ce plastique est généralement assez mince, bleu, flexible et semi-transparent, permettant de tracer des motifs que vous découperez à l'aide d'un couteau universel (*X-acto*™) d'un couteau tout usage ou encore de ciseaux pointus. Un carton relativement mince pourra remplacer le plastique. Pour réaliser le pochoir, utilisez la peinture de votre choix : peinture en aérosol pour un recouvrement lisse et uniforme ; l'acrylique ou le latex appliqué au pinceau d'artiste pour une apparence à main levée, coups de pinceau en prime ; ou une peinture crème appliquée grâce à un pinceau à moucheter pour pochoirs qui procurera un recouvrement lisse et dense. Les peintures acryliques et en aérosol sèchent rapidement alors que la plus crémeuse prendra plus de temps à sécher. Utilisez de la colle en aérosol pour ajouter de l'adhérance au dos du pochoir. (Voir *Plateau tonnelle de roses,* en page 247.)

Ne vous laissez pas intimider par la multitude de nouveaux produits des détaillants de peinture. Plusieurs peuvent ajouter une touche intéressante à votre quête de créativité.

Techniques de base de la peinture

La plupart des projets traités dans ce livre vous référeront à la présente section qui vous explique comment préparer, apprêter et peindre vos meubles grâce à une couche d'apprêt. Cette couche d'apprêt constitue le fondement de votre traitement décoratif.

La première étape est celle de la préparation. Littéralement tous les meubles ont besoin d'une préparation - à un degré ou à un autre - avant de pouvoir être peints ou teints, qu'il soit question de réparer une pièce chambranlante, d'enlever une porte, une poignée ou de la quincaillerie, de délustrer une surface brillante, ou de sabler un bois brut.

La deuxième étape est celle de l'application de l'apprêt. La plupart des meubles - en bois vernis ou peint, en mélamine, ou en bois non peint - doivent recevoir une couche d'apprêt avant de pouvoir être peints. Parmi les exceptions à la règle, les meubles en bois non peint qui seront teints et les meubles qui seront peints pour ensuitte être vieillis grâce au sablage. Référez-vous aux pages de renseignements sur les pinceaux, les rouleaux et la peinture en aérosol contenues dans cette section afin de déterminer la méthode d'application qui convient le mieux à votre meuble.

La troisième étape est celle de la peinture. La peinture est appliquée (généralement en deux couches) sur la couche d'apprêt, de la même façon que l'apprêt a été appliqué. Une fois la couche d'apprêt appliquée, l'étape créative et inventive qui verra l'ajout d'effets et de traitements décoratifs peut commencer.

Si vous sautez maintenant l'étape de préparation, vous risquez de le regretter plus tard.

Préparation

Lorsqu'on y pense bien, la préparation d'un meuble – solidifier des pièces et préparer la surface à peindre – est beaucoup plus importante que la peinture ou sa décoration. Combattez donc la tentation de sauter l'étape de préparation. Vous éviterez ainsi des conséquences fâcheuses (celles dont votre mère vous avait prévenu) presque aussi fâcheuses que de tenter de construire une maison sur du sable. Il existe presque autant de types de meubles que de types de préparations. Lisez attentivement cette section pour déterminer le degré et le type de préparation dont votre meuble a besoin. Et même si bien des peintres exècrent cette portion du travail, une fois qu'elle est terminée, la peinture et les traitements décoratifs peuvent être appliqués avec une conscience tranquille.

Faites l'acquisition de nouvelle quincaillerie si le cœur vous en dit. Si le meuble est muni de poignées de bois, vous pouvez les peindre.

Pour commencer, trouvez un espace de travail confortable et bien éclairé. Gardez cet espace de travail aussi flexible que possible, avec des sources de lumière qui se déplacent facilement et une table appropriée sur laquelle travailler. Vous irez peut-être même jusqu'à annuler la partie de bridge pour vous esquiver avec la table à cartes. Ce type de table est parfait pour déposer tout meuble (sauf les gros) que l'on souhaite placer à une hauteur confortable pour travailler. Grâce à sa petite taille, les meubles demeurent accessibles de tous les côtés, et elle peut être pliée et rangée lorsque vous n'en avez plus besoin. Gardez à portée de la main des toiles de protection. De grands et vieux draps anti-glissants feront l'affaire. Vous pouvez aussi utiliser du plastique et du papier, mais pas du papier journal. Vous vous retrouveriez avec de l'encre sur votre peinture.

MATÉRIAUX

Vous pourrez avoir besoin des outils et matériaux suivants :

- tournevis
- huile à mouvement
- nouvelle quincaillerie et vis
- bouche-pores
- petit grattoir à peinture (ou couteau à mastiquer), large grattoir à peinture
- papier sablé fin (grade 220)
- cale à poncer
- allumettes en bois
- colle de menuiserie blanche
- serre-joints en C ou corde à caoutchouc
- perceuse électrique
- composé de délustrage (*TSP* ou autre papier sablé liquide), gants de caoutchouc
- chiffon de dépoussiérage

1 *Tiroirs*

Enlevez les tiroirs et indiquez leurs positions (dessus, centre, dessous, etc.) au panneau arrière. Souvent, à cause de l'usure ou de la façon dont ils ont été construits, les tiroirs ne glisseront facilement que dans leurs positions originales.

2 *Quincaillerie*

Dévissez et enlevez toute la quincaillerie. Il faut également enlever les portes en dévissant les pentures. S'il s'agit d'une table à abattants, enlevez les pentures et les morceaux qui soutiennent les rallonges. Les pentures devraient être nettoyées et huilées. Si le plateau est enlevable, la peinture se fera plus facilement si le plateau est enlevé et peint indépendamment de la base.

3 *Agent de remplissage*

À l'aide d'un agent de remplissage et d'un grattoir à peinture ou d'une spatule, remplissez les trous laissés par l'ancienne quincaillerie si les trous ne correspondent pas à la nouvelle quincaillerie. Remplissez également toute gouge dans la surface du meuble. À l'aide de papier sablé fin (grade 220) poncez l'agent de remplissage jusqu'à ce qu'il soit doux et de niveau avec la surface.

Remplissez les trous laissés par les vis des pentures branlantes avec des bouts d'allumettes et de la colle. Laissez sécher avant de remplacer les pentures. Les pentures peuvent aussi être changées de place pour que les vis puissent pénétrer.

4 *Réparation des parties desserrées*

Les plateaux desserrés sont causés par le soulèvement des meubles en utilisant le plateau au lieu de la base. Resserrez un plateau de bureau en remplaçant les vis existantes avec des vis plus grosses, mais pas plus longues. Recollez les joints desserrés d'une chaise en écartant le joint, ensuite nettoyez-le autant que possible, et appliquez la colle au joint et refermez-le à l'aide d'un outil de serrage. (Si vous ne possédez pas d'outils de serrage, enveloppez le joint étroitement avec une corde à caoutchouc en tension.) Collez et serrez la garniture. Laissez sécher toute la nuit.

Les pieds de table branlants sont causés par le traînement de la table, au lieu de la soulever. Il existe toutes sortes de constructions de pieds de table. Tâchez de déterminer comment la table et ses pieds sont construits. Collez et serrez tous les joints et serrez ou remplacez toutes les vis.

Mesurez et percez les trous pour la nouvelle quincaillerie, s'il y a lieu.

5 *Préparation du fini*

Les vieux meubles foncés de grand-mère devraient recevoir le test de l'ongle. Grattez le vernis avec votre ongle. Celui-ci ne devrait ni marquer, ni se soulever. S'il se soulève, c'est qu'il s'écaillera une fois peint, amenant avec lui la peinture. Grattez rapidement le vernis qui se soulève avec un large grattoir à peinture. Sablez ensuite la surface jusqu'à ce qu'elle soit lisse, avec un papier sablé fin, à la main ou à l'aide d'un frottoir.

Si le meuble est doté d'un fini très brillant ou de plastique stratifié, il devra être légèrement sablé pour que la peinture adhère convenablement à la surface du meuble. Sablez avec un papier sablé fin, dans le sens du grain du bois (sabler à contre-sens du grain du bois peut causer des égratignures profondes), et dans le sens de la longueur pour les pièces peintes.

Si vous détestez viscéralement la poussière et l'effort nécessaire au sablage, et que le fini de votre meuble est peu lustré, nettoyez-le et délustrez-le à l'aide d'un agent de délustrage tel le TSP. Préparez les granulés en respectant les instructions sur l'étiquette. Après avoir enfilé des gants, nettoyez toutes les surfaces lustrées et rincez complètement avec une eau propre. Laissez sécher toute la nuit.

Nettoyez le meuble complètement, à l'intérieur et à l'extérieur, à l'aide d'un aspirateur . Enlevez toute la poussière en essuyant le meuble avec un chiffon de dépoussiérage. Si vous le désirez, lavez le meuble avec un linge humide et un agent de nettoyage doux. Laissez sécher toute la nuit.

Les chats semblent toujours préférer se coucher sur ceux qui les aiment le moins. Évidemment, ils sont aussi attirés par la peinture fraîche. Faites sortir minet.

Apprêt et peinture

L'application d'une couche d'apprêt avant la peinture s'avère une étape nécessaire pour la plupart des projets. Parmi les exceptions les meubles que l'on souhaite vieillir en sablant la peinture afin de révéler le bois naturel, et les meubles non peints qui seront teints. L'apprêt s'accroche plus solidement au meuble que la peinture, procurant une bonne adhérence et une pellicule uniforme. La peinture peut ensuite s'étendre sur la couche d'apprêt, sans inégalités dans la texture ou dans le fini.

L'apprêt et la peinture devraient être appliqués selon la même méthode. Par exemple, si le meuble est constitué de surfaces planes, l'apprêt aussi bien que la peinture seront appliqués au pinceau et au rouleau. Si le meuble est sculpté, orné de garniture ou de moulures, l'apprêt et la peinture seront plutôt vaporisés. Ne désespérez pas lorsque vous constaterez que l'apprêt est inégal à l'application. Appliquez-le rapidement et évitez de revenir sur des sections. L'apprêt se fixe et sèche rapidement. Si vous revenez en arrière, vous abîmerez la surface. Une fois l'apprêt sec, le meuble peut recevoir une à deux couches de peinture au latex en guise de couche de fond. Si votre meuble a une finition de plastique stratifié, utilisez la peinture à mélamine pour la couche de fond. (Voir *Peinture à mélamine,* en page 27.) Avant d'ajouter d'autres traitements, laissez les couches de peinture sécher aussi longtemps que le précise le fabricant sur l'étiquette.

Toucher la peinture fraîche est une tentation universelle. Élaborez donc des stratégies qui vous éloigneront du meuble pendant qu'il sèche. Peignez avant de vous mettre au lit est une stratégie infaillible. Et souvenez-vous que l'erreur est la mère des solutions les plus originales.

MATÉRIAUX

Vous pourrez avoir besoin des outils et matériaux suivants :

- petite quantité de gomme laque blanche
- ruban de peintre ou ruban-cache facile à enlever
- un litre (pinte) d'apprêt à base d'eau à adhésion élevée ou d'apprêt aérosol ou, pour les surfaces de plastique stratifié, si l'étiquette suggère un apprêt, de gomme laque à pigment blanc.
- outils à peinture :
  -pinceau, d'une largeur de 4 cm (1½ po) pour peinture à base d'eau.
  -poignée de rouleau, d'une largeur de 10 cm (4 po) et manchon à poils courts
  -bac à rouleau adapté à la largeur de ce dernier
- un litre de peinture fini latex ou satin, de la couleur de votre choix
- un litre de vernis à base d'eau, sans jaunissement
- cire en pâte, chiffon à poncer

1 *Le choix de l'apprêt*

Si votre meuble est orné de moulures, de garnitures ou de détails sculptés, vous préférerez peut-être adopter un apprêt en aérosol. (Consultez les instructions à propos de la *Peinture par pulvérisation*, en page 44.)

2 *Apprêt sur pièces amovibles*

Avant d'appliquer l'apprêt, scellez les noeuds avec du vernis à la gomme laque.

Mélangez bien l'apprêt avant de l'appliquer. L'apprêt devrait être appliqué à toutes les sections qui seront peintes.

Commencez pas les pièces amovibles, telles les portes et les tiroirs. Appuyez portes et autres sections plates sur des supports et masquez toutes les sections qui doivent demeurer exemptes de peinture.

Si les tiroirs sont propres, appliquez l'apprêt uniquement sur les faces et les côtés. Si l'intérieur des tiroirs est douteux, appliquez-y une couche d'apprêt.

À l'aide d'un pinceau, appliquez l'apprêt à l'intérieur des joints et dans les petits coins qui ne sont pas accessibles au rouleau. (Voir *Peinture au pinceau,* en page 40.) Utilisez ensuite un rouleau pour les surfaces planes. (Voir *Peinture au rouleau,* en page 42.)

Vous pouvez appliquer l'apprêt, si vous le souhaitez, sur les côtés extérieurs. Assurez-vous auparavant qu'il existe un espace suffisant entre le tiroir et le meuble pour qu'il puisse toujours glisser. (L'ajout de couches d'apprêt ou de peinture aux côtés des tiroirs peut les coincer.) Les apprêts et peintures à base d'eau sèchent rapidement. Nettoyez donc les pinceaux lorsqu'ils ne sont pas utilisés.

3 *Apprêt du corps*

Le monde à l'envers. Des chaises aux huches en passant par les tables, peu importe le type de meuble, commencez toujours l'application de l'apprêt par le dessous du meuble. Appuyez les armoires et les commodes sur leur dos et déposez les chaises à l'envers. (Si le meuble est lourd, de grâce, demandez de l'aide !) À l'aide d'un pinceau, appliquez l'apprêt sur tous les coins et autres endroits inaccessibles au rouleau. Appliquez ensuite l'apprêt au rouleau sur toutes les surfaces faciles à atteindre. L'application de l'apprêt sur l'endos et l'intérieur des armoires, bureaux et commodes est facultative.

Placez la pièce debout. Découpez et peignez au rouleau toutes les surfaces restantes. Lavez tous les ustensiles peints au savon et à l'eau chaude. Laissez sécher l'apprêt.

4 *Peinture*

Répétez les étapes 1 et 2, utilisant à présent une peinture latex. Laissez sécher et appliquez une seconde couche si nécessaire.

5 *Vernir et finir*

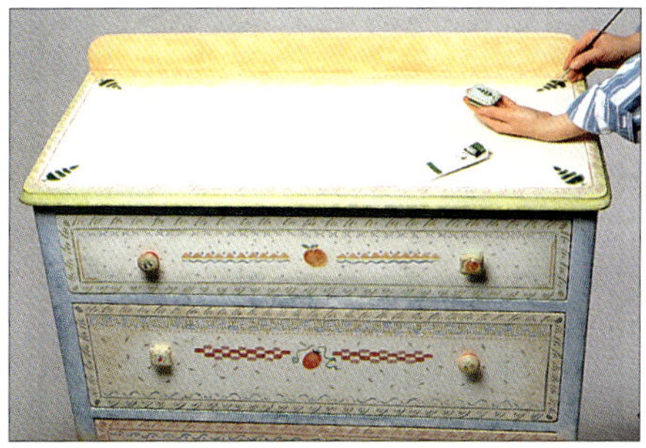

Continuez à peindre et à décorer votre meuble, ou si vous désirez qu'il reste peint d'une couleur solide, protégez-le tout en enrichissant la couleur grâce à un vernis à base d'eau sans jaunissement. (Voir *Vernir,* page 48.)

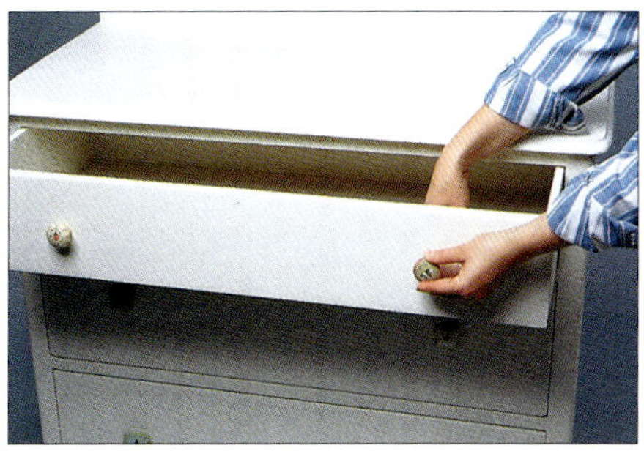

Fixez la quincaillerie.

Il est possible que la peinture adhère lorsqu'elle est en contact avec d'autres peintures. Appliquez une ou deux couches épaisses de cire en pâte et poncez.

Commencez par les zones difficiles à atteindre. Il y aura moins de peinture sur le peintre et plus sur le meuble.

Peinture au pinceau

En dépit des nombreux progrès dans le domaine des outils et produits de peinture, le plus indispensable et le plus versatile reste le pinceau. Mais ne vous laissez pas prendre par la pinceaumanie. Vous n'avez pas à vous doter de tout un arsenal de pinceaux coûteux pour peindre vos meubles. Utilisez un pinceau de largeur moyenne, aux soies biseautées, pour le découpage et la peinture des sections plates ; un pinceau à bout carré pour les zones étroites et le travail de détail et, finalement, un pinceau à pointe fine pour la peinture à main levée ou plus complexe. Tandis que la peinture à couverture complète est en général exécutée grâce à une combinaison de pinceau et de rouleau, quelquefois la peinture au pinceau est indispensable pour produire des coups de pinceau apparents, très appréciés dans les méthodes de vieillissement et les traitements rustiques. (Voir *Outils à peinture,* page 24 ; *Produits de spécialité,* page 32.)

La création au pinceau ajoute individualité et personnalité à un travail de peinture qui, autrement, serait très ordinaire.

Il n'existe aucune manière infaillible d'effectuer un travail de peinture parfait à l'aide d'un pinceau. Toutefois, il existe plusieurs approches à cette méthode qui donneront une couche plus égale et plus lisse et une diminution des coulisses et des gouttes. L'achat de pinceaux de bonne qualité, prévus pour votre type de peinture, qu'elle soit à base d'huile ou d'eau, est un excellent point de départ.

MATÉRIAUX

Vous pourrez avoir besoin des outils et matériaux suivants :

- un litre de peinture fini latex ou satin, de la couleur de votre choix
- pinceau, d'une largeur de 4 cm (1½ po) pour peinture à base d'eau.
- tube de peinture acrylique de la couleur de votre choix
- pinceau d'artiste, à pointe moyenne carrée ou à pointe fine
- craie ou crayon coloré

1 *Peindre au pinceau une surface plate*

Mélangez la peinture au latex. Trempez le pinceau dans la peinture jusqu'au tiers ou à la moitié des soies. Trainez l'un des côtés contre le rebord du pot lorsque vous en retirez le pinceau.

Couchez le côté recouvert du pinceau sur une zone ouverte du meuble, dans un rebord. Appliquez la peinture sur le sens de la largeur, non de la longueur.

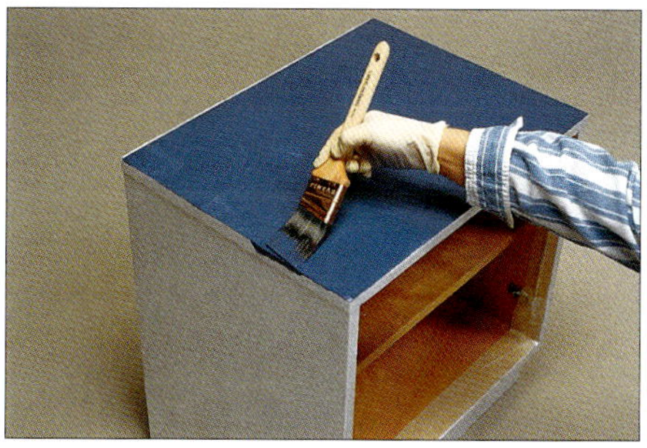

Peignez vers et par-dessus les côtés, si possible. Si le pinceau est traîné contre un bord, comme vous le voyez sur la photo, la peinture formera des gouttes.

Continuez à peindre, tout en lissant rapidement et de façon continue la peinture. Retrempez le pinceau dans la peinture au besoin. Faites attention à bien essuyer toutes les gouttes avec le pinceau. La peinture à base d'eau sèche rapidement. Évitez de repeindre la même zone plusieurs fois. Sur-peindre créerait des marques de coups de pinceau sur la peinture en cours de séchage. Terminez plutôt une section à la fois.

2 *Découpage*

Pour peindre les joints et les coins, appliquez une petite quantité de peinture sur le pinceau à soies biseautées et utilisez sa pointe la plus longue pour étaler de la peinture dans le coin en traînant le pinceau le long du joint. La coupe en angle du pinceau est parfaite pour cette technique, surtout pour peindre l'intérieur des tiroirs et tous les angles et coins. Faites bien attention à essuyer toutes les gouttes et coulisses à l'aide de votre pinceau.

3 *Peindre les détails*

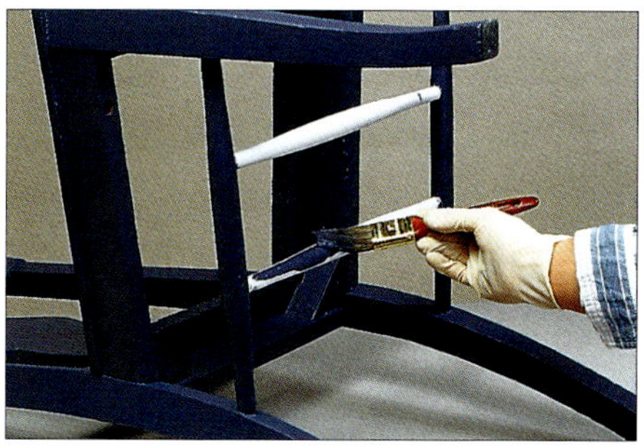

Bien que la peinture en aérosol est en général plus appropriée pour les moulures et ornementations, quelquefois les détails doivent s'harmoniser à l'effet général d'une peinture au pinceau. Chargez le pinceau d'une petite quantité de peinture. En tenant le pinceau à angle, trainez-le dans un mouvement descendant tout le long de la moulure, appliquant la peinture en une longue goutte étirée.

Étalez rapidement la peinture en une couche égale. Faites attention à bien essuyer les gouttes et coulisses avec votre pinceau.

4 *Peinture à main levée*

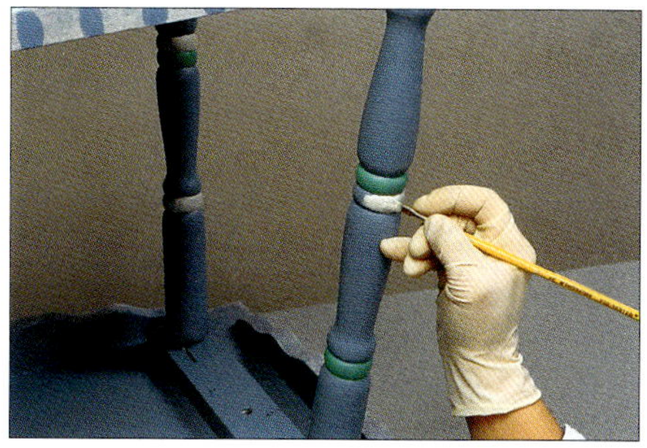

Les détails tournés ou gravés bénéficieront d'une peinture à main levée dans des couleurs contrastantes. Placez la zone à être peinte à la hauteur de l'oeil. Utilisez un pinceau de taille adaptée à la zone à peindre et une peinture à l'acrylique ou au latex. Diluez la peinture au besoin afin qu'elle s'écoule facilement du pinceau tout en étant pas trop liquide. Essayez de conserver en tout temps une main stable. Veillez à ce que les bords soient égaux et terminez l'application d'une couleur donnée à une limite naturelle.

Pour peindre des motifs à main levée, comme des frisures ou une vigne grimpante, dessinez d'abord votre motif avec une craie ou un crayon coloré. Utilisez un pinceau à pointe fine et une peinture à l'acrylique ou au latex, diluée si nécessaire, pour qu'elle s'écoule bien du pinceau. Trempez la pointe du pinceau dans la peinture. À main levée (appuyer le talon de votre main sur la table créerait des formes contractées), appliquez une pression adéquate sur le pinceau selon l'épaisseur de ligne souhaitée. Peignez la ligne en utilisant le trait de craie comme guide uniquement : le fait de suivre la ligne de craie de trop près causera des hésitations et donc, des lignes hésitantes.

Les rouleaux sont disponibles dans tout un éventail de grandeurs. Choisissez celui qui correspond à votre tâche.

Peinture au rouleau

Le rouleau est, sans aucun doute, l'un des outils de peinture les plus important, juste après le pinceau. Il produit une couverture rapide et égale et une texture lisse sans coups de pinceau. Invention relativement récente, le rouleau a révolutionné la peinture. Mais, jusqu'à tout récemment, la peinture au rouleau était uniquement perçue comme une manière de couvrir de larges surfaces. De nouvelles façons créatives d'utiliser cet outil versatile sont à présent à l'étude, dans le but de produire des motifs répétitifs et des couches de couleur texturées. Pour peindre un meuble, il vous faut un petit manchon à rouleau et des rouleaux à poils courts amovibles. Achetez deux manchons ou plus, car la plupart d'entre eux ne sont bons que pour une seule application de peinture. Choisissez un bac de la bonne grandeur pour le rouleau. Un bac à peinture convient mieux qu'un plateau de papier ou que tout autre substitut jetable, car son réservoir et sa rampe texturée procurent une distribution plus égale et un meilleur contrôle de la peinture. Tout d'abord, découpez les encoignures les plus éloignées et autres endroits difficiles à atteindre avec un pinceau. Puis utilisez le rouleau pour appliquer l'apprêt ou la peinture, mais jamais le vernis. Le vernis doit toujours être appliqué au pinceau.

La surface lisse que procure la peinture au rouleau est idéale pour se lancer dans un traitement tel le râtissage.

MATÉRIAUX

Vous pourrez avoir besoin des outils et matériaux suivants :

- un litre de peinture fini latex ou satin, de la couleur de votre choix
- poignée de rouleau, d'une largeur de 10 cm (4 po) et manchon à poil court
- bac à rouleau adapté à la largeur de ce dernier
- papier sablé fin (220 ou plus), chiffon à dépoussiérer

1 *Prêt à rouler*

Pour empêcher la formation de bulles d'air dans la peinture aussi bien que pour enlever toute fibre détachée du manchon, mouillez-le bien et essuyez-le à fond avec un essuie-tout.

Versez la peinture dans le réservoir du bac, en le remplissant à moitié environ. Trempez le rouleau dans le bac et roulez afin que le manchon en entier soit enduit de peinture.

Roulez le long de la rampe du bac pour éliminer l'excédent de peinture mais sans exagération. Le rouleau devrait encore contenir une bonne quantité de peinture.

2 *Appliquer une couche égale*

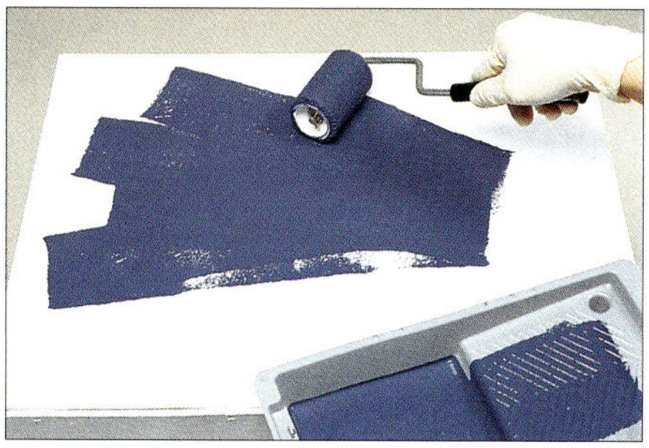

Placez le rouleau sur une des surfaces du meuble, dans les limites des bords. En commençant par le centre, roulez la peinture vers l'extérieur en mouvement triangulaire, entrecroisant les lignes précédentes. Cette technique aura pour résultat une texture égale et préviendra l'apparition d'un quadrillage. N'essayez pas de tout couvrir en entier dans une unique couche. l'excédent de peinture non roulée créera des stries - texture indésirable.

Appliquez une pression modérée et égale. Laissez le rouleau faire tout le travail. Il vaut mieux tremper à nouveau le rouleau que de le compresser pour en faire sortir plus de peinture. Une pression indue créerait un effet de voie ferrée - une épaisse ligne double de peinture le long des côtés du rouleau.

3 *Logique du rouleau*

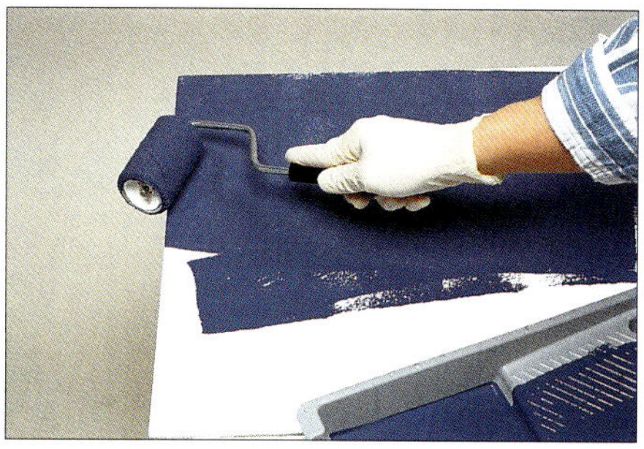

Roulez au-delà des bords au lieu de retenir le rouleau contre le bord. Rouler contre un bord créerait des gouttes. À mesure que vous roulez, ne perdez pas de vue la formation de gouttes et essuyez-les avec un pinceau ou au rouleau.

Continuez à rouler, en faisant chevaucher chaque nouvelle ligne du rouleau sur la précédente, jusqu'à ce que toute la surface soit recouverte. Résistez à la tentation de rouler à nouveau sur une section humide. La peinture à base d'eau sèche rapidement et passer le rouleau de nouveau déchirerait la surface. Laissez plutôt sécher et appliquez une autre couche. Pour un fini ultra lisse, sablez légèrement la première couche avec un papier sablé fin lorsqu'elle sera entièrement sèche et essuyez avec un chiffon à dépoussiérage avant d'appliquer une seconde couche. Entre les couches, conservez votre peinture humide en plaçant le bac et le rouleau dans un sac de plastique en compressant pour éliminer l'air.

L'impression grâce à un rouleau crée des imprimés clairs et uniformes pour constituer des bordures ou des motifs. (Voir La ligue du lierre, en page 267.)

Assurez-vous de vérifier la direction du bec.

Peinture en aérosol

La peinture au vaporisateur procure une couverture lisse et dense aux meubles ornementés et texturés. La nature envahissante de la peinture en aérosol lui permet de se rendre là où un pinceau ne le pourrait pas, rapidement et sans gouttes ou coulisses. Lorsque vous peignez au vaporisateur, utilisez de grandes toiles de peintre si vous ne voulez pas décorer en même temps votre maison et votre jardin. Seulement une petite portion de la peinture provenant du bec entre en contact avec votre meuble. Le jet aérosol se déplace, se fixant sur toutes les surfaces et jusque dans les plus petits trous. Par conséquent, reliez les toiles de peintre et recouvrez tout ce qui pourrait être atteint par la peinture en dérive. Assurez-vous également de travailler dans un environnement bien ventilé pour éviter d'asphyxier votre canari. Peindre au vaporisateur à l'extérieur est parfait, à moins qu'il n'y ait du vent. L'idéal, c'est un garage à la porte ouverte. Si vous êtes à l'intérieur, plusieurs fenêtres ouvertes, ou une fenêtre ouverte accompagnée d'un ventilateur, feront l'affaire. Inévitablement, une certaine quantité de vapeur et d'aérosol sont inhalées à cause de la proximité du peintre de la bonbonne aérosol. Un masque de papier tamisera les particules de peinture vaporisées tandis qu'un masque à charbon filtrera la peinture mais également les vapeurs de peinture.

L'effet lustré de la peinture aérosol - similaire à une laque - représente une toile de fond idéale pour le travail au pinceau et les traitements de tissu.

La plupart des aérosols n'ont aucun besoin d'une couche d'apprêt. Par contre, si votre meuble présente un fini inégal et rapiécé, vaporisez-le d'apprêt en premier lieu. Les aérosols à base d'acrylique, disponibles en fini lustré ou peu lustré, donnent un résultat superbe sur la plupart des meubles. Choisissez une peinture en aérosol spéciale pour recouvrir la rouille ou ajouter de la texture. Si votre magasin local de peinture offre une sélection limitée de finis ou de types de peinture aérosol, essayez une quincaillerie ou une boutique d'artisanat.

MATÉRIAUX

Vous pourrez avoir besoin des outils et matériaux suivants :

- toiles de peintre
- masque à charbon ou masque de peintre
- un tampon de laine d'acier
- une bonbonne ou plus de peinture aérosol à l'acrylique.

1 *Commencer*

Attention à ceux qui souffrent d'allergies : un masque à charbon pour éliminer les vapeurs vous est recommandé. Si l'étiquette indique que le matériel est inflammable ou explosif, ne travaillez pas dans un endroit où l'on peut retrouver une flamme nue, même une flamme minuscule comme un témoin pilote sur une cuisinière, une fournaise ou un chauffe-eau.

Couvrez toutes les surfaces alentours de toiles de peintre en plastique, de vieux draps ou de papier (sauf le papier-journal car l'encre pourrait se transférer sur votre meuble peint) pour éviter que la peinture aérosol ne les atteigne.

Brassez la bonbonne pendant deux minutes entières au moins. Faites un essai en vaporisant de la peinture sur un morceau de papier. Les premières touches peuvent sembler trop liquides jusqu'à ce que la peinture fasse son chemin dans le tube.

2 *Apprêt aérosol*

Si vous utilisez un apprêt, appliquez une couche. L'apprêt sèche très rapidement.

Vous devez être en mesure de faire pivoter le meuble à mesure que vous travaillez, pour en vaporiser rapidement toutes les surfaces. Laissez sécher complètement.

3 *Peinture aérosol anti-rouille*

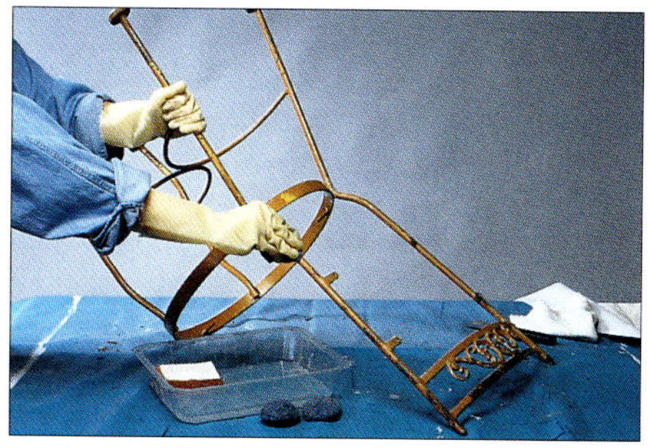

Si vous utilisez une peinture aérosol anti-rouille, retirez la plus grande quantité de rouille possible du meuble à l'aide d'eau et d'une laine d'acier savonneuse. Rincez à fond et laissez sécher. Suivez les directives de l'étiquette pour connaître les temps d'application et de séchage.

4 *Peinture aérosol, phase 1*

Placez le meuble tête en bas sur la toile de peintre. (Si le meuble est lourd, de grâce, demandez de l'aide !) Tout en maintenant la bonbonne à environ 25 cm (10 po) de l'objet, appuyez sur le bec et vaporisez le meuble d'une couche légère et égale. Vaporiser trop lourdement provoquerait des gouttes et des coulisses. Plusieurs couches minces sont préférables à une couche épaisse. Vaporisez toutes les surfaces visibles sans déplacer le meuble.

Donnez une seconde couche alors que le meuble est dans la même position.

Vérifiez l'étiquette. Les instructions des peintures aérosol mentionnent que la deuxième couche doit être effectuée dans l'heure. Si vous dépassez ce délai, vous devrez attendre trois jours pour donner une autre couche. Appliquez le nombre de couches requises pour obtenir une couverture dense et égale.

5 *Peinture aérosol, phase 2*

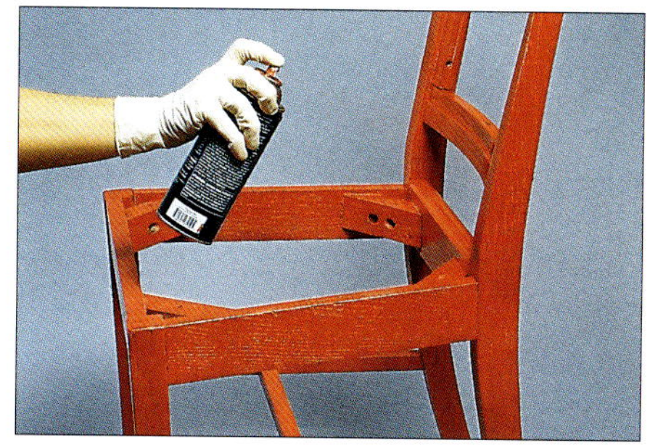

Laissez sécher la peinture jusqu'à ce qu'elle soit sèche au toucher. Remettez le meuble sur ses pattes et répétez l'étape 4. Continuez ainsi jusqu'à ce que toutes les surfaces soient recouvertes. Laissez sécher complètement.

Les teintures les plus belles proviennent des sources les plus inattendues.

Teindre le bois

La densité opaque de la peinture invite à la créativité mais ne fermez pas les yeux sur l'effet de la teinture sur le bois nu. Simple et très rapide d'application, la teinture semble foncée sous sa forme liquide mais transparente lors du séchage. Transparente ne signifie toutefois pas invisible. La teinture ne procure pas uniquement une couleur. Comme elle est absorbée par le bois, elle en accentue le grain et les marques. Ce qui était il y a cinq minutes encore un morceau de pin terne et nu est à présent une oeuvre d'art naturel fascinante et complexe. La plupart des teintures commerciales pour le bois se présentent dans des teintes de bois brun naturel. Toutefois, de dramatiques tons rubis, des couleurs rustiques ou des teintes riches peuvent être extraites de baies ou de teintures à tissu.

Les traitements tels l'impression à la main ajoutent de la couleur et une dimension supplémentaire au bois teint. (Voir La ligue du lierre, en page 267.)

Après avoir appliqué une teinture commerciale, protégez la surface avec une cire, une huile ou un vernis. Plusieurs teintures sont disponibles déjà mélangées au vernis ou à l'huile - faisant de la de la teinture et de la finition un procédé en une seule étape. Renseignez-vous sur ces mélanges à votre magasin de peinture. Vernissez toujours les teintures peu communes ou aux couleurs vives afin de protéger leur fini et d'empêcher le transfert de la couleur. (Au sujet des teintures aux couleurs vives, voir *Mélanges de maîtres,* en page 141.)

MATÉRIAUX

Vous pourrez avoir besoin des outils et matériaux suivants :

- teinture commerciale en quantité adéquate
- papier sablé fin (grade 180 à 220)
- cale à poncer
- chiffon de dépoussiérage
- petite quantité de laque blanche ou autre scellant
- bâton à mélanger en bois
- pinceau
- chiffons
- un litre de vernis à base d'eau non-jaunissant, ou de l'huile à meuble ou de la cire et un chiffon à poncer

1 *Commencer*

Commencez sur un bois complètement nu, exempt de peinture, de vernis ou de colle. Si le bois a été peint et décapé auparavant, il doit être exempt de résidus de peinture et la surface doit être légèrement sablée pour ouvrir le grain. Les meubles de bois non-peint sont souvent étanchéisés - résultat des scies utilisées pour couper le bois - donnant au bois une surface légèrement luisante. Un bois étanchéisé absorbera la teinture de façon inégale, donnant à la surface une apparence rapiécée. Sablez légèrement les meubles non-peints avec un papier sablé fin pour en ouvrir le grain.

En tenant le papier sablé à plat dans votre main ou à l'aide d'un bloc à sabler, sablez légèrement la surface dans le sens du grain. (Sabler en travers du grain peut créer des éraflures profondes.) Essuyez la surface à l'aide d'un chiffon de dépoussiérage.

Les coupures d'extrémité - là où le bois est coupé en travers du grain - peuvent absorber une grande quantité de teinture et devenir plus foncés que le reste du meuble. Si vous ne voulez pas risquer d'obtenir cet effet, diluez une certaine quantité de laque blanche ou un autre scellant à la moitié de sa force régulière et enduisez-en le grain ouvert. Une fois le scellant sec, teignez l'extrémité.

À l'aide d'un bâton à mélanger, brassez bien la teinture. Essuyez le bâton sur un chiffon et vérifiez la couleur de la teinture sur le bâton.

2 *Appliquer la teinture*

Placez la surface à teindre en position horizontale pour empêcher les gouttes. (Si le meuble est lourd, de grâce, demandez de l'aide !) Trempez un pinceau ou un chiffon dans la teinture et commencez à l'étendre sur le bois. La plus grande partie de la teinture sera absorbée.

Faites suivre d'un chiffon propre, en essuyant le surplus. Continuez à teindre et à essuyer le surplus, en teignant jusqu'au bord humide la section précédente.

Lorsqu'un côté complet est teint, laissez sécher. Puis, retournez et teignez l'autre côté. Continuez ainsi jusqu'à ce que tous les côtés de la pièce soient teints.

3 *Protéger le fini*

Le fini d'une pièce teinte doit être protégé. Lorsque les surfaces teintes sont sèches, protégez-les en vernissant, huilant ou cirant. Consultez votre magasin de peinture pour connaître les différentes applications possibles.

Pensez-y : vernir est une opération qui doit être effectuée dans un environnement sans poussière.

Vernir

Le vernis protège non seulement votre peinture contre les éraflures, l'écaillage et les effets des produits nettoyants. Il procure aussi richesse et profondeur à la couleur, sans oublier un fini quasi vitré. Certains matériaux fragiles comme le papier et le tissu, lorsqu'ils sont protégés par plusieurs couches de vernis, peuvent être utilisés de la manière la plus inattendue et la plus créative. Bien qu'il soit préférable d'appliquer le vernis sur un meuble dans son entier, vous pouvez tout de même opter pour vernir uniquement les parties qui s'usent le plus rapidement et demandent une plus grande protection, comme par exemple le dessus de la table ou les devants de tiroirs d'une commode.

Appliquer un vernis à base d'eau, c'est un peu comme envelopper ses meubles de plastique, rendant le fini aussi délicat que du tissu tout en étant solide et durable.

Sélectionnez un vernis à base d'eau, sans jaunissement, dans votre fini préféré, de lustré à peu lustré. Ces vernis sèchent vite, en quelques minutes, une qualité qui empêche la poussière de s'incruster à la surface. Les vernis à base d'eau ont une odeur relativement faible et sont faciles à nettoyer avec du savon et de l'eau.

Il y a deux règles pour obtenir la perfection d'un vernis à base d'eau. Premièrement, exécutez l'opération rapidement en appliquant légèrement le vernis sur la surface avec un pinceau, jamais un rouleau. Deuxièmement, résistez à l'impulsion de toucher. Les vernis commencent immédiatement à sécher et les marques de pinceau, de doigts ou des pattes de minet sont permanentes. Lorsque le vernis est sec (en général quelques heures), sablez légèrement le fini avec un papier sablé fin, essuyez avec un chiffon à dépoussiérer et appliquez une autre couche. Ne soyez pas inquiet de l'aspect nuageux que le sablage donne au vernis. Il disparaîtra lorsque vous apliquerez la couche suivante.

À l'occasion, un projet de traitement spécial, comme un vernis craqué, demandera l'utilisation d'un vernis à base d'huile. Ces vernis sont beaucoup plus longs à sécher que ceux à base d'eau, prenant respectivement toute une nuit et quelques heures. Ils ajoutent également une teinte ambrée au fini.

MATÉRIAUX

Vous pourrez avoir besoin des outils et matériaux suivants :

- ruban à masquer facile à enlever
- chiffon de dépoussiérage
- un litre de vernis à base d'eau, sans jaunissement
- pinceau, d'une largeur de 5 cm (2 po) pour peinture à base d'eau.
- papier sablé fin (220)
- cire en pâte ou cire pour auto, chiffon à poncer

1 *Commencer*

Utilisez un ruban à masquer facile à détacher tout autour de la zone que vous souhaitez vernir. Le vernis doit être mélangé, jamais secoué. Le secouer créera une multitude de bulles qui seront piégées dans le vernis séchant rapidement. Pendant l'application du vernis, mélangez environ toutes les quinze minutes.

2 *Appliquer le vernis*

Avec un chiffon à dépoussiérer, essuyez la pièce à être vernie, en enlevant toute particule de poussière de sa surface.

Appliquez la première couche au pinceau. Trempez votre pinceau jusqu'à environ la moitié des soies.

Sans essuyer l'excédent sur le pinceau, laissez s'écouler une bande courte et large de vernis, en commençant par un coin ou un bord. Étendez rapidement le vernis en lissant dans le sens de la longueur de la surface et non en largeur. Essayez de peindre vers les bords. Peindre contre les bords provoquerait des coulisses et des gouttes.

Répétez l'opération en étalant une seconde large bande à côté de la première et en prenant soin de lier les deux bandes. Continuez jusqu'à ce qu'une section soit terminée. À mesure que vous travaillez, assurez-vous que le vernis ne déborde pas au-delà des bords en créant des coulisses. Essuyez les gouttes ou les coulisses avec un pinceau, un chiffon ou votre doigt. Continuez de cette façon sur toute la surface, à partir de l'extrémité humide de la bande précédente, jusqu'à ce que la surface soit recouverte. Lavez le pinceau avec du savon et de l'eau tiède.

Servez-vous une bonne tasse de thé et laissez le vernis sécher.

3 *Couches additionnelles*

Lorsque le vernis est bien sec, (en général, après deux heures), sablez légèrement la première couche avec un papier sablé fin et essuyez à fond avec un chiffon à dépoussiérer. L'effet nuageux que le sablage a donné au vernis disparaîtra lorsque vous appliquerez la couche suivante.

Appliquez une seconde couche. Laissez sécher complètement. Sablez de nouveau et appliquez une troisième couche si désiré.

Optionnel : appliquez et poncez une couche de cire en pâte ou de cire pour auto par-dessus la dernière couche sèche de vernis et vous obtiendrez un fini éclatant.

Le vernis craqué est créé par des couches successives de vernis à base d'huile et de gomme arabique. Les craquelures résultant de ce traitement sont mises en valeur par la peinture pénétrée. (Voir Pour l'amour du placard, en page 105.)

ARMOIRES

Attention! Le choix d'armoires est stupéfiant. Parmi les armoires les plus imposantes, regardez du côté des vaisseliers, des penderies, des armoires, des chiffonniers qui arborent tiroirs, penderies et coiffeuses, sans compter les grandes armoires de rangement. Les variétés plus petites comprennent les chevets, les armoires à confitures et les rangements de salle de bains et viennent dans toutes les formes et toutes les tailles. Les armoires sont un cadeau du ciel pour ceux qui n'ont pas assez d'espace de rangement, et elles peuvent être plus que simplement fonctionnelles. Leurs multiples portes et surfaces sont idéales pour la refinition et la décoration – ce qui ajoute de la personnalité, de la finition et de la chaleur à une pièce. En bref, une armoire se fait remarquer, confère de l'opulence ou se mélange simplement et agréablement à son environnement.

Pour l'amour du placard

Un traitement traditionnellement québécois pour ce placard, représentant inusité de l'art populaire

Si on la juge par les arches insérées et élégantes de ses panneaux, cette armoire intéressante semble avoir été assemblée avec un ensemble de vieilles portes d'église. Utilisée comme armoire de rangement dans un garage, elle a perdu sa splendeur ainsi que son plancher et a gagné des trous de souris et de fourmis. Peindre et vieillir cette armoire selon les couleurs traditionnelles du Québec cache ses défauts et met l'accent sur ses lignes élégantes tout en conservant son intégrité populaire. Certaines fissures sont toujours là, ajoutant un charme campagnard au meuble. L'effet général est robuste et rustique.

Premièrement lisez ceci

La technique de peinture et de vieillissement démontrée sur cette armoire peut être appliquée sur n'importe quel meuble – pour autant que le meuble soit construit avec du bois solide, et non pas avec un aggloméré de bois ou avec une mélamine. Les pièces de meubles non peintes sont idéales pour ce traitement. Si les pièces sont déjà peintes, vous devrez décider si la couleur existante se mariera à votre traitement. Si elle ne coordonne pas, vous devrez les décaper en partie ou complètement parce que des parties seront poncées pour que la couche intermédiaire soit visible. Si le meuble est vernis, poncez-le avec un papier sablé fin ou délustrez la surface avec le **PHOSPHATE TRISODIQUE** ou **TSP** (voir *Apprêt de délustrage,* page 18) pour une meilleure adhérence de la peinture.

AVANT

Un placard de l'art populaire ? Cette pièce négligée a un vernis vieilli par le temps et les intempéries, n'a pas de plancher ni de pieds. Malgré son poids imposant et l'épaisseur de son bois, elle chancelle dangeureusement. Une consolidation stratégique avec des pièces de deux par quatre coupées et clouées a résolu le problème et l'a surélevée du sol.

MATÉRIAUX

- papier sablé ou agent de délustrage **TSP,** agent de remplissage, grattoir, autre matériel et outils pour la réparation du bois
- pinceau, 2 po (5cm) de large
- un litre de peinture au latex avec fini peu lustré, rouge grange
- un litre de peinture au latex avec fini peu lustré, bleu lin foncé
- papier sablé fin et moyen (grade 120 et grade 220)
- teinture ambrée
- chiffons
- cire en pâte, chiffon à polissage
- *Facultatif :* gants de caoutchouc

1 *Démarrer*

Réparez la pièce en remplissant toutes les fissures ou les trous si nécessaire. (Voir *Préparation en* page 36.)

Poncez ou nettoyez avec le **TSP** pour délustrer la surface à peindre. Si nécessaire, décapez le meuble pour montrer le bois brut, comme le requiert le processus de vieillissement (étape 4). Cette armoire était vernie à l'origine, même si la majorité du vernis s'est effacée par l'usure. Elle a été décapée avec le **PHOSPHATE TRISODIQUE** pour nettoyer la surface et délustrer le vernis restant.

Remarque : pour la photo, la porte n'a pas été enlevée. Pour de meilleurs résultats, retirez les portes, les tiroirs, etc., et peignez les pièces séparément.

2 *Appliquer la couche de fond*

Ne peignez pas l'armoire avec un apprêt. Avec la peinture rouge grange et un pinceau (les coups de pinceau sont désirables pour cette technique), peignez la surface extérieure de l'armoire, en tentant de la recouvrir le plus possible avec une couche de peinture. (Voir *Peinture au pinceau,* en page 40.) Une deuxième couche n'est pas nécessaire, même si la première couche n'est pas complètement opaque. Vous pouvez aussi peindre l'intérieur. Laissez sécher.

Même si seulement une partie du rouge sera visible, dans le processus de vieillissement, il est important de peindre l'extérieur au complet. Éventuellement, le vieillissement naturel exposera plus de peinture rouge aux endroits les plus usés.

3 Peindre *la couche du dessus*

Peignez avec un pinceau par-dessus la peinture rouge avec le bleu lin foncé. Laissez sécher complètement. La couleur doit être uniforme. Ajoutez une deuxième couche si nécessaire.

4 *Traitement de vieillissement*

Lorsque la peinture est sèche au toucher, utilisez un papier sablé de grade moyen pour poncer à travers des couches de peinture. Poncez aux endroits où vous croyez que l'usure pourrait apparaître, en exposant des régions de peinture rouge et un peu de bois. Normalement, l'usure apparaît à tous les coins, sur les crêtes de la garniture et aux endroits où une porte ou un tiroir est poussé ou tiré pour l'ouvrir et le fermer. Finissez avec un papier sablé fin.

5 *Teinture*

Appliquez avec un chiffon de la teinture ambrée aux endroits de bois brut qui ont été exposés par le ponçage. Cirez et polissez les endroits teints avec de la cire en pâte.

Fixez la quincaillerie.

Imprimés charmants

Une impression fluide et spontanée qui donne du caractère au chevet

Un grand patron audacieux ajoute un intérêt aussi bien décoratif que répétitif à un meuble. De plus, lorsque le patron est créé avec une estampe, il dégage un caractère populaire charmant et une inspiration campagnarde. L'impression à la main est comme le tissu tissé de fibres naturelles : il n'est pas complètement uniforme. Chaque imprimé est discrètement différent, ajoutant un sentiment de confection à la main. L'impression à la main - aussi appelée impression à la planche - avec un rouleau est une façon rapide d'obtenir un motif global. Cette technique élimine les mesures et la planification habituelles et interminables associées à la création de motifs uniformes.

Premièrement lisez ceci

Ce traitement d'impression à la main comporte deux phases. Premièrement, l'armoire est peinte avec une couche de fond, puis l'impression est appliquée avec un rouleau. Si la finition de votre armoire est de plastique stratifié, utilisez la peinture à mélamine pour la couche de fond. (Voir *Peinture à mélamine,* en page 27.) Achetez un petit rouleau à poils courts ou un rouleau en mousse et créez le patron de la bonne grandeur pour le rouleau. Si le rouleau est beaucoup plus large que le patron, vous trouverez difficile de juger où le patron devrait commencer et finir. Les estampes en mousse, qui sont laminées au rouleau, peuvent être découpés dans une semelle de mousse. Les semelles utilisées pour l'impression à la main devrait être bon marché, en tissu d'un côté et en mousse perforée de l'autre. Les petites perforations paraîtront comme des petits points ton sur ton. Ces points ajoutent au concept une qualité décorative. D'une impression à l'autre, les changements subtils apparaissent, résultat des variations dans la saturation de la peinture et de la pression. Ces petites différences devraient être considérées non pas comme un manque d'homogénéité, mais comme des éléments désirables qui créent des impressions originales.

AVANT

Un chevet des années 1960 qui a été acquis avec un ensemble de meubles pour la chambre à coucher qui ne fait plus partie de la maisonnée. Ses côtés plats se prêtent parfaitement au traitement d'impression à la main.

MATÉRIAUX

- un litre d'apprêt à base d'eau et à adhérence élevée
- un litre de peinture au latex avec fini coquille d'oeuf, de couleur cannelle
- un litre de peinture au latex avec fini coquille d'oeuf, crème
- outils pour la peinture : un pinceau, un petit rouleau, un plateau à rouleau
- papier (plusieurs grandes feuilles), crayon, règle, ciseaux
- une paire de semelles de mousse bon marché
- colle en aérosol
- papier essuie-tout
- pinceau d'artiste à pointe moyenne
- un litre de vernis à base d'eau non jaunissant
- *Facultatif :* craie ou crayon effaçable

1 *Appliquer la couche de fond*

Référez-vous à *Techniques de base de la peinture* (page 34). Préparez l'armoire, donnez-lui une couche de fond avant de la peindre avec deux couches de peinture au latex. Le corps de cette armoire est peint cannelle et les portes sont crème.

2 *Tailler l'estampe*

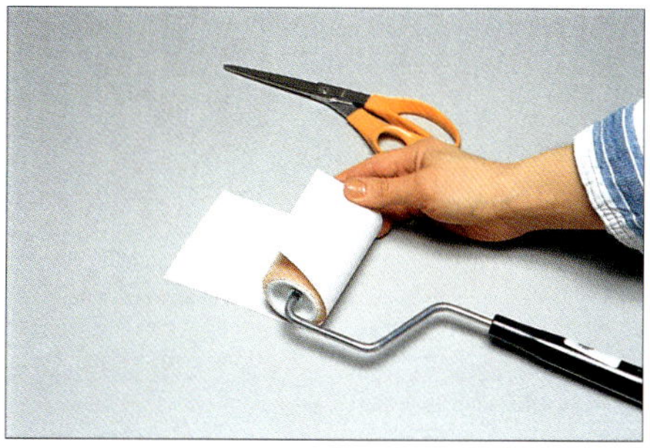

Commencez par faire un patron sur l'estampe. Découpez une bande de papier de la largeur du rouleau. Enroulez le papier autour du rouleau jusqu'à ce que les extrémités se rencontrent. Marquez et découpez le papier à cette longueur. Le papier devrait maintenant correspondre précisément au rouleau. Mesurez le papier et notez les mesures.

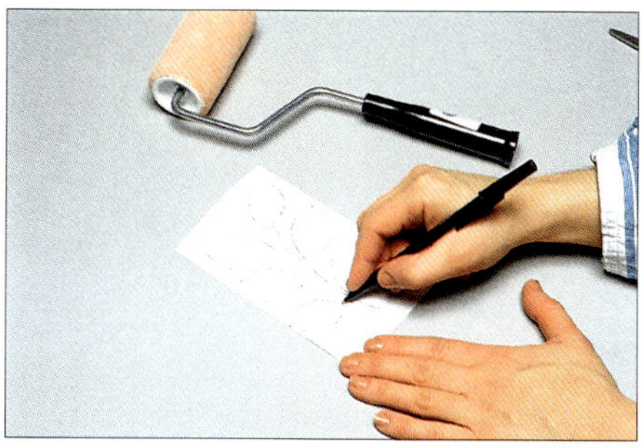

Tracez le modèle de la page 60, ou créez votre concept, sur le patron en papier. Un concept simple est la meilleure solution.

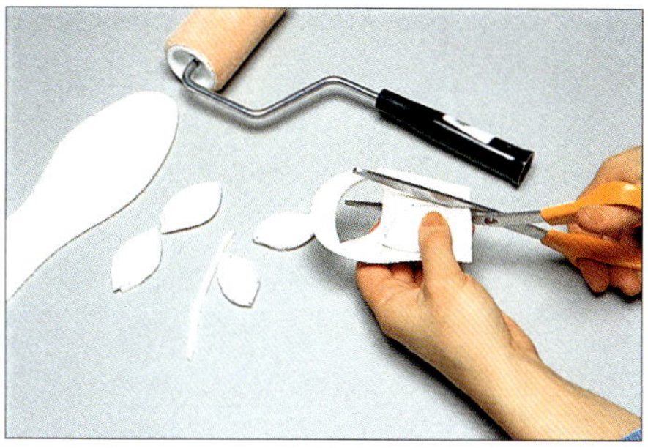

Découpez les morceaux du patron en papier. Posez-les un à un sur la semelle et découpez autour jusqu'à ce que toutes les pièces soient découpées.

Remarque : placer le patron sur le côté du tissu de la semelle pour le découpage imprimera le patron comme vous l'avez dessiné. Découper à partir du côté mousse imprimera l'image à l'envers.

3 *Laminer l'estampe*

Au centre d'une grande feuille de papier, dessinez un rectangle qui correspond au patron en papier (de l'étape 2). Le surplus de papier est nécessaire pour recevoir les pertes de colle lors de la pulvérisation.

Posez les morceaux de mousse *côté mousse vers le bas* à l'intérieur du contour du rectangle. Sentez-vous à l'aise de bouger les morceaux et de modifier le concept original.

Lisez les instructions sur la colle en aérosol pour former une adhésion permanente. Habituellement, l'étiquette conseille d'attacher les surfaces quand la colle est « agressivement collante », ce qui signifie vaporiser, attendre deux minutes, et coller les surfaces. Vaporisez bien la colle sur le côté du tissu des morceaux de mousse.

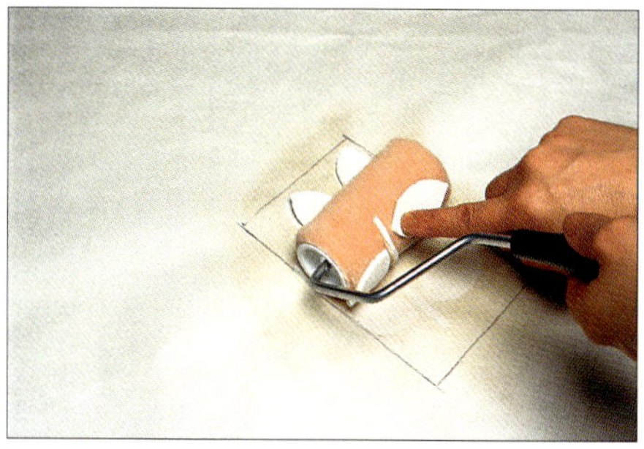

Placez le rouleau sur le papier à la base du contour du rectangle, puis commencez lentement à rouler sur les morceaux du patron, en les soulevant et les collant au rouleau. Ne vous inquiétez pas s'il y a de la colle qui s'attache à la peluche du rouleau. Celle-ci séchera.

4 *Essayer les impressions*

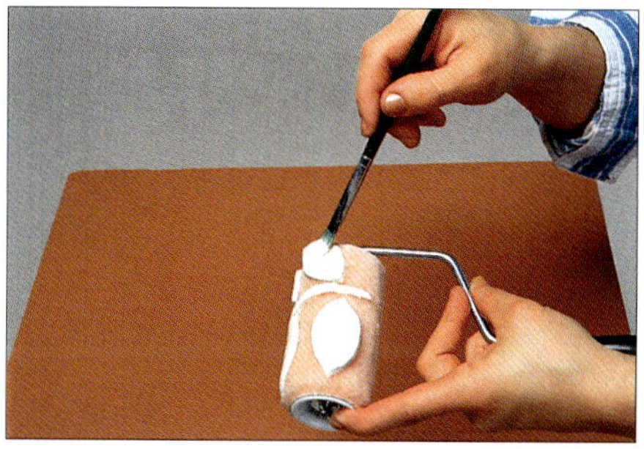

Humectez légèrement les morceaux de mousse avec un papier essuie-tout humide. Avec un pinceau d'artiste, appliquez la peinture sur les sections en mousse, en utilisant une couleur qui contraste avec la couche de fond. Évitez de mettre de la peinture sur la peluche du rouleau. La peinture devrait couler facilement, mais ne doit pas être liquide. Avant d'imprimer sur le meuble, faites des essais sur du papier pour vous habituer à la technique. Souvent, les impressions avec mousse s'améliorent après plusieurs tentatives.

5 *Imprimer sur le meuble*

Placez l'armoire de telle sorte que le côté à imprimer soit à l'horizontale. (Si l'armoire est lourde, demandez de l'aide pour la tourner.) Avant d'imprimer sur le meuble, vous voudrez peut-être dessiner une ligne à la craie qui vous guidera lors de l'impression. Vous pouvez également visualiser une ligne, allant d'un coin à l'autre (comme ce fut le cas pour cette armoire). Suivez la ligne avec le côté ou le centre du rouleau. Appliquez de la peinture sur les patrons en mousse. Positionnez le rouleau au début de la ligne à la craie (ou imaginaire), en vous assurant que la base du patron se trouve au point de départ. Roulez doucement l'image jusqu'à la fin de la ligne en appliquant une pression constante.

Répétez pour obtenir une deuxième ligne de motifs. Les lignes subséquentes peuvent être espacées, ou le rouleau peut être retourné pour produire des rangées à l'envers, en alternance. Laissez sécher complètement. Si vous le désirez, vous pouvez nettoyer les patrons en mousse, tapotez pour sécher et imprimer une deuxième couleur.

6 *Finition*

Enrichissez la couleur et protégez la peinture en appliquant une ou plusieurs couches de vernis à base d'eau qui ne jaunit pas. (Voir *Vernir*, en page 48.)

Fixez la quincaillerie.

PATRON POUR IMPRESSION À LA PLANCHE

L'impression d'estampes au rouleau fonctionne bien avec d'autres techniques. Illustrée ici, l'impression à l'estampe sur du bois teint avec une bordure cuivre patinée. (Voir Passion lierre, page 267.)

Craquelage

Vieillir artistiquement avec une très simple recette de craquelage

Le craquelage est un souvenir impérissable des granges abîmées par les intempéries et des cuisines campagnardes usées par le temps. Un peu comme verser le temps provenant d'une bouteille, l'application de cette technique crée instantanément des antiquités. Les meubles dotés d'un fini craquelé (également appelé craquelure) prennent immédiatement une apparence vieillie très convaincante. Ce traitement rural empruntant des couleurs traditionnelles superposées et craquelées, mis en évidence par de simples impressions sur pomme de terre, tient sa place dans n'importe quel décor rustique.

Premièrement lisez ceci

Il y a deux types de craquelage. Un des types a l'effet de la peinture fortement vieillie par le temps et les intempéries. Dans l'autre, seul le vernis est craquelé en fendillements ressemblant à une toile d'araignée, alors que la sous-couche est intacte. Ce projet explique le premier type de craquelage, pour obtenir une peinture vieillie par le temps et les intempéries. (Pour le deuxième type, voir *L'armoire était nue,* en page 105, étapes 8 et 9.) Ne prenez pas en compte les ensembles de craquelage dispendieux vendus dans les magasins de peinture et les boutiques d'artisanat. La méthode infaillible bon marché démontrée ici crée un craquelage incroyable et rapide dont l'apparence est authentique. Pour produire le craquelage, une couche de base à la peinture au latex est appliquée sur le meuble. Si la finition de votre armoire est de plastique stratifié, utilisez la peinture à mélamine pour la couche de fond. (Voir *Peinture à base de mélamine en* page 27.) Cette couleur sera visible à travers les craquelures. La colle *Mucilage* est brossée sur la peinture. Puis, pendant que la colle est encore humide, une couche de peinture coordonnée est appliquée. Cette couche du dessus commencera à craqueler en quelques minutes. La peinture au latex craquelle beaucoup plus efficacement que la peinture acrylique, même si un mélange latex-acrylique peut être utilisé. Pour cette armoire, des couleurs de peinture très contrastantes ont été utilisées pour illuster l'effet de façon spectaculaire. Des couleurs semblables craquelées une par-dessus l'autre produisent un résultat subtil et recherché.

L'impression sur pomme de terre est un complément parfait au craquelage puisqu'elle est simple, imparfaite, inégale et semi-transparente, avec une apparence vieillie. L'impression sur pomme de terre est aussi simple qu'elle en a l'air – la pomme de terre coupée remplace l'étampe de caoutchouc. Le craquelage, parce qu'il est tellement chargé, peut souvent assombrir les proportions et les détails. L'impression sur pomme de terre ou l'impression à la main accentue les détails et rétablit l'équilibre.

AVANT

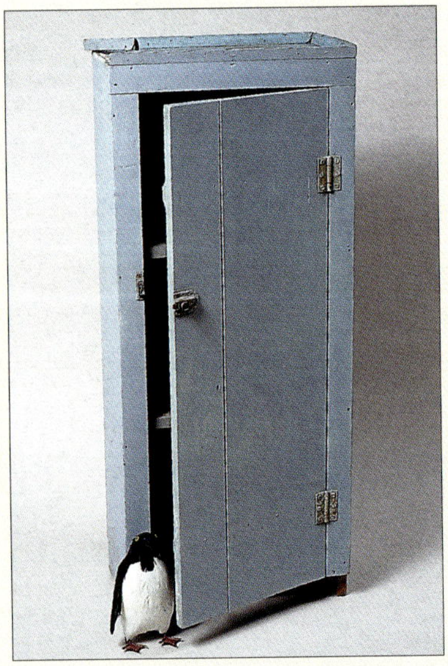

Une armoire intrigante construite de madriers avec une peinture de garage couleur gris ciment matte. Le craquelage et l'impression à la main accentueront son origine des années 1920 et ses belles proportions.

MATÉRIAUX

- peinture au latex dans des couleurs coordonnées, 1 litre de chaque (Choisissez une finition peu lustrée pour l'authenticité.)
- La colle *Mucilage*, aussi appelée colle de bureau, est de couleur ambre. Elle est souvent utilisée pour le bricolage dans les écoles. (Une bouteille couvrira une surface juste un peu plus large que deux de ces livres ouverts.)
- pinceau d'artiste, de taille moyenne et bon marché (pour la colle)
- tubes d'acryliques pour l'impression sur pomme de terre : rouge de cadmium foncé, noir mars, jaune ocre
- pinceau, 5 cm (2 po) de large
- pinceau d'artiste à pointe moyenne
- papier, crayon, ciseaux
- grosse pomme de terre
- couteau à légumes, aiguisé
- régle ou ruban à mesurer

1 *Appliquer la couche de fond*

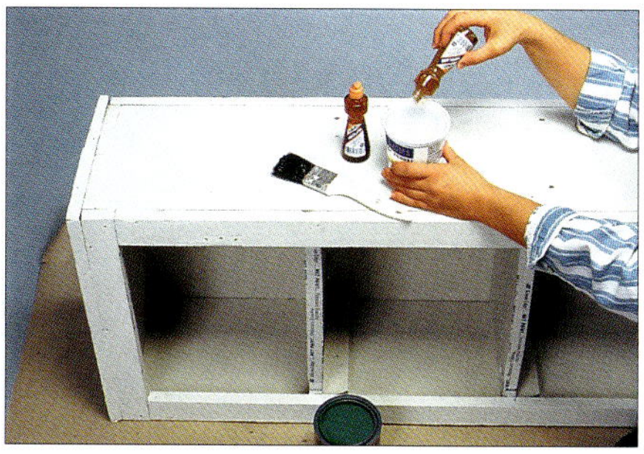

Voir *Techniques de base de la peinture* (page 34), afin de préparer et de peindre l'armoire avec une couche de fond. Appliquez deux couches, au besoin, pour obtenir un bon recouvrement. Il s'agit de la couleur qui sera visible à travers les craquelures. Laissez la peinture sécher. Placez la région à craqueler à l'horizontale. (Si l'armoire est lourde, demandez de l'aide pour la déplacer.) Décantez un peu de colle Mucilage dans un contenant.

2 *Appliquer le craquelage*

Appliquez le craquelage en sections d'environ 0,2 m carré (2 pieds carrés). Étendez la colle *Mucilage* sur la surface avec un pinceau de taille moyenne, en l'appliquant en couche mince. Le craquelage apparaîtra naturellement dans le sens des coups de pinceau. Pour un craquelage chargé et intrigant, peignez en superposition et dans plusieurs sens. Peignez en lignes droites pour obtenir un craquelage plus régulier. Placez le pinceau dans la colle et mettez de côté.

Sans permettre à la colle *Mucilage* de sécher, utilisez le pinceau 5 cm (2 po) et appliquez la deuxième couleur de peinture sur la colle *Mucilage* humide, presque aux extrémités de la colle. Étendez la peinture en évitant le brossage excessif. Les craquelages les plus grands se formeront sur la colle la plus humide, la taille des craquelages diminuant au fur et à mesure que la peinture est appliquée sur la colle moins humide. Aucun craquelage ne se formera sur la colle sèche.

Appliquez de la colle sur une autre section en superposant les extrémités encore humides de la première section, puis appliquez de la peinture sur la colle humide. Continuez jusqu'à ce que le côté soit complètement recouvert. Le craquelage commencera en quelques minutes. Laissez le côté sécher. Continuez le craquelage de l'armoire jusqu'à ce que vous ayez terminé tous les côtés.

3 *Découper l'impression sur pomme de terre*

Tracez le patron de la page 67, ou créez votre propre patron.

Coupez une grosse pomme de terre en deux, dans le sens de la longueur. Découpez les éléments du concept du patron et placez-les sur le côté coupé de la pomme de terre. Tracez le contour des morceaux du patron avec un crayon ou crayon-feutre. (Conservez l'autre moitié de la pomme de terre.)

Avec un couteau à légumes aiguisé, enlevez la pomme de terre entourant les contours du patron en coupant à une profondeur minimale d'environ 1/4 po (1/2 cm). Sur le côté non sculpté de la pomme de terre, sculptez deux entailles pour former une poignée.

4 *Impression sur pomme de terre*

Avec un pinceau de taille moyenne, appliquez les couleurs d'acrylique désirées sur les sections élevées de la pomme de terre. (Illustrées ici : rouge de cadmium foncé, noir mars et jaune ocre.)

Il est préférable d'essayer les impressions sur du papier avant d'imprimer sur l'armoire. Placez avec soin l'estampe pomme de terre, côté peint vers le bas, sur le papier. Appliquez de la pression pour que l'impression soit en contact complet. Soulevez doucement l'estampe pomme de terre sans la glisser. L'impression devrait être inégale et semi-transparente, et il devrait y avoir des défauts.

Maintenant, placez la surface à imprimer à l'horizontale, pour que vous puissiez appliquer de la pression. Commencez à imprimer l'armoire, en formant une bordure ou un concept central.

Continuez à imprimer avec la pomme de terre, remettez de la peinture au besoin, à toutes les deux ou trois impressions. Lorsque vous avez terminé, reculez-vous et examinez les impressions. Vous pouvez retoucher les défauts ou endroits trop transparents à votre goût. Tapotez la peinture avec un pinceau ou votre doigt lui donnera un effet d'impression à la main.

5 *Bordure en dents de scie*

Pour créer une bordure en dents de scie, coupez un triangle équilatéral (Géométrie 101 : tous les côtés sont égaux) dans l'autre moitié de pomme de terre. Mesurez et marquez le centre de la bordure. Appliquez de la peinture de couleur noir mars sur la pomme de terre.

Placez la première impression à l'endroit où est marqué le centre de la bordure.

Travaillez à partir du centre, avec des triangles qui se touchent à peine, jusqu'à ce que l'extrémité d'une bordure soit terminée.

Si vous le voulez, vous pouvez continuer la bordure le long des côtés contigus.

Facultatif : peignez des petits motifs ou des points dans l'ouverture en V des dents de scie.

Fixez la quincaillerie.

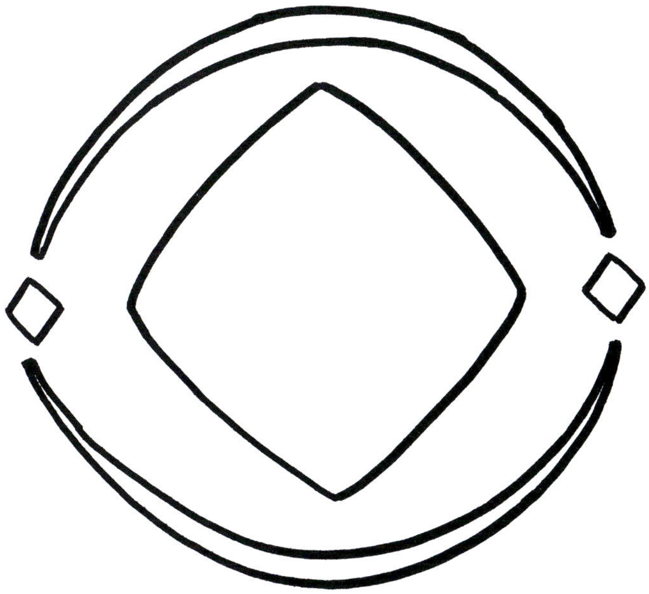

Patron pour l'impression avec pomme de terre

Pour une apparence plus raffinée et subtile que la peinture craquelée, essayez de créer un vernis craquelé et vieilli. (Voir L'armoire était nue, en page 105.)

MAGYAR POSTA
MAGYAR POSTA
MAGYAR POSTA
MAGYAR POSTA

Rien de moins que l'or

UNE FEUILLE D'OR QUI PROCURE SÉDUCTION ET DISTINCTION À UN DISCRET RANGEMENT DE SALLE DE BAINS

Typique de la plupart des petites armoires, la porte est le point de mire de cette armoire suspendue. Sa forme verticale, vierge et unie, et sa poignée simple semblable à un bouton, ne demandent qu'un traitement empreint de richesse. L'arrière-plan avec feuille d'or vieillie resplendit sur la couleur et l'apparat historique des découpages de timbres. Juxtaposé à une bordure noire importante, la porte ressemble à une œuvre d'art miniature.

Premièrement lisez ceci

Ce projet comprend quatre phases simples. Le corps de l'armoire est peint avec une couche de fond noire. Si la finition de votre armoire est de plastique stratifié, utilisez la peinture à mélamine pour la couche de fond. (Voir *Peinture à mélamine,* en page 27.) Puis, il faut appliquer une feuille métallique or sur la porte, alors que les timbres sont laminés sur la feuille d'or, et la porte vieillie. La feuillaison or est un traitement simple qui donnent des résultats resplendissants. Vous pouvez acheter ces matériaux dans les boutiques d'artisanat et de matériel d'artiste. Assurez-vous de vous procurer l'adhésif et le scellant compatibles, soit des produits provenant tous du même fabricant. D'autres produits pourront causer des réactions chimiques qui gâcheront le fini.

Les timbres, avec leurs proportions classiques et leur sujet reconnaissable, sont un élément naturel des traitements de découpage. Achetez des timbres pour le découpage au bureau de poste ou à la boutique de passe-temps. Choisissez parmi les nouveaux timbres, les paquets de timbres utilisés non assortis, ou les timbres-photos aux thèmes spéciaux. Les timbres spéciaux ne sont pas chers, si vous les choisissez avec soin. Finalement, la porte est vieillie avec une mince couche de peinture terre d'ombre peinte à l'éponge.

AVANT

Une nouvelle armoire non peinte suspendue au mur avec des proportions intéressantes et un minuscule bouton au centre. Le corps est fait d'un panneau dur, avec une porte en bois naturel. Fonctionnelle, mais terne.

MATÉRIAUX

- un litre de peinture acrylique ou au latex noir avec un fini coquille d'œuf; ou une cannette de peinture en aérosol noir
- feuille métallique avec composants adhésifs et scellants compatibles
- pinceau d'artiste à pointe carrée de 1,25 cm (1/2 po) ou un petit pinceau en mousse
- petit pinceau tout-usage
- timbres
- règle et crayon
- bâton de colle, colle d'artisanat ou colle en aérosol
- tube de peinture acrylique (terre d'ombre brûlée) ou substituez avec de la peinture au latex (brun foncé)
- éponge ou chiffon
- *Facultatif:* vernis à base d'eau qui ne jaunit pas

1 *Appliquer la couche de fond*

Retirez la porte de l'armoire, si possible. Peignez l'extérieur du corps de l'armoire avec de la peinture noire acrylique, au latex, en aérosol. Vous pouvez aussi peindre l'intérieur. (Cette armoire, contruite de panneaux durs, a été peinte avec de la peinture acrylique noire. Appliquée avec un chiffon, la peinture acrylique a été absorbée comme une teinture.)

Peignez l'arrière de la porte. L'arrière et les bords de cette porte ont été peints à l'aérosol.

Facultatif : lorsque la peinture est sèche, appliquez un vernis à base d'eau qui ne jaunit pas. (Voir *Vernir,* en page 48.)

2 *Adhésif à feuille d'or*

Avec le bon côté de la porte sur le dessus, utilisez le pinceau d'artiste à pointe carrée ou le petit pinceau à mousse pour appliquer l'adhésif à feuille d'or sur la surface. Faites les bords de la porte, à moins que l'ajustement de la porte ne soit trop serré. Cet adhésif est plutôt épais, et les coups de pinceau apparaîtront sur la feuille d'or. Laissez l'adhésif prendre en respectant les instructions sur l'étiquette. Ajoutez une deuxième couche, si cela est suggéré sur l'étiquette par le fabricant.

3 *Appliquer la feuille d'or*

Soulevez une feuille d'or entière du folio. Elle est très mince et peut plisser, ce qui est normal.

En commençant par une face, posez une feuille d'or sur l'adhésif, en l'enveloppant par-dessus le côté (si vous faites les bords).

Brunissez la feuille d'or avec vos doigts, ou posez un morceau de papier par-dessus et brunissez-la avec votre main pour s'assurer que la feuille d'or adhère fermement. Les fissures sont souhaitables dans la feuille d'or.

Avec un petit pinceau tout-usage, faites disparaître tous les petits morceaux de la feuille d'or qui ne sont pas immobilisés. C'est un travail malpropre qui éparpillera de la poussière de fée partout. Placez un morceau de feuille d'or inutilisé sur les régions manquées et brunissez. Continuez jusqu'à ce que la surface soit complètement recouverte.

4 *Découpage des timbres*

Placez et marquez les timbres sur la porte.

Collez les timbres avec une colle en bâton, une colle d'artisanat ou une colle en aérosol.

5 *Scellage*

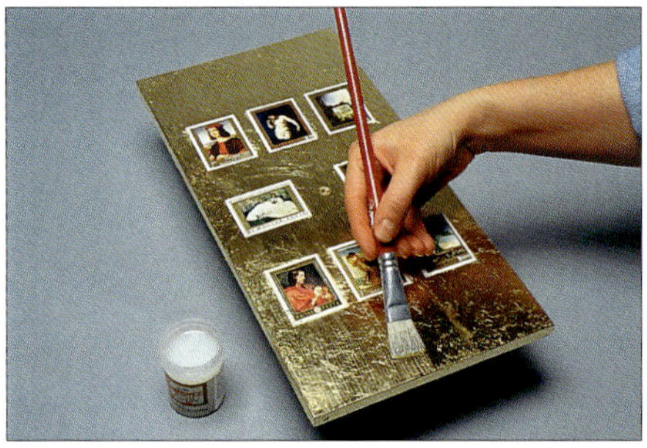

Avec le scellant à feuille d'or compatible, peignez sur toutes les surfaces de feuilles d'or, y compris sur les timbres. Laissez sécher complètement.

6 *Traitement de vieillissement*

Vieillissez la porte. Mélangez les acryliques terre d'ombre brûlée ou la peinture au latex brun foncé avec de l'eau pour obtenir une consistance liquide. Avec une éponge ou un chiffon, appliquez la peinture sur la surface de la porte, en essuyant le surplus avec un chiffon humide. Laissez sécher et appliquez une autre couche de scellant sur la surface vieillie.

7 *Finition*

Installez toute la quincaillerie et posez la porte.

Le découpage ne se limite pas à coller des petits morceaux de papier. ***Ci-dessus,*** *le tissu est fixé au contreplaqué pour une insertion d'une table.* ***À gauche,*** *des feuilles séchées forment un découpage sur une penderie. Toutes les formes de découpage doivent être scellées. (Voir Les plaisirs du tissu, en page 253 ; et Création botanique, en page 93.)*

Secrets victoriens

Une récupération spectaculaire grâce à des tissus joliment imprimés et des teintes douces

Les traitement victoriens créent les transformations les plus impressionnantes, en transposant le terne et le brisé pour les hisser à de nouveaux sommets dans un mélange glorieux d'arrangements floraux tamisés et de filigranes classiques.

Une penderie se prête bien à la transformation victorienne. Les diverses surfaces présentent des options pour le miroir et le verre, les détails du tissu et une quantité innombrable de possibilités côté quincaillerie : boutons de tiroirs, poignées et pentures en porcelaine, en laiton et en bois peint.

Premièrement lisez ceci

Les résultats décoratifs tout simplement splendides de ce projet sont le produit des quelques techniques élémentaires – peinture et découpage, avec ajout d'un rideau bouillonné. Choisissez le tissu pour le rideau en premier. Puis, faites des photocopies en couleur du tissu du rideau. Les photocopies formeront le découpage sur les façades des tiroirs. Peignez le corps de la penderie d'une seule teinte. Peignez les façades des tiroirs et les autres sections qui recevront des découpages dans une couleur qui coordonne avec la couleur de fond des photocopies, et non pas du tissu. (Le processus de copiage peut changer les couleurs.) Ces couleurs de peinture forment la couche de fond. Si la finition de votre penderie est de plastique stratifié, utilisez la peinture à mélamine. (Voir *Peinture à base de mélamine en* page 27.) Le rideau ne nécessite qu'un minimum de couture – seulement quatre coutures droites. La nouvelle quincaillerie et une boucle d'artisanat en bois achetée ajoutent une étincelle et une finition. Les résultats sont renversants.

AVANT

Est-ce que cette penderie endommagée par l'eau, le temps et les intempéries peut être sauvée ? La réhabilitation en valait la peine. Le vernis qui retrousse a été enlevé avec un grattoir. Les panneaux ont été collés et cloués, et le placage séparé a été recollé et recouvert avec une garniture.

MATÉRIAUX

- tissu pour le rideau bouillonné (étapes 6 et 7)
- photocopies en couleurs du tissu pour coordonner les façades des tiroirs et des portes
- un litre d'apprêt à base d'eau et à adhérence élevée
- un litre de peinture au latex avec fini coquille d'œuf pour les portes et les tiroirs de la penderie (Choisissez une couleur de peinture qui correspond à la couleur de fond des photocopies.)
- un litre de peinture au latex avec fini coquille d'œuf pour le corps de la penderie (Choisissez une couleur de peinture qui correspond à une couleur de l'imprimé du tissu.)
- outils pour la peinture : un pinceau, un petit rouleau, un plateau à rouleau
- petits ciseaux coupants
- papier à tracer, crayon, ruban adhésif
- petite quantité d'adhésif pour papier peint à base de cellulose
- un litre de vernis à base d'eau non jaunissant
- Matériel pour la couture
- quicaillerie pour rideau bouillonné (comprend 2 tringles, 4 crochets, 8 vis)
- *Facultatif :* vitre ou miroir coupé à insérer (moustiquaire ou grillage de basse-cour, coupe-fils et une agrafeuse peuvent servir de substitut), boiserie, marteau et clous de finition
- *Facultatif :* décoration en bois, telle qu'une boucle, provenant d'une boutique d'artisanat

1 Peindre *la penderie*

Voir *Techniques de base de la peinture* (page 34), et préparez la penderie, en la réparant mais sans remplacer pour l'instant le verre ou le miroir.

Donnez une couche de fond à la penderie au complet et laissez-la sécher. peignez les portes et les tiroirs de la penderie pour coordonner avec la couleur de fond des photocopies du tissu du rideau.

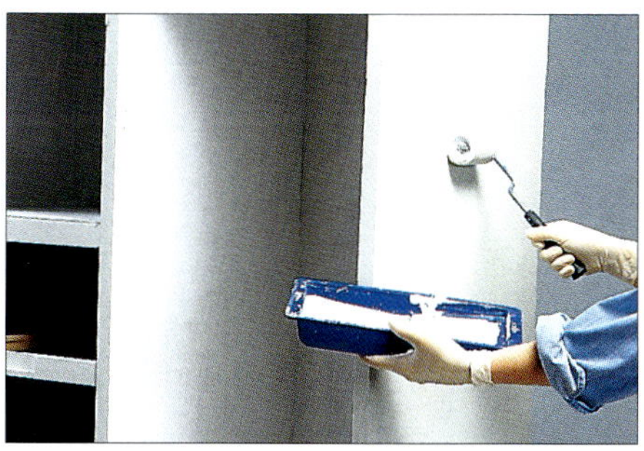

Peignez le corps de la penderie dans une deuxième couleur.

2 *Couper les découpages*

Avec des petits ciseaux coupants, découpez le plus près possible des images les photocopies pour le découpage.

Faites un modèle pour vous aider à centrer les découpages sur la façade des tiroirs. Placez une image découpée au centre de la façade des tiroirs. Placez une feuille de papier à tracer pour couvrir la moitié inférieure de la façade des tiroirs et la moitié de l'image. Fixez le papier avec du ruban adhésif. Sur le papier à tracer, faites un trait autour de la moitié de l'image et marquez les côtés et le bas de la façade des tiroirs.

Découpez la moitié de l'image tracée sur le papier à tracer, en suivant vos lignes, en jetant le surplus et en gardant l'arrière-plan.

3 *Découpage*

Mélanger une petite quantité d'adhésif pour papier peint dans un bol, en respectant les instructions du fabricant. Placez le modèle en papier à tracer sur un tiroir, en alignant les côtés et le bas, tels que marqués. Appliquez avec vos mains de l'adhésif pour papier peint sur les deux côtés de l'image. Assurez-vous qu'aucun endroit ne soit sec.

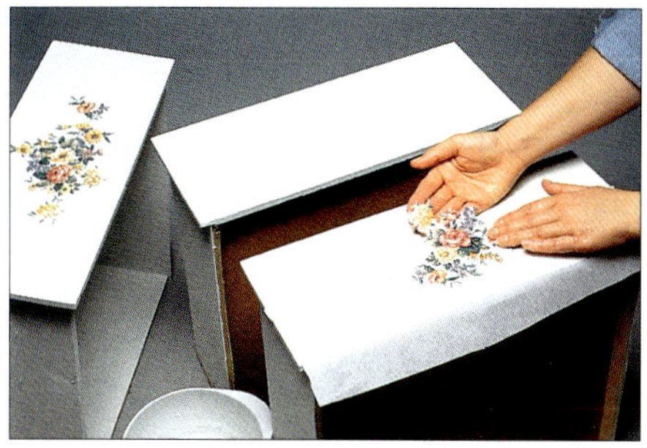

Posez l'image sur la façade du tiroir en l'ajustant au découpage du modèle. Soulevez le modèle. Lissez la photocopie en partant du centre vers les bords. Ne frottez pas trop fort, sinon l'image en surface de la photocopie pourrait s'enlever.

Laissez le découpage. Même si de petites ridules apparaissent dans la photocopie pendant qu'elle est encore mouillée, ces ridules disparaîtront (pour de vrai !) au fur et à mesure que le papier sèche et rétrécit. Ne touchez pas.

Répétez pour tous les tiroirs. Si vous le désirez, vous pouvez appliquer des découpages sur d'autres régions.

4 *Vernissage*

Lorsque le découpage est complètement sec, protégez la peinture et enrichissez la couleur en vernissant le penderie au complet. Appliquez au moins deux couches de vernis à base d'eau qui ne jaunit pas sur toutes les régions de découpage. (Voir *Vernir,* en page 48.)

5 *Installer une fenêtre*

Installez de nouveaux panneaux de verre ou de miroir, si nécessaire. Posez la porte à plat, à l'envers. Placez le verre coupé dans le puits de lumière sur le mauvais côté de la porte.

Un moustiquaire ou un grillage de basse cour convient aux penderies rustiques. À l'origine, ils étaient utilisés au lieu d'une vitre laquelle était dispendieuse et ils permettaient la circulation d'air tout en empêchant les insectes et les souris d'entrer. Placez le moustiquaire dans la fenêtre et agrafez-le dans le puits de lumière. Gardez le moustiquaire / grillage de basse-cour tendu et égal. Taillez l'excédent avec un coupe-fils.

Coupez des longueurs de boiserie étroite pour s'ajuster aux parties supérieure et inférieure et aux côtés. Peignez la boiserie pour coordonner avec la porte. Placez la boiserie étroitement contre la vitre et clouez-la en place avec des clous de finition. Pour une apparence professionnelle, enfoncez complètement des têtes de clous, remplissez les trous avec un agent de remplissage et retouchez avec de la peinture.

6 *Coudre le rideau*

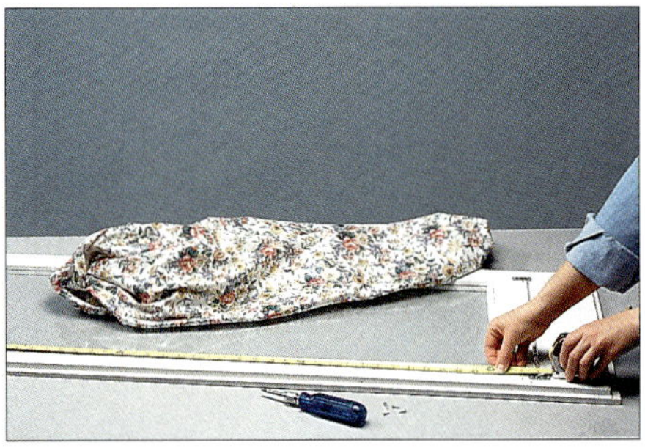

Faites le rideau bouillonné. Mesurez et installez deux crochets (les crochets pointent vers le haut) à la traverse supérieure de la porte. Placez les crochets un peu au delà de la largeur de la fenêtre et à au moins 2,5 cm (1 pouce) au-dessus de la fenêtre. Placer la tringle sur les crochets peut aider pour le positionnement.

Coupez le tissu pour qu'il représente deux fois la largeur de la fenêtre.

Coupez le côté supérieur à angle droit. Coupez la longueur du tissu pour qu'il soit d'au moins 15 cm (6 po) plus long que la fenêtre.

Cousez des ourlets étroits de chaque côté. Vérifiez si le tissu a un patron dans un sens particulier, tel que des vignes qui grimpent un trellis. Cousez une coulisse de 2,5 cm (1 po) le long de la bordure supérieure.

7 *Suspendre le rideau*

Rassemblez la coulisse supérieure sur la tringle et placez la sur les crochets. Pour déterminer la longueur du tissu, marquez avec une épingle, 5 cm (2 po) sous le bas de la fenêtre. Retirez le rideau de la tringle. Ajoutez 4 cm (1 1/2 po) sous la marque de l'épingle, et coupez à travers le tissu à cette mesure. Cousez une coulisse de 2,5 cm (1 po) le long de la bordure inférieure.

Rassemblez le tissu sur la tringle supérieure et placez la de nouveau sur les crochets. Rassemblez le tissu sur la tringle restante à travers la coulisse inférieure. Positionnez les crochets restants à travers la tringle (les crochets pointent vers le bas). Tirez la tringle doucement, positionnant les crochets et les vissant en place.

Remarque : si vous désirez enlever le rideau facilement des tringles, mettez les crochets inférieurs assez hauts pour pouvoir les enlever. Le compromis pour cette commodité est d'avoir un rideau bouffant au lieu d'un rideau tendu.

8 *Finition*

Remontez les portes et installez la quincaillerie.

Facultatif : une décoration en bois appropriée, achetée dans une boutique d'artisanat, accroîtra l'effet victorien. Cette boucle a été peinte dans les couleurs de la penderie et attachée à la façade supérieure avec des crochets en L.

Si vous aimez l'effet de fraîcheur du tissu bouillonné sur les meubles, considérez les couvre-chaises au lieu des coussins de dossier pour chaises.
(Voir Arrangements floraux, en page 135.)

Affleurer l'histoire

Stuc et sépia transforment cette armoire de pin en trésor classique

Créez un petit coin de Rome ou de Grèce avec le faux stuc, lavé dans l'ombre et la sienne, et rehaussé par des séraphins ou des guirlandes en plâtre décoratif. Les matériaux ordinaires et les traitements rapides s'allient pour une combinaison de couleurs neutre et une humeur historique pour une armoire, un bureau ou un vaisselier.

Premièrement lisez ceci

Choisissez une armoire carrée en bois avec une moulure ou une garniture simple. Elle devrait présenter une fabrication simpliste, plutôt qu'une opulence victorienne. Si vous appliquez cette technique à un vaisselier ou à un bureau, assurez-vous d'avoir l'espace nécessaire, autour des portes et des tiroirs, pour qu'ils ferment une fois enduits du faux stuc. Sinon, limitez le traitement faux stuc aux surfaces. Réservez ce traitement pour les armoires, bureaux ou vaisselliers.

La première étape de ce traitement, l'effet stuc, est réalisée avec du *gesso*, un apprêt blanc épais vendu dans les boutiques d'artisanat et de matériel d'artiste. La deuxième étape, le vieillissement, consiste à brosser une peinture brune très liquide sur le *gesso*, et ensuite l'essuyer en la laissant s'accumuler dans les creux. Magasinez un ange dodu, vieilli en plâtre ou encore des fruits en plâtre ; vous pourrez en trouver chez les fleuristes. Évitez les objets de style victorien trouvés dans les boutiques d'artisanat. Il vous faudra une perceuse électrique pour fixer l'embellissement de plâtre.

AVANT

Mal construite et mal finie, cette armoire à confitures, faite de pin, était utile mais son aspect laissait à désirer. Donnez-lui de la texture.

MATÉRIAUX

- un litre de *gesso*
- pinceaux
- ruban-cache
- grattoir de largeur moyenne
- papier sablé moyen (grade 180)
- boîtes d'aluminium ou autres supports
- fruit ou figurine en plâtre
- 2 vis à bois (de longueur suffisante pour traverser la porte et pénétrer la figurine)
- perceuse électrique
- colle de menuiserie blanche
- tube de peinture acrylique brun foncé (ou substituez avec du latex) pour rendre rustique
- chiffon ou papier essuie-tout
- *Facultatif :* petit ciseau à bois

1 *Démarrer*

Réparez et délustrez votre armoire, si nécessaire, et enlevez la quincaillerie, les tiroirs et les portes. (Voir *Préparation*, page 36, dans *Techniques de base de la peinture*.)

Le panneau arrière a été enlevé de cette armoire à cause de sa nuance coloniale.

2 *Apprêt*

Masquez toute région où vous ne voulez pas appliquez le faux stuc. À l'aide d'un pinceau, peignez toute l'armoire d'une couche fine de *gesso*. Cette couche de *gesso* agira à titre d'apprêt pour une meilleure adhésion de la couche de faux stuc. Laissez sécher. Vous pouvez peindre l'intérieur, au choix.

3 *Appliquer le faux stuc*

Appliquez le stuc à une section de l'armoire à la fois, avec le *gesso*. Commencez par la porte, étendue sur des boîtes de conserve ou autres supports. À l'aide du grattoir, récupérez une quantité de *gesso* du pot et laissez-le tomber sur la surface de la porte. Étendez le *gesso*, en le repliant à l'aide du grattoir, pour l'étaler en épaisseurs texturées.

Les grattoirs de différentes largeurs donnent des textures variées. En travaillant avec le *gesso*, il s'épaissira et le texturage deviendra plus facile.

Placez l'armoire de façon à ce que le côté que vous travaillez soit à l'horizontale, pour empêcher les ruissellements. Faites un côté de l'armoire à la fois, et laissez sécher avant de retourner l'armoire pour travailler l'autre côté. Laissez ensuite l'armoire sécher au complet.

4 *Vieillir*

À l'aide d'un ciseau à bois ou d'un grattoir à peinture, vieillissez le traitement. Soyez prudent : si vous ciselez trop profondément, vous pourrez créer des échardes qui s'agrandiront. De petits tronçons peuvent également s'écailler de la surface. À l'aide d'un papier sablé moyen, adoucissez les sections rugueuses.

5 *Fixer la figurine en plâtre*

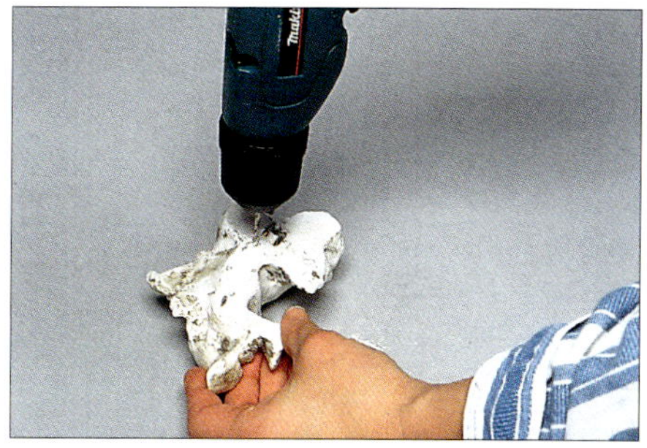

Percez deux avant-trous (plus petits que les vis) au dos de la figurine à la section du plâtre la plus épaisse.

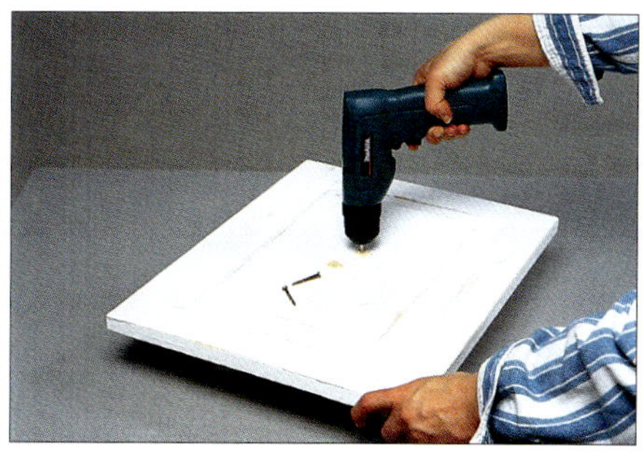

Avec la porte à l'endroit, positionnez la figurine sur le panneau central. Vérifiez que la porte et la figurine soient bien alignées et à l'endroit en vérifiant que les trous des pentures dans la porte et dans l'armoire s'alignent. En prenant soin de garder la figurine dans sa position, soulevez-la légèrement et marquez la position des deux avant-trous sur la porte.

Enlevez la figurine et percez les avant-trous dans la porte.

Appliquez de la colle de menuisier blanche là où vous vous fixerez la figurine. Positionnez la figurine sur la colle. Fixez les vis à bois à l'endos de la porte, pour qu'elles traversent la porte et pénètrent la figurine. Ne serrez pas trop.

6 *Vieillissement*

Vieillissez une section de l'armoire à la fois. Mélangez de la peinture au latex ou acrylique à l'eau pour obtenir une consistance aqueuse. Avec un pinceau à peinture, appliquez de la peinture sur une petite section. Laissez la peinture sécher une minute.

Avec un linge ou une serviette de papier humide (et non mouillée), essuyez la section peinte, en ramassant la peinture des sections plus élevées et en la laissant s'installer dans les creux. Cette technique rehaussera la texture.
L'armoire prendra un ton sépia vieilli, et les creux et le bois exposé un brun foncé.

7 *Finition*

Fixez la quincaillerie et la porte. Retouchez la quincaillerie avec du *gesso* et, une fois séché, vieillissez la quincaillerie en suivant la technique de l'étape 6.

Le traitement de faux plâtre décoratif intriqué, avec la peinture, le découpage et le scellant à base de silicone, peut s'avérer une alternative à la finition rustique. (Voir Directement du paradis en page 221.)

Histoire de chevet

Images éclectiques et prose intime créent ces chevets contemporains

Une décoration intelligente évoque l'individualité. Ajoutez votre propre empreinte avec l'écriture à main. C'est aussi personnel qu'une empreinte digitale et le moyen idéal de faire une marque distinctive. Et poussez plus loin avec des images rétro, grivoises ou bizarres. Ces chevets étaient au départ des petits meubles de bureau. Leur petite dimension et leurs tiroirs multiples en font d'excellents chevets. Leurs surfaces plates multiples se prêtent bien aux images placées au hasard, et des citations écrites à la main.

Sleep is when all the
stuff comes flying
out as from a dustbin upset in a high wind
WILLIAM GOLDING
She's invented a
religion called
"Creative Sleep"
HENRY REED

Premièrement lisez ceci

Ce projet comprend seulement deux techniques, l'écriture à la main et le transfert de photographies, sur une couche de fond de peinture, tout en ayant l'air d'exiger beaucoup plus d'effort. Si la finition de votre meuble est de plastique stratifié, utilisez la peinture à mélamine pour la couche de fond. (Voir *Peinture à mélamine,* en page 27.) Choisissez des citations sur n'importe quel sujet pour l'écriture à la main. Si vous hésitez à écrire sur un meuble, n'oubliez pas que ce n'est pas la perfection de votre cursive qui compte. Au contraire, votre style unique fera de votre meuble un objet personnel et original.

Pour contrebalancer la cursive, des images sont photocopiées et transférées sur des tiroirs en alternance, et aux sections ouvertes. Vous pouvez effectuer le transfert en brunissant l'envers de la photocopie à l'aide d'un marqueur au bout large, ou de térébenthine. Les substances chimiques feront fondre l'encre de la photocopie et la relâcheront. La couleur du marqueur coulera à travers le papier, choisissez donc des couleurs de marqueur qui ressemblent aux couleurs de la peinture. Cette technique donne un aspect doux, usé, aux transferts, sans noir solide. En choisissant vos images pour le transfert, choisissez de petites images et souvenez-vous qu'ils apparaîtront en image renversée. Les deux chevets présentés ont six tiroirs chacun. Si vous travaillez plus d'un meuble, travaillez-les en même temps, en complétant chaque étape sur chaque meuble avant d'entreprendre la suivante.

AVANT

Une petite commode brut — pas endommagée, tout simplement fade. Les petits meubles sont parfaits pour les traitements chargés.

MATÉRIAUX

- un litre d'apprêt à base d'eau et à adhérence élevée
- un litre de peinture au latex avec fini coquille d'oeuf, taupe
- peinture au latex avec fini coquille d'œuf, en trois couleurs, 1 litre chaque : canelle pâle, jaune pâle crémeux, gris-bleu pâle
- outils pour la peinture : un pinceau, un petit rouleau, un plateau à rouleau
- papier bond
- ciseaux ou couteau universel *(X-acto™)*
- plume d'oie, plume de calligraphie ou marqueur à l'épreuve de l'eau
- images photocopiées en noir et blanc (avec quelques-unes de surplus pour tester)
- ruban-cache
- térébenthine, ou marqueurs en couleurs semblables à la peinture (emmenez une photocopie avec vous pour magasiner les marqueurs et testez-les) Certains nouveaux marqueurs ne transfèrent pas les images.)
- vernis à base d'eau qui ne jaunit pas
- papier sablé fin (grade 220), chiffon de dépoussiérage
- *Facultatif :* fixatif ou vernis aérosol qui ne jaunit pas

1 Peindre *la couche de fond*

Voir *Techniques de base de la peinture* (page 34). Préparez et apprêtez la forme et les tiroirs de la commode.

Si vous travaillez deux commodes, tel qu'illustré ici, faites les deux commodes à la fois, plutôt que d'en compléter une et ensuite de commencer l'autre.

Peignez le corps de la commode de deux couches de peinture au latex taupe.

Peignez les tiroirs de couleur pastel.

2 *Planifier les citations*

Pour inscrire les citations, commencez par découper des feuilles de papier pour ajuster aux façades des tiroirs. Décidez quelles façades des tiroirs (toutes, quelques-unes au hasard, ou en alternance) vous désirez inscrire. Marquez les positions de la quincaillerie sur les feuilles de papier.

Choisissez vos citations. Écrivez-les sur les feuilles correspondantes, à l'aide de la plume d'oie, de la plume de calligraphie ou du marqueur, pour avoir une idée de l'emplacement et de la hauteur de l'écriture. Ajoutez des bordures, en zigzags, en forme de S, etc. Placez les feuilles et les photocopies dans leurs positions approximatives.

3 *Écrire les citations à la main*

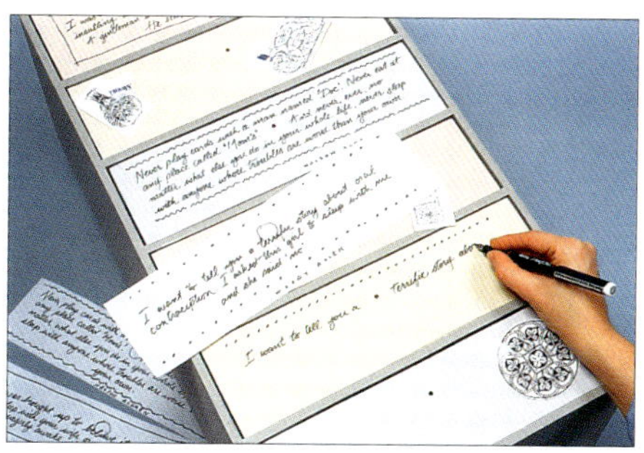

Alignez les tiroirs, ou placez-les dans la commode, et renversez celle-ci sur son dos. Enlevez une feuille et copiez la citation sur la façade du tiroir à l'aide d'une plume ou d'un marqueur. N'essayez pas d'écrire parfaitement. Cette technique ne vous donnera qu'une cursive hésitante et crampée. Laissez la cursive prendre son débit naturel, rapide. Répétez pour toutes les citations. Laissez sécher complètement. Ne jetez pas les feuilles.

Écrivez des citations sur le corps de la commode au goût. Laissez sécher.

4 *Transférer les photocopies*

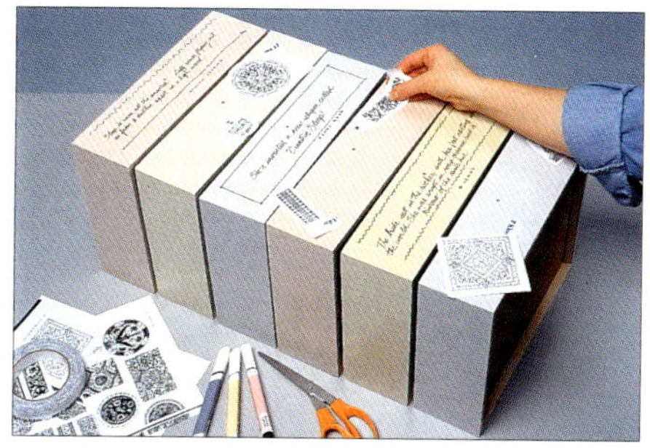

Alignez les tiroirs en ordre, comme ils se placent dans la commode, et positionnez les images photocopiées sur les façades des tiroirs. Testez la technique de transfert de photocopie sur du papier, pour vous y familiariser, avant d'entreprendre le projet sur un meuble. Ne jetez pas les feuilles d'essai.

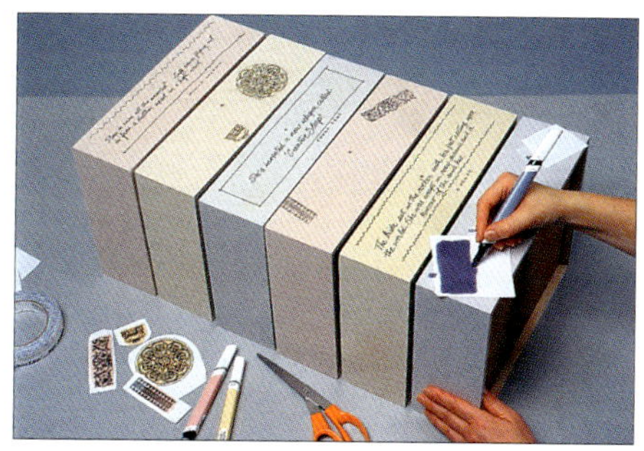

Placez une photocopie à l'envers sur la façade du tiroir et appliquez un peu de ruban-cache. Cachez l'envers de l'image avec le marqueur de la couleur de la peinture. Travaillez rapidement et saturez le papier.

Si vous utilisez de la térébenthine, brossez-en sur l'envers de la photocopie et saturez le papier.

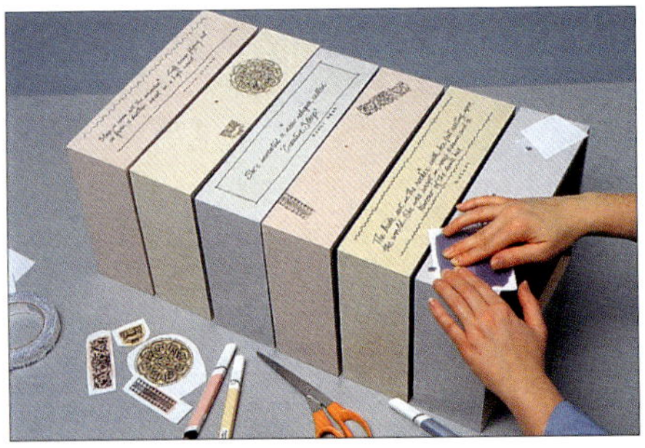

Pressez fermement sur l'envers de l'image avec vos doigts. En prenant soin de ne pas déplacer l'image, laissez sécher le marqueur quelque peu, mais pas complètement. Enlevez la photocopie. Le transfert devrait être effectué.

5 *Vernissage*

Avec un vernis à base d'eau, vérifiez si l'encre de l'écriture et des images photocopiées s'efface. Brossez le vernis sur vos papiers-épreuve. Si l'encre ou les images se gâchent, achetez du fixatif ou vernis aérosol qui ne jaunit pas et vaporisez les images graphiques. Laissez sécher.

Appliquez deux ou trois couches de vernis à base d'eau non jaunissant sur toutes les façades de tiroirs et le corps de la commode. Sablez légèrement avec du papier sablé fin et essuyez avec un linge de dépoussiérage entre les couches. (Voir *Vernir en* page 48.)

6 *Finition*

Installez la quincaillerie.

Si votre boutique d'artisanat ne vend pas des marqueurs qui peuvent transférer les photocopies, utilisez de la térébenthine, ou encore faites le découpage (tel que montré ci-dessus) d'images placées au hasard ou recouvrez les complètement les en alternant. (Voir Pour l'amour de la correspondance page 177.)

Création botanique

VIGNES ET COULEURS SOPHISTIQUÉES SE TRANSFORMENT EN ARMOIRE CRÉATIVE

Rien ne vaut le style créé par le mariage d'une palette riche avec les textures et les formes de la nature. La peinture vert olive et le bois naturel teint gris complètent la fusion contrôlée des vignes arrangées avec goût parmi des feuilles de vigne dorées laminées ultra-minces. Le mariage des nuances urbaines et rurales font que cette armoire peut s'adapter à tout décor.

Premièrement lisez ceci

Un des grands plaisirs de la finition de ce meuble est l'expérience de trouver et de collectionner les feuilles et les vignes. Si celles-ci ne sont pas disponibles dans votre région, trouvez des feuilles de forme intéressante et achetez les vignes chez un fleuriste ou dans une boutique d'artisanat. Les feuilles doivent être séchées au moins deux semaines. Si vous ramassez vos propres vignes, faites-le en été ou à l'automne lorsque les vignes sont souples. Portez des bottes, des pantalons et des gants, et gare à l'herbe à poux! Tirez de bonnes longueurs de vignes; plus la tige est épaisse, meilleurs seront les résultats. En tirant la vigne, enroulez-la et attachez-la en bobine assez petite pour tenir dans un évier ou une cuve à lessive, puisque plus tard vous aurez à les faire tremper pour les raviver.

Ramassez les feuilles en été, si possible. À l'automne, elles ont tendance à être minces et fragiles. Pendant que les feuilles sèchent, teignez la garniture de l'armoire. Apprêtez la forme de l'armoire et appliquez une couche de fond. Si votre armoire a une finition de plastique stratifié, utilisez la peinture à mélamine pour la couche de fond. (Voir *Peinture à mélamine,* en page 27.)

Avant

Une penderie bon marché en pin brut avec des panneaux en acajou très mince peut devenir une présence botanique unique. Il n'y a qu'à ajouter les détails.

Matériaux

- 2 douzaines de feuilles de vigne
- ciseaux et un bottin épais
- 20 à 30 m (20 à 30 verges) de vignes (cela vous donnera deux vignes à chaque côté et deux en avant, en plus d'une portion généreuse pour le dessus)
- papier sablé fin (grade 220)
- teinte gris pâle ou gris moyen
- torchon
- pinceau d'artiste à pointe fine
- ruban-cache
- un litre d'apprêt à base d'eau et à adhérence élevée
- un litre de peinture au latex satiné, d'un ton foncé de vert olive foncé
- outils pour la peinture : un pinceau, un petit rouleau, un plateau à rouleau
- un litre de vernis à base d'eau qui ne jaunit pas
- papier essuie-tout
- agrafes à tapis, petit marteau
- ciseaux de jardin
- adhésif pour papier peint à base de cellulose

1 *Feuilles*

Coupez les tiges des feuilles et séchez-les dans un annuaire. Laissez environ vingt pages entre chaque page de feuilles. Laissez sécher les feuilles au moins deux semaines.

2 *Vignes*

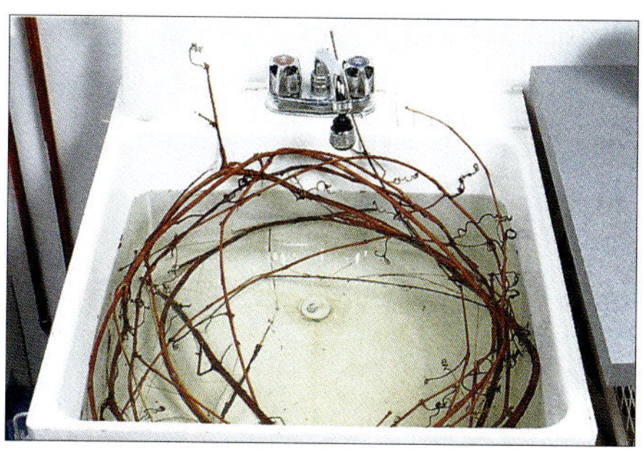

Placez une bobine de vignes dans un seau ou un évier et couvrez-la d'eau. Laissez tremper les vignes pendant que vous peignez l'armoire, soit environ deux heures.

3 *Teindre la garniture*

La teinture doit être appliquée au bois brut. (Voir *Teindre le bois,* page 46.) À l'aide de papier sablé fin, sablez très légèrement toutes les sections à teindre.

Enlevez la quincaillerie et les portes. Placez les portes sur une table et travaillez-les en même temps que vous travaillez le meuble.

Remuez bien la teinture. À l'aide d'un pinceau d'artiste, appliquez la teinture le long de la garniture enfoncée ou autres sections difficiles à rejoindre.

À l'aide d'un chiffon ou d'un pinceau, appliquez la teinture à la garniture. Laissez sécher.

4 *Peindre les panneaux*

Masquez toute garniture teinte. Apprêtez les panneaux et peignez-les vert olive foncé. (Voir *Techniques de base de la peinture,* page 34.) Laissez sécher.

Appliquez une couche de vernis à base d'eau qui ne jaunit pas aux sections teintes de l'armoire. Laissez sécher et ensuite répétez. Le vernis peut également être appliqué sur la peinture si désiré. (Voir *Vernir en* page 48.)

5 *Fixer les vignes*

Déroulez les vignes et séchez-les à l'aide des papiers essuie-tout. Une fois que l'armoire complètement sèche, placez-la sur son côté. (Si l'armoire est lourde, demandez de l'aide). En commençant par le bas de l'armoire, fixez les vignes au côté supérieur.

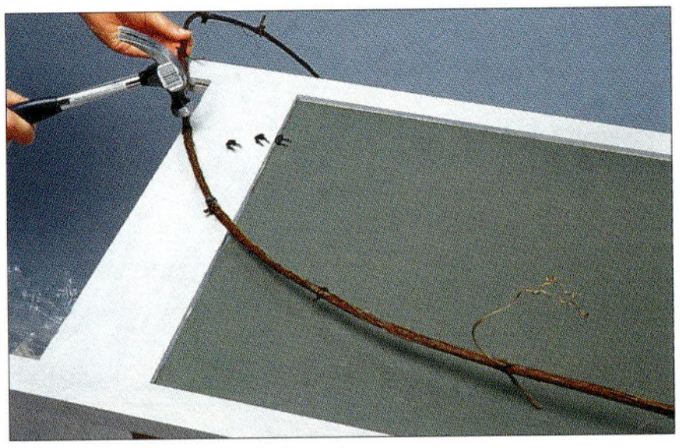

En commençant par le bord du bas de l'armoire, martelez les agrafes à tapis dans la garniture pour ancrer la vigne. Utilisez la quantité nécessaire d'agrafes pour fixer la vigne assez proche de la surface de l'amoire.

À l'aide des ciseaux de jardin, coupez la vigne net au bord inférieur de l'armoire. Continuez à agrafer la vigne en place au côté de l'armoire. Ne coupez pas le surplus de vigne au côté supérieur de l'armoire.

Remettez l'armoire à l'endroit (avec de l'aide, si nécessaire) et fixez les vignes rampantes du côté au bord supérieur en les agrafant en place. Ne les laissez pas pendre dans l'espace de la porte. Sinon, la porte ne se fermera pas. Agrafez les vignes à l'autre côté de l'armoire et replacez toute vigne rampante dans le groupement supérieur. Agrafez les vignes aux panneaux des portes, les fixant à l'intérieur de la garniture et en travaillant d'un coin inférieur au coin supérieur opposé.

6 *Laminage des feuilles*

Suivez les directives sur le contenant d'adhésif pour papier peint pour en mélanger une petite quantité.

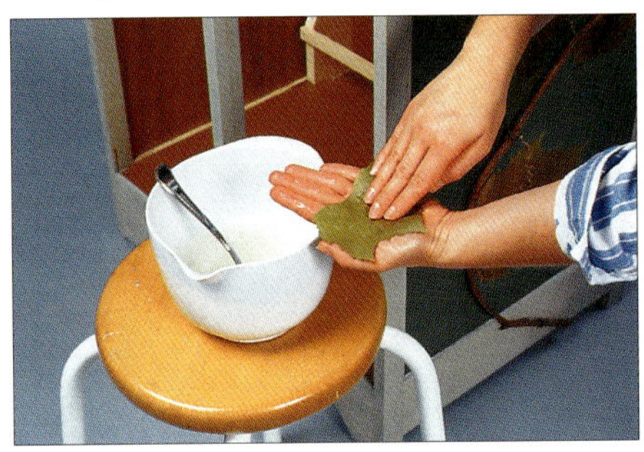

Enduisez les deux côtés d'une feuille d'adhésif; ne pas laisser de sections sèches.

Placez la feuille sur la surface de l'armoire et alignez-la avec la vigne. À partir du centre, lissez-la et éliminez toute bulle d'air. Continuez, et collez des feuilles aux deux côtés de l'armoire. Les feuilles peuvent rider. Les rides disparaissent à mesure que les feuilles sèchent et se rétrécissent. Tâchez de ne pas étirer les feuilles dans le but des les aplatir. Vous ne réussirez qu'à les endommager.

7 *Portes*

Replacez les portes. Laminez les feuilles sur les portes. Laissez sécher vignes et feuilles.

8 *Vernissage*

Brossez deux couches de vernis sur les feuilles pour les protéger.

Gestion des branches. Si vous préférez les ingrédients naturels et les couleurs riches, garnissez votre penderie avec de la quincaillerie faite de tiges et branches. *(Voir Tendances nature en page 98.)*

Tendances nature

Les chevets prennent l'air de la campagne grâce à des branches naturelles et à des couleurs riches

Accueillez le rustique chez vous avec des branches naturelles, y compris l'écorce, les feuilles et le lichen, installés avec imagination comme poignées de tiroirs. Les éléments botaniques tels que les feuilles et les branches donnent du caractère et de l'originalité aux meubles et accessoires. En combinaison avec des couleurs riches et traditionnelles, ces éléments incarnent le style authentique dans un décor campagnard. Le vieillissement est ajouté pour donner de la chaleur et pour adoucir l'effet.

LET ME LIVE IN THE HOUSE
BY THE SIDE OF THE ROAD
AND BE A FRIEND TO MAN

Premièrement lisez ceci

Peindre, vieillir et ajouter les poignées de branches naturelles, sont les techniques de base de ce projet. Les branches devraient être ramassées et leurs bouts étanchés au moins deux semaines avant d'amorcer ce projet pour leur donner la chance de bien sécher. Avec une petite scie de jardinier à lame droite ou une scie à main, coupez les branches. Les branches devraient présenter le diamètre d'un manche à balai, mais plus elles sont noueuses, plus elles sont appropriées. Coupez les branches d'un arbre mature. Les branches tombées ou celles d'un arbre mort perdront leur écorce et pourront fendre.

Ce traitement convient mieux à un meuble en bois simple et rustique. Une armoire assemblable est plus facile à peindre en plusieurs couleurs qu'une armoire déjà assemblée. Soyez libre de peindre l'armoire d'une couleur au lieu de trois. Si elle a une finition de plastique stratifié, utilisez la peinture à mélamine et un apprêt tel qu'indiqué sur l'étiquette. (Voir *Peinture à base de mélamine en* page 27.) Pour vieillir l'armoire tel qu'illustré, elle doit être en bois. Fixer les branches pour qu'elles soient coupées, tout en paraissant d'une pièce, peut demander de la patience, de la détermination et une perceuse électrique. Mais les résultats en valent la peine. Si vous travaillez deux armoires à la fois, tel qu'illustré, travaillez-les en même temps, en complétant chaque étape pour les deux.

AVANT

Les meubles à assembler, tel que ce chevet à deux tiroirs, offrent une belle occasion de faire un travail multicolore. Rien à masquer pour séparer les couleurs, et aucune retouche n'est nécessaire.

MATÉRIAUX

- branches coupées d'un arbre vif (Avec une petite scie à lame droite de jardinier, ou une scie à main, coupez plus de branches, et plus longues, que ce dont vous aurez besoin pour le projet).
- vernis ou vernis à ongles transparent
- peinture au latex avec fini coquille d'oeuf, en trois couleurs, 1 litre de chaque : bourgogne, bleu marin, vert forêt
- pinceau, 5 cm (2 po) de large
- contenants en plastique ou boîtes pour soutenir
- papier sablé moyen (grade 180)
- craie ou crayon de couleur
- perceuse électrique
- vis à bois
- *Facultatif :* un litre d'apprêt à base d'eau et à adhérence élevée
- *Facultatif :* teinture ambrée, petit chiffon
- *Facultatif :* étau ou pince

1 *Étancher les branches*

Peignez deux couches de vernis ou de vernis à ongles transparent sur les bouts nets des branches. Ceci forcera les branches à sécher lentement par l'écorce, plutôt que par les bouts, et empêchera le bois de fendre et l'écorce de s'écailler. Laissez sécher les branches au moins deux semaines.

2 *Peindre le corps*

Assemblez le corps du chevet sans son plateau. Si vous désirez peindre le dos, assemblez-le aussi. Sinon, laissez-le de côté.

Si votre chevet est assemblé, préparez-le pour la peinture. (Voir *Préparation en* page 36.)

Si votre chevet est en bois et que vous désirez le vieillir, ne l'apprêtez pas. Si vous ne désirez pas le vieillir, apprêtez-le avant de le peindre. (Voir *Apprêt et peinture,* en page 38.) À l'aide d'un pinceau, peignez la forme de peinture bourgogne. Des coups de pinceau subtils sont souhaitables pour cette technique. (Voir *Peinture au pinceau,* en page 40.) Laissez sécher complètement. Ajoutez une deuxième couche au besoin.

3 *Peindre le dessus et les tiroirs*

Placez les façades de tiroirs et le dessus de l'armoire sur des contenants en plastique ou des boîtes. Peignez les revers des façades en vert forêt. Peignez le dessous du plateau de l'armoire en bleu marin.

Laissez sécher et appliquez une deuxième couche, au besoin. Lorsque les surfaces sont complètement sèches, retournez l'armoire et répétez la technique.

4 *Traitement de vieillissement*

Vieillissez le corps de l'armoire avec un papier sablé de grade moyen. Sablez la peinture là où l'usure naturelle se produirait, par exemple aux coins et aux points élevés de la garniture ou du détail.

Assemblez et vieillissez les tiroirs. Les centres et les bords des façades de tiroirs sont également des points d'usure. Fixez le plateau (et le panneau arrière, s'il n'est pas déjà fixé) à l'armoire et vieillissez le plateau.

5 *Teindre le bois*

Facultatif: le bois que vous avez exposé par le sablage prendra une teinte ambrée de lui-même, après un certain temps. Si vous ne voulez pas attendre, retouchez le bois brut avec de la teinture ambrée. Trempez un linge dans la teinture ambrée et frottez le bois brut. Laissez sécher.

6 *Classer les branches*

Sortez vos branches séchées. Placez une branche verticalement sur la façade de l'armoire, sur les tiroirs. Marquez sa longueur en indiquant l'angle de l'extrémité coupée. À l'aide d'une scie à main, coupez la branche un peu plus long que la longueur désirée. Recoupez-la à la longueur désirée en faisant toute correction nécessaire. Rescellez les extrémités. Ne jetez pas les branches restantes.

Placez la branche verticalement sur les façades des tiroirs. Avec une craie ou un crayon de couleur, dessinez une ligne centrée sous la branche.

Sur la branche, marquez la ligne horizontale entre les tiroirs. À l'aide d'une scie à main, coupez la branche le long de la ligne marquée. Rescellez les extrémités.

7 *Placer les branches*

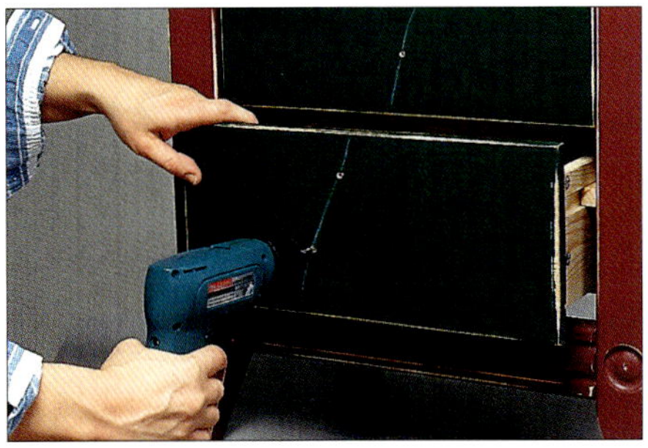

Placez les morceaux de la branche sur la ligne dessinée à la craie. Sur les façades des tiroirs, marquez l'emplacement des vis. Marquez au moins deux vis pour chaque branche. Percez des trous sur les marques à travers les façades des tiroirs. Marquez les emplacements correspondants sur les branches et vérifiez que les branches s'alignent.

Percez les avant-trous (plus petits que les vis) à mi-chemin dans les branches où vous avez fait vos marques. Les avant-trous empêcheront les vis de fendre les branches.

8 *Fixer les branches*

Afin de préserver les courbes naturelles des branches et de pouvoir s'en servir comme poignées, elles doivent être soutenues à environ 1,25 cm (1/2 po) des façades des tiroirs. À l'aide d'une scie à main, coupez plusieurs morceaux courts en forme de pièces de monnaie des branches restantes pour créer des soutiens entre les façades des tiroirs et les branches. Déterminez l'épaisseur dont vous aurez besoin en essayant les morceaux ronds de bois sous les branches. Percez un trou au centre de chaque cercle de bois. Vous aurez peut-être besoin de serrer ces cercles (ou les tenir en place avec des pinces) pour les percer.

De l'intérieur des tiroirs, vissez des vis à bois à travers les façades des tiroirs, des cercles de bois, et dans la branche. Vous aurez peut-être besoin de vis de différentes longueurs, si les branches se courbent en détournant des façades. La vis devrait être assez longue pour pénétrer à mi-chemin au travers de la branche.

La peinture populaire style campagnard constitue une belle décoration pour les traitements rustiques riches et chaleureux. Pour ajouter un motif à votre chevet, voir Art populaire campagnard, en page 117, et consultez les instructions à suivre pour une technique simple à utiliser avec des modèles.

Economy
ZINC
MANUFACTURED BY
CANADIAN WOODENWARE CO.
ST. THOMAS

L'armoire était nue

UNE ARMOIRE DE BOULANGER DES ANNÉES 30 EST DÉCAPÉE, LAISSÉE À SON ÉTAT NATUREL ET AGRÉMENTÉE DE PANNEAUX PEINTS TRADITIONNELLEMENT À LA MAIN

Cette vieille armoire de boulanger avec ses tiroirs doublés d'étain (pour décourager les souris), ses plateaux-tiroirs glissants, et ses portes multiples, était cachée sous plusieurs couches épaisses de peinture et de vernis gluant. Ce meuble valait la peine d'être décapé pour retrouver le chêne original et la quincaillerie de fer rustique. Pour contraster le caractère ordinaire du meuble, des motifs craquelés, dessinés à la main, furent appliqués aux panneaux de portes et un plateau de carreaux en céramique fut créé pour remplacer l'original.

Premièrement lisez ceci

Tout comme d'autres produits pour la finition faciles à utiliser, tels la peinture au latex et le vernis à base d'eau, des décapant non-toxiques à faible odeur ont été développés et sont largement disponibles. Ceux-ci sont efficaces et faciles à utiliser. Une fois le meuble décapé, vous pouvez tout simplement le sabler et le vernir, ou vous pouvez peindre le dessin traditionnel sur les panneaux. Une méthode de craquelage facile à faire est appliqué aux panneaux de porte avec un vernis à base d'huile et de la gomme arabique, un liquide transparent visqueux normalement utilisé par les artistes d'aquarelle comme medium de résistance et se vend dans les boutiques d'artisanat. (Le vernis à base d'eau peut être substitué à la gomme arabique, mais les résultats sont beaucoup plus lourds et moins agréables. Faites un essai avant de l'appliquer.) Cette méthode simple est plus efficace que les ensembles de craquelage vendus dans les boutiques d'artisanat et chez les détaillants de peinture. La méthode de craquelage illustrée est plus subtile. Les fissures qui apparaissent dans le vernis sont mises en évidence par le glacis brun frotté. (Pour un craquelage qui a l'aspect de peinture craquelée et écaillée, voir *Craquelage en* page 63.) Enfin, un nouveau plateau céramique créé pour la base ajoute sophistication et fonctionnalité.

L'armoire présentée dans ce projet est décapée au bois nu. Cependant, un meuble portant plusieurs couches de peinture peut être partiellement décapé, tel qu'illustré avec cette berceuse, permettant à une variété de couleurs de paraître et ainsi révéler l'histoire du meuble.

AVANT

Une armoire de boulanger des années 1930. Son âge, ses proportions charmantes et ses portes variées en font un meuble qu'il vaut la peine de restaurer.

MATÉRIAUX

Pour le décapage :
- toile de protection en plastique ou en coton (un vieux drap fera l'affaire), journaux
- décapant en gelée à basse toxicité (achetez-en une quantité suffisante pour au moins deux couches).
- gants de caoutchouc épais (pas de latex)
- pinceau moyen bon marché
- grattoirs à peinture larges et étroits
- éponge de décapage en plastique dur, brosse à décaper aux soies de métal, chaudière et de l'eau
- carton ou papier épais
- huile à quincaillerie
- papier sablé fin et moyen (grades 120 et 220), tampon gras
- laine d'acier super fine
- un litre de vernis à base d'eau qui ne jaunit pas
- un litre de peinture au latex satiné pour l'intérieur de l'armoire bleu suédois ou une autre couleur
- ruban-cache pour peintre ou ruban masque, pinceau, petit rouleau, plateau à rouleau
- colle de menuiserie blanche ou colle d'artisanat, allumettes en bois
- *Facultatif :* pellicule plastique, par exemple du *Saran Wrap*
- *Facultatif :* poli à laiton
- *Facultatif :* teinture pour le bois

Pour peindre et craqueler les panneaux de porte :
- ruban-cache ou ruban masque
- 1/2 litre de peinture au latex, vert sauge (satiné ou non)
- craie ou crayon effaçable
- tubes d'acryliques : sienne crue, vert de Hooker, vert gazon, émeraude, bleu-vert, vert olive, vert pomme, rouge cadmium foncé, jaune de Turner, rouge cadmium super-foncé, blanc cassé
- pinceaux d'artiste à pointe fine larges et moyens
- 1/2 litre vernis à base d'huile et de la gomme arabique (disponible dans les boutiques d'artisanat)
- tube de peinture à l'huile d'artiste ombre brûlée et petit contenant de térébenthine, chiffon
- *Facultatif :* petite quantité de peinture acrylique ou au latex, crème
- *Facultatif :* petite quantité de glacis, chiffon, linge

Pour poser des tuiles sur un comptoir :
- contreplaqué, 1,25 ou 2 cm (1/2 ou 3/4 po) d'épaisseur, lisse d'un côté (taillé à la dimension de l'armoire, mais qui dépasse le devant et les côtés)
- apprêt et peinture
- ruban à mesurer et crayon
- tuile pour couvrir la surface du contreplaqué plus au moins 10% pour les cassures. (Les tuiles de taille petite ou moyenne sont plus agréables pour un comptoir que les grandes tuiles).
- coupe-carreau (vous pouvez peut-être en louer un au magasin de tuiles)
- papier sablé gros
- vis pour fixer le comptoir à la base, tournevis ; ou supports en L
- toile de protection
- adhésif à carreaux (soit prêt à l'emploi ou prêt à mélanger), spatule cochée
- règle de précision
- boiserie pour le bord du comptoir (pour un aspect solide, choisissez de la boiserie un peu plus épaisse que le plateau muni du contreplaqué et la tuile ensemble).
- clous de finition, colle, petit marteau (pour fixer la boiserie)
- peinture pour la boiserie
- ruban masque
- coulis sableux pour planchers de couleur assortie à la tuile
- raclette à tuiles
- tampons à récurer en plastique ou chiffons, éponge

DÉCAPER LA PEINTURE

1 *Appliquer le décapant*

Placez plusieurs épaisseurs de journaux ou de papier ordinaire par terre. Recouvrez le papier d'une toile de protection en plastique ou en coton. Sur la toile, placez la première section à décaper. Si possible, enlevez toute quincaillerie. Si les vis sont encrassées de peinture, enlevez la quincaillerie plus tard, lors de l'étape de décapage. Mettez vos gants de caoutchouc.Versez du décapant sur la surface supérieure.

À l'aide d'un pinceau moyen bon marché, étalez le décapant. Continuez à l'étaler jusqu'à ce que toute la surface soit couverte. Peignez tous les côtés, les pattes et les autres petites parties de décapant.

Certains décapants font fondre le plastique. Faites l'épreuve qui suit. Mettez du décapant sur un morceau de pellicule plastique. Si le décapant transperce la pellicule, jetez le plastique. Sinon, mettez de la pellicule aux sections où le décapant pourrait couler. La pellicule tiendra le décapant en place et lui permettra d'être plus efficace. Si le décapant fait fondre le plastique, n'utilisez que des accessoires en verre ou en céramique et non en plastique, et surtout n'utilisez pas des gants en latex chirurgicaux. Le décapant peut également transpercer la toile de protection en plastique.

2 *Décaper la peinture*

Laissez le décapant faire son travail jusqu'à ce que la peinture ballonne.Vérifiez les instructions du fabricant pour une approximation du temps requis. Cela peut prendre une demi-heure. Cette première couche de décapant peut aussi commencer à soulever les autres couches de peinture.

Avec un large grattoir à peinture commencez à gratter la peinture et jetez-la sur un journal ou dans un contenant jetable. Laissez le décapant faire le travail. N'enlevez que la peinture qui se soulève facilement.

Utilisez l'éponge à décaper pour frotter la quincaillerie.

Enlevez la quincaillerie à mesure que la peinture ramollit. Pour déloger la peinture du fil des vis, placez la tête d'un tournevis dans le fil à un angle, et tapez doucement sur la poignée.

Placez la quincaillerie sur le carton ou le papier et peignez-la avec du décapant. À mesure que le décapant soulève la peinture de la quincaillerie, frottez-la avec l'éponge à décaper et de l'eau. S'il reste de la peinture sur la quincaillerie, appliquez de nouveau du décapant. Une fois toute la peinture enlevée, séchez complètement à l'aide d'un séchoir à cheveux. Si la quincaillerie est en laiton (vous avez de la chance !) polissez le tout avec du poli à laiton. Huilez la quincaillerie et essuyez le surplus d'huile.

3 *Décapage final*

Appliquez des couches supplémentaires de décapant. Laissez-le faire son travail. Ensuite grattez la peinture soulevée. Ne vous laissez pas emporter avec le travail de gratter. Si vous grattez trop vous courez le risque d'endommager le bois, surtout la boiserie et la garniture.

À mesure que le bois naturel paraît, lavez la surface avec l'éponge à décaper et de l'eau tiède ou fraîche. Décidez la quantité de peinture que vous désirez laisser sur le meuble. Les meubles de qualité devraient être complètement décapés et ne laisser aucun résidu de peinture, tandis que les meubles rustiques, surtout ceux qui sont bien usés, sont plus intéressants avec des taches de couleur dans les coins, les fissures et les égratignures.

Une fois que la grosse partie de la peinture est enlevée, utilisez la brosse à décaper pour nettoyer la garniture et le grain du bois de toute peinture restante. Nettoyez tout le résidu et laissez le bois sécher complètement.

4 *Vernissage*

Sablez le bois séché avec du papier sablé moyen, ensuite le papier sablé fin. Toujours sabler dans le sens du grain du bois. Ensuite frottez avec la laine d'acier super fine, à moins que les directives du décapant vous indiquent le contraire.

Essuyez toute la poussière avec le tampon gras. Si désiré, teignez le bois nu. (Voir *Teindre le bois,* page 46.)

Appliquez deux ou trois couches de vernis à base d'eau ou à base d'huile. Sablez légèrement avec du papier de verre fin et essuyez avec un tampon gras entre les couches. (Voir *Vernir* en page 48.)

5 *Peindre l'intérieur*

Peindre l'intérieur de l'armoire avec la peinture bleu suédois. Il n'est pas nécessaire d'apprêter la surface. Masquez les bords et les sections à ne pas peindre. Utilisez un pinceau et un petit rouleau pour ce travail. (Voir *Apprêt et peinture,* en page 38.) Appliquez deux couches si nécessaire pour effectuer un recouvrement complet.

Avant de fixer la quincaillerie, remplissez les trous laissés par les vis en collant les bouts boisés des allumettes dans les trous. Laissez sécher. Ensuite, installez la quincaillerie.

LES PANNEAUX DE PORTES PEINTS ET CRAQUELÉS

6 *Peindre les panneaux à la brosse*

Décidez quels panneaux de porte vous voulez peindre. Masquez autour des panneaux et peignez-les de peinture au latex vert sauge. Laissez sécher complètement.

Facultatif : pour adoucir l'effet de la peinture, mélangez de la peinture crème à une petite quantité de peinture vert sauge et du glacis.

La couleur peut être badigeonnée. Pour badigeonner, trempez un chiffon humide dans le mélange peinture/glacis et serrez-le pour extraire le surplus. Tordez ou froissez le chiffon et roulez-le ou taponnez-le sur la surface des panneaux.

Une autre technique consiste à peindre le mélange peinture/glacis sur le panneau. Tordez ou froissez le chiffon légèrement humide re roulez-les sur la surface trempe, en soulevant la peinture et en créant un motif irrégulier.

Si la texture est trop forte, essuyez de la peinture avec un linge humide pour l'adoucir.

7 *Peindre les arbres*

Si vous peignez plusieurs panneaux de porte avec le même motif ou avec des accents de tons semblables, peignez-les tous en même temps. À l'aide d'une craie ou d'un crayon de plomb, tracez légèrement les arbres sur les panneaux de porte.
Cela vous aidera à positionner les images.

Mélangez les peintures acrylique sienne crue et vert de Hooker (ou des couleurs semblables) pour obtenir un ton brun olive. Délayez la peinture au besoin, pour qu'elle s'écoule du pinceau. À l'aide d'un pinceau large à pointe fine, peignez plusieurs longs segments pour les troncs et les branches des arbres.

Peignez les branches sur les accents décoratifs.

Peignez des feuilles sur les arbres. Utilisez plusieurs tons de vert, vert gazon, vert émeraude, bleu-vert et olive. Avec plus d'un ton de vert sur un pinceau moyen à pointe fine, posez le côté des soies sur le panneau et enlevez le pinceau. Cette technique donne la forme d'une feuille peinte. Continuez à ajouter des feuilles à tous les arbres et les accents décoratifs, mais laissez de l'espace pour les fruits.

Ajoutez des pommes en peignant des cercles en vert pomme et en mettant en évidence certaines sections avec le rouge cadmium foncé.

Ajoutez des poires en peignant des formes de poire en vert pomme et mettez-les en évidence ave le jaune de Turner.

Créez des cerises en peignant des formes de cerise (comme un coeur de valentin sans bout pointu) en rouge cadmium super-foncé. Mettez-les en évidence en ajoutant un point de blanc cassé sur le côté bombé de chaque cerise.

8 *Le vernis craquelé*

Craquelez la surface des panneaux. Commencez par masquez autour des panneaux. Utilisez le ruban-cache ou le ruban masqué. Ensuite peignez les panneaux d'une couche de vernis à base d'huile.

Surveillez le progrès du vernis en le touchant légèrement aux demi-heures. Dès que le vernis est *sec au toucher et n'est plus collant* (ceci peut prendre de deux à quatre heures, ou plus), peignez-le d'une couche de gomme arabique. Si la gomme arabique est appliquée trop tôt, elle formera des petites mares au lieu des fissures. Trop tard, et elle ne craquera pas. Laissez sécher complètement. À mesure que la gomme arabique sèche, elle formera des petites fissures subtiles difficiles à voir. Le vieillissement mettra les fissures en évidence.

Remarque : le vernis à base d'eau peut être substitué pour la gomme arabique. Cependant les résultats sont plus grossiers et moins uniformes. Faites une épreuve sur un morceau de bois ou de carton avant d'appliquer.

9 *Vieillir le craquelage*

Mélangez de la peinture à l'huile ombre brûlée avec de la térébenthine pour obtenir une consistance très liquide. Il faut utiliser de la peinture à l'huile parce que la gomme arabique est soluble à l'eau.

Appliquez la peinture sur la gomme arabique et essuyez le surplus de peinture avec un chiffon.

La peinture demeurera dans les petites fissures et accentuera ainsi le craquelage.

LE COMPTOIR CARRELÉ

10 *La planification*

Sciez la feuille de contreplaqué aux dimensions sur le dessus de l'armoire, et laissez un peu dépasser au besoin. Le contreplaqué peut être apprêté des deux côtés ou du côté lisse seulement, comme vous voulez. Le côté lisse du contreplaqué, le côté exposé en dessous, peut être peint de couleur.

Planifiez votre motif de carreau. Avec le côté lisse du contreplaqué vers le bas, mesurez la longueur du contreplaqué et marquez le centre. Dessinez une ligne perpendiculaire au niveau de votre marque.

En commençant d'une part et de l'autre de la ligne centrale, avec environ 1/2 cm (3/16 po) d'espace entre les tuiles, posez les tuiles sur le devant et sur un côté. Si vous le désirez, posez tous les carreaux du dessus. Vous pourrez alors déterminer la quantité de tuiles à couper, et à quelle taille. La première rangée aura des tuiles entières. Les tuiles à couper longeront les côtés et le fond.

11 *Tailler la tuile*

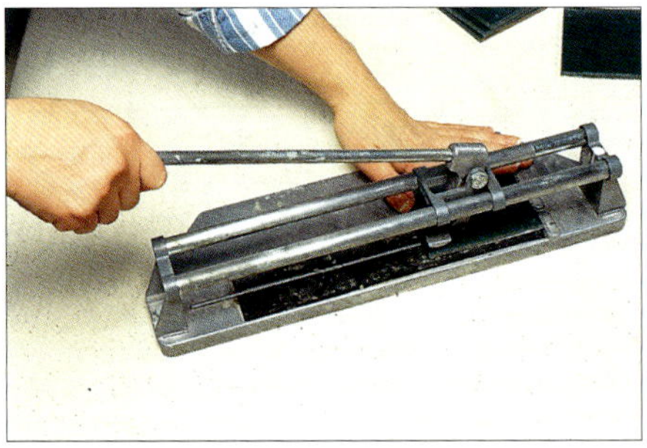

Si vous avez loué une machine pour couper la tuile, faites quelques épreuves pour vous familiariser avec ce travail. Ces machines sont imposantes, mais en réalité elles sont faciles à utiliser. Placez une tuile dans la machine à ras le bord devant. Tirez sur la poignée, baissez-la, et marquez la tuile en poussant sur la poignée. Si vous la marquez deux fois, la tuile sera plus facile à couper et le résultat sera plus lisse. Levez la poignée pour que les ailes qui y sont attachées soient positionnées au-dessus de la marque. Ensuite mettez de la pression sur la poignée. La tuile devrait casser le long de la marque. Inévitablement certaines tuiles casseront à la mauvaise place.

Polissez le bord coupé de la tuile avec le papier sable gros pour adoucir les bouts pointus. Continuez à couper la tuile jsuqu'à ce que vous ayez coupé la quantité voulue. Empilez-les en ordre pour le fond et pour les côtés pour éviter la confusion plus tard. Vous finirez probablement par avoir deux tuiles qui auront à être coupées deux fois (où le fond et les côtés font le coin).

12 *Poser la tuile*

Fixez le contreplaqué soit en le vissant du dessus, soit avec les soutiens en L du dessous. Recouvrez l'armoire de la toile de protection. Mélangez de l'adhésif sec à de l'eau ou utilisez l'adhésif prêt à l'emploi. L'adhésif devrait avoir la consistance de beurre d'arachides.

Appliquez l'adhésif à carreaux au comptoir. Mettez-en sur le comptoir et étalez-le à l'aide de la spatule cochée. Continuez jusqu'à ce que le plateau soit complètement couvert d'adhésif texturé.

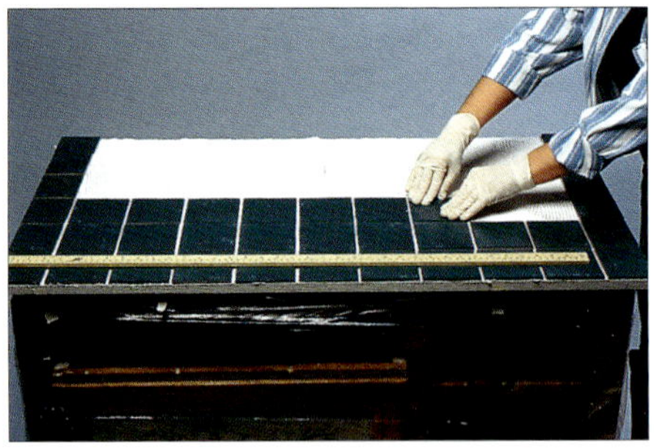

Commencez en avant avec une tuile de chaque côté de la ligne centrale. Posez une rangée de tuiles entières, à ras le bord et espacées uniformément. Placez les tuiles coupées au besoin. Les tuiles coupées devraient présenter le bord coupé au bord du contreplaqué. En posant chaque tuile, donnez-lui un petit effet pour assurer un contact complet avec l'adhésif. Ensuite posez la deuxième rangée.

Utilisez une règle de précision pour égaliser les rangées. Avant que l'adhésif ne sèche, vous pouvez utliser la règle pour glisser les tuiles en position. Égaliser dans les deux directions. Continuez à poser la tuile, jusqu'à ce que toute la surface soit couverte. Permettez à l'adhésif de sécher au moins 24 heures.

13 *Ajouter la garniture*

Taillez la boiserie aux dimensions des côtés et de la façade du dessus. La garniture devrait être plus profonde que l'épaisseur du plateau muni du contreplaqué et la tuile ensemble pour donner un aspect solide. Si vous avez choisi une garniture très profonde, placez-la et vérifiez que les portes et les tiroirs pourront s'ouvrir facilement. Peignez la garniture et laissez sécher. Collez et clouez la garniture en place, de niveau avec le bord supérieur du comptoir. Percer des avant-trous (plus petits que les clous) avant de clouer facilite la tâche, avec moins de marques de marteau sur le bois. Pour une finition d'aspect professionnel, enfoncez les têtes de clous, remplissez les trous et retouchez de peinture. Masquez la gariture pour le coulissage.

14 *Intégrer le coulis*

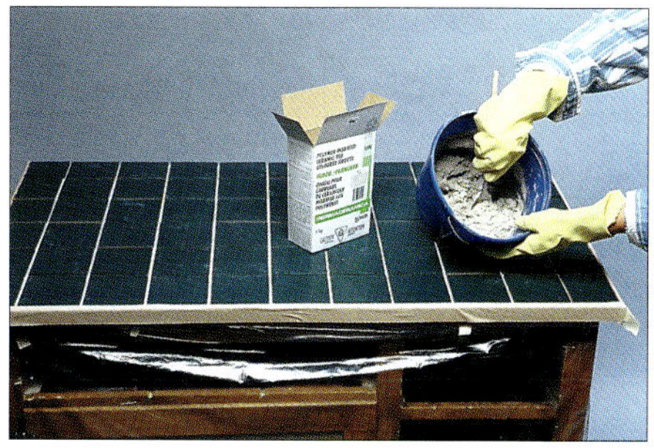

Mélangez le coulis selon les directives du fabricant. Il devrait avoir la consistance de crème sure mélangée au sable. Si les directives du fabricant demandent l'extinction (laisser reposer le coulis), vous devez laissez le coulis de côté pour le temps requis. Cette étape permet aux produits chimiques dans le coulis de s'intégrer.

À l'aide de la raclette à tuiles, enfoncez le coulis dans les espaces entre les tuiles. Tenez la raclette avec le bord du fond fermement sur la tuile et le devant légèrement soulevé. Tirez le coulis en diagonale le long de la tuile, en le forçant dans les espaces. Une fois les espaces bien remplis (y compris les espaces entre la tuile et la garniture de bord) et que le coulis est au niveau avec le dessus de la tuile, utilisez la raclette pour ramasser et enlever le surplus.

Avec un chiffon *sec* ou un tampon à récurer dur, frottez la tuile pour enlever le surplus de coulis. L'eau est son ennemie. Si vous utilisez de l'eau pour enlever le surplus de coulis, des fissures se formeront dans le coulis en séchant.

Pour enlever la couche fine de coulis à la fin, humecter un linge ou une éponge très légèrement et essuyez les tuiles, en évitant le coulis.

CHAISES

La recherche d'un siège tout confort a inspiré des milliers de variations dans la conception des chaises, d'abord en confort, allant du « Lazyboy » au banc d'auditorium en plastique, ensuite en somptuosité, des trônes spectaculaires aux chaises de cuisine en bois. Si on la réduit à ses éléments de base, toute chaise ou presque est constituée de quatre pattes, d'un siège et d'un dossier. Pourtant, les traitements et techniques de décoration, de recouvrement et de rénovation des chaises sont infinies. Cette section propose des idées pour confectionner des sièges qui deviendront les favoris de la maison.

Art populaire campagnard

Une chaise aux lignes campagnardes est rehaussée par une peinture à la main décorative et facile à réaliser

Ce n'est pas n'importe quelle vieille chaise que cette robuste chaise de bois, avec ses moulures, ses pattes tournées et son dossier subtilement décoré : elle dégage une ambiance simple et intimiste. Elle faisait probablement partie d'un ensemble de cuisine mais, à en juger par les coups de scie, les entailles et les bosses, elle s'est retrouvée transformée en chaise d'atelier. Affichant au départ un fini bois naturel, elle fut par la suite peinte en blanc cassé. Cette couleur devint donc sa peinture originale. La peinture originale est considérée comme intouchable par bien des fervents d'antiquités - c'est une partie de l'histoire du meuble. Comme bien des absolus, ce dernier doit être tempéré par la réalité. La propriétaire de cette chaise voulait la repeindre pour qu'elle soit adaptée à son décor rustique tout en étant raffinée.

Premièrement lisez ceci

Ce projet est rapide et direct. Premièrement, la chaise est peinte d'une couche de base vert foncé, soit en peinture aérosol ou au pinceau. Si votre bureau possède un fini de plastique stratifié, utilisez une peinture mélamine. (Voir *Peinture à mélamine,* en page 27.) Puis, à l'aide de gabarits, un patron fleuri y est appliqué. Les gabarits ressemblent à des découpes de pochoir mais au lieu de remplir les zones découpées avec de la peinture, on les utilise pour tracer un contour qui sera par la suite peint. Si les pochoirs produisent une texture lisse et égale, cette technique, quant à elle, présente une apparence peint-à-la-main à cause des coups de pinceau et subtilités qui donnent à la peinture au pinceau tout son intérêt. Vous trouverez les patrons de gabarit à la page 120. Si la chaise est en bois, peut-être voudrez-vous lui donner un petit air antique. (Voir *Pour l'amour du placard,* page 53.)

Avant

Beaucoup de caractère campagnard. La chaise peut être laissée telle quelle, sa rusticité et son histoire préservées, ou peinte dans un style complémentaire à son parfum vieux monde.

Matériaux

- peinture aérosol acrylique peu lustrée ou un litre de peinture latex fini satin, couleur vert foncé
- pinceau de 4 cm (1 ½ po) de largeur (si vous utilisez la peinture au latex)
- papier, stylo, ciseaux ; accès au photocopieur
- craie blanche ou crayon
- tubes de peinture acrylique : rouge cadmium profond, jaune oxyde, vert doré, bleu de Prusse
- pinceau à pointe ovale de taille moyenne
- pinceau d'artiste, à pointe fine
- *Facultatif :* apprêt en aérosol ou un litre d'apprêt à base d'eau (le fini inégal de cette chaise requiert une couche d'apprêt.)
- *Facultatif :* papier sablé moyen et fin (120 et 220)
- *Facultatif :* ½ litre de vernis à base d'eau, sans jaunissement ou une bonbonne de vernis aérosol

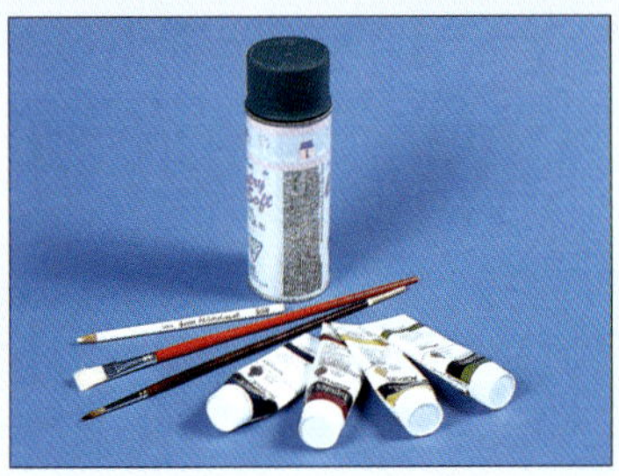

1 *Appliquer la couche de fond*

En vous basant sur les instructions de *Préparation* (page 36), préparez la chaise.

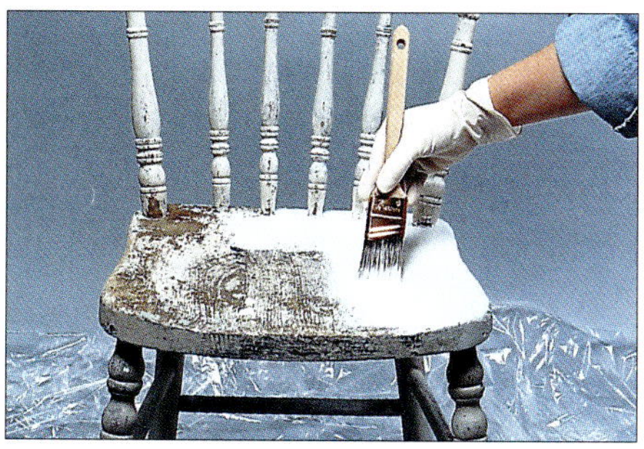

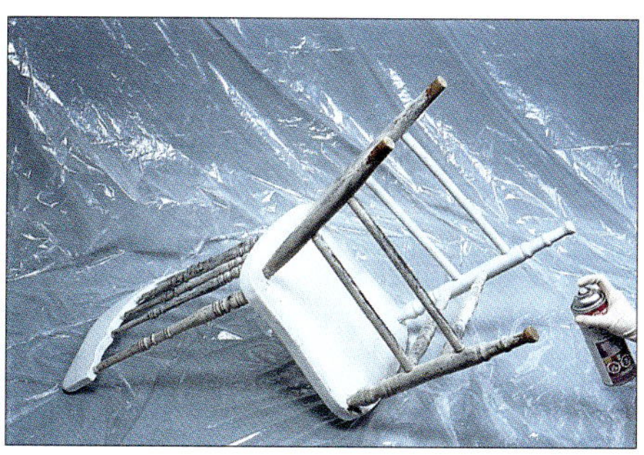

Si le fini de la chaise est inégal, appliquez une couche d'apprêt, soit en aérosol, soit en peinture. (Voir *Peinture au pinceau,* en page 40 ; ou *Peinture par pulvérisation,* en page 44.)

Si la chaise est en bois et que vous désirez lui donner un petit air antique, ne lui mettez pas d'apprêt. (Voir *Pour l'amour du placard,* page 53.)

Vaporisez ou appliquez deux couches de vert foncé.

2 *Utiliser des gabarits*

Tracez les patrons (page 120) sur le papier en utilisant un photocopieur pour les agrandir ou les réduire à la taille désirée. Coupez les centres des gabarits, mettez de côté la portion externe.

Étalez le gabarit de la *grande tulipe* sur le siège de la chaise et faites le tour du bord intérieur à la craie ou au crayon. Répétez trois fois, fabriquant un patron de quatre carrés de tulipes dans le centre du siège. Dessinez à main levée des branches symétriques, en commençant entre les formes de tulipes du haut et du bas et en terminant près des coins.

Dessinez de plus petites branches symétriques entre les formes des tulipes sur les côtés.

À partir du gabarit de la *tulipe de taille moyenne,* tracez des fleurs à chaque coin. À partir du gabarit de la *tulipe de taille moyenne,* tracez des petites fleurs sur les côtés.

Avec les mêmes gabarits, dessinez un motif des deux côtés du dossier de la chaise. Des tulipes au centre, avec des branches qui s'étendent sur les côtés représentent un motif particulièrement heureux.

3 *Peindre à la main*

Peignez le contour des tulipes sur le siège et les deux côtés du dossier en rouge cadmium profond, avec un pinceau à pointe ovale. Cette tâche demandera peut-être deux couches.

Avec le pinceau à pointe fine et la peinture jaune oxyde, peignez en jaune des centres sur les quatre carrés de tulipes et sur les tulipes des côtés. Ajoutez des lignes pour séparer les pétales et des points pour représenter les étamines. N'oubliez pas le dossier.

Avec le vert doré, peignez des lignes le long des lignes à la craie qui représenteront les branches. Vous n'avez pas à suivre les lignes très exactement. Elles vous servent uniquement de guides. Créez de petites feuilles de forme ovale en appuyant le côté du pinceau à pointe fine contre la surface.

Avec le bleu de Prusse, peignez des grappes de points (comme des bourgeons) qui feront figure d'éléments décoratifs là où vous le désirez. Vous pouvez également ajouter une bordure décorative de demi-cercles et points bleus. (Esquissez d'abord la bordure à l'aide de la craie.) Le bleu de Prusse peut également être utilisé pour accentuer les bords des branches et des feuilles.

Ajoutez les mêmes éléments au dossier.

4 *Peindre les moulures*

Avec une combinaison de couleurs, peignez les moulures de la chaise, en essayant de conserver les bords aussi égaux que possible. (Voir *Peinture au pinceau,* page 40.)

Si vous désirez donner un petit air antique à votre chaise, sablez-en certains endroits pour imiter l'usure. (Voir *Pour l'amour du placard,* page 53.) Vous pouvez exécuter cette technique seulement sur les chaises de bois qui n'ont pas été apprêtées avant la peinture.

5 *Vernissage*

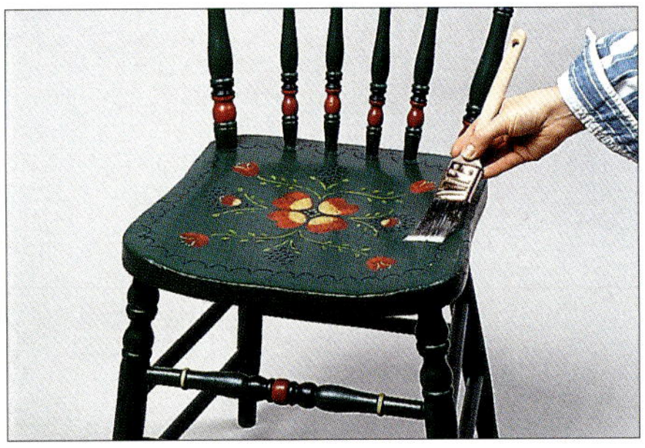

Facultatif: enrichissez la couleur et protégez en même temps votre travail. Vernissez le siège et le dossier avec deux couches de vernis à base d'eau, sans jaunissement. Ou encore, utilisez un vernis en aérosol pour vernir toute la chaise. (Voir *Vernir,* en page 48.)

GABARITS POUR SIÈGE ET DOSSIER

Grande tulipe

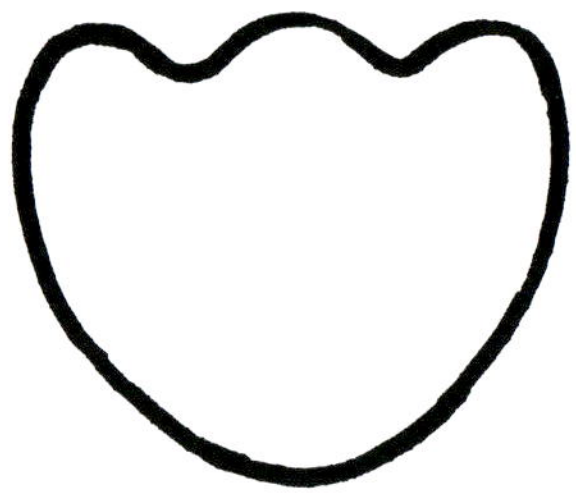

Tulipe moyenne

Petite tulipe

Si vous appréciez la facilité et la prévisibilité du travail au pochoir mais que vous désirez une tournure différente, essayez la technique du pochoir inversé utilisé sur cette coiffeuse. Pour l'exécuter, il s'agit de disposer des formes décalquées sur les zones peintes, d'appliquer la peinture par-dessus les décalques et de peler la décalque pour découvrir un motif aléatoire sensationnel.
(Voir Coiffeuse astrale, en page 203.)

Témoin du temps

UNE CHARMANTE BERCEUSE RÉVÈLE SON PASSÉ PEINT PASTEL

Il est facile de remettre à neuf une chaise comme cette vieille berceuse usée ou tout autre meuble recouvert de plusieurs couches de peinture, en faisant preuve d'un peu d'imagination. Les peintres impressionnistes créaient des couleurs éclatantes en laissant les couches de peinture transparaître grâce à une technique appelée *scumbling*. Vous pouvez obtenir une qualité similaire en enlevant des couches complètes ou partielles de peinture existante pour produire un effet superposé qui révèle l'histoire du meuble. Lors de la restauration du siège, la touche inattendue de méchage tissé, en général utilisé pour les lampes à l'huile, ajoute à la peinture enlevée, texture et contraste.

Premièrement lisez ceci

Un meuble aux détails sculptés, obstrués et obscurcis par des couches et des couches de vieille peinture, représente un défi pour quiconque désire le peindre de nouveau. Peindre par-dessus les gouttes et les coulisses d'une peinture de piètre qualité donne un travail final à la mesure de celle-ci. En décapant partiellement le meuble, vous éliminerez les trous et les bosses et vous découvrirez une partie de l'histoire du meuble sans pour autant avoir à subir le fastidieux travail que le décapage complet d'un meuble jusqu'au niveau bois implique. Le décapage de la peinture éveille-t-il en vous des visions de déchets toxiques ? Banissez cette image de votre esprit. De nos jours, on trouve facilement des décapants non toxiques dont l'odeur est faible.

Le caractère fait-main d'un siège canné est très intéressant. Mais si la canne est déchirée, le siège devient dangereux et doit être remplacé. Si vous ne voulez pas investir dans le « re-cannage » du siège, essayez de le réparer par de nouvelles sangles ou un méchage de coton tissé comme celui utilisé dans les lampes à l'huile. (Voir *Sièges tissés,* page 161.)

AVANT

Passée de main en main - la plupart tenant un pinceau - cette petite berceuse affiche l'ouvrage réalisé par son dernier propriétaire : émail blanc à base d'huile et coeurs en vernis à ongles.

MATÉRIAUX

- grattoir à peinture
- papier journal, toile d'artiste en plastique ou vieux drap
- gants de caoutchouc
- décapant à peinture peu toxique (essayez un décapant en gel)
- pinceau bon marché
- éponge à décapage en plastique
- papier sablé fin (grade 220)
- 1/2 litre de peinture acrylique ou au latex, d'une couleur qui convient à votre chaise
- chiffons
- 1/2 litre de vernis à base d'eau, non jaunissant
- *Facultatif :* ruban et feuilles de papier et de plastique (pour protéger le siège canné)
- *Facultatif :* petite scie à main ou cisailles de jardinier (pour enlever la canne du siège)
- *Facultatif :* pellicule plastique, par exemple du *Saran Wrap*

1 *Préparation du siège*

Si vous planifier canner le siège à nouveau, retirez la vieille canne avant toute chose. Une petite scie à main ou des cisailles de jardinier sont parfaits pour accomplir cette tâche étonnamment salissante. Coupez la canne aussi près que possible des barreaux et retirez tous les morceaux de canne enroulés autour des barreaux.

Si vous désirez conserver le siège canné, protégez-le du décapant en le recouvrant de papier, puis d'une couche de plastique solidement fixée.

Si la chaise possède un coussin, dévissez-le et retirez-le du siège.

2 *Évaluation*

Avec un grattoir à peinture ou un autre outil aiguisé, grattez une section de peinture pour découvrir le nombre de couches de peinture et les couleurs appliquées. Vous serez plus à même de décider si vous voulez décaper partiellement et exposer les couches ou décaper entièrement (puis teindre ou repeindre). (Pour plus d'information à propos du décapage complet, voir *L'Armoire était nue,* page 105.)

3 *Appliquer le décapant à peinture*

Étalez plusieurs couches de papier journal recouvert d'un grand plastique, d'une toile de peintre ou d'un vieux drap. Enfilez des gants de caoutchouc. À l'aide d'un pinceau bon marché et d'un décapant à peinture peu toxique, appliquez le décapant sur une zone de la chaise.

Attention, quelques décapants font fondre le plastique. Faites d'abord un test. Enveloppez la zone d'une pellicule de plastique pour empêcher le décapant de couler. Le plastique garde le décapant en contact avec la peinture, rendant le processus de décapage plus rapide et plus uniforme. Si le décapant passe à travers la pellicule, cessez son utilisation. Continuez jusqu'à ce que toute la chaise soit couverte.

4 *Décaper la peinture*

Quand des bulles apparaissent dans la couche supérieure (après une période variant entre quinze minutes et une heure, selon la marque de décapant), enlevez une section de la pellicule de plastique. Enlevez la peinture soulevée à l'aide du grattoir ou frottez avec l'éponge à décapage en plastique pour mettre à nu les couches sous-jacentes.

L'effet obtenu sera inégal, des couches variées et même des parties de bois nu transparaîtront à certains endroits.

5 *Désactiver le décapant*

Inspectez soigneusement la chaise afin de déterminer quelles sont les zones qui vous plaisent et lesquelles nécessitent un décapage supplémentaire. Lavez bien les zones qui vous plaisent avec un savon à vaisselle et de l'eau, et rincez à fond pour désactiver le décapant. Répétez l'opération et essuyez la surface avec un chiffon.

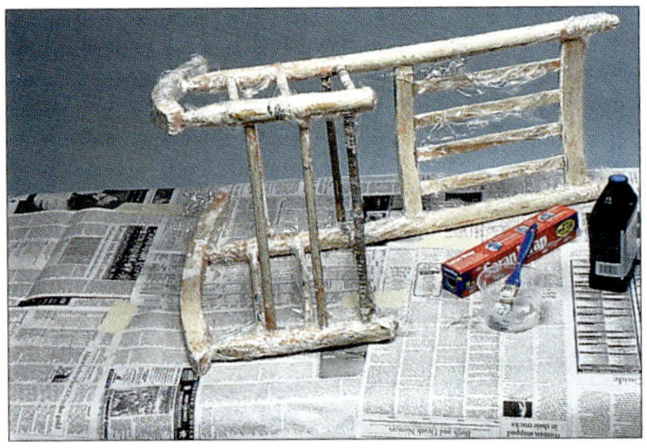

Appliquez une deuxième couche de décapant et de pellicule plastique aux zones qui demandent un décapage supplémentaire. Répétez l'étape 4. Lavez la zone décapée. Laissez la chaise sécher complètement. Une certaine quantité de peinture reste humide. Ne vous en inquiétez pas, elle durcira au fil du temps.

6 *Sablage*

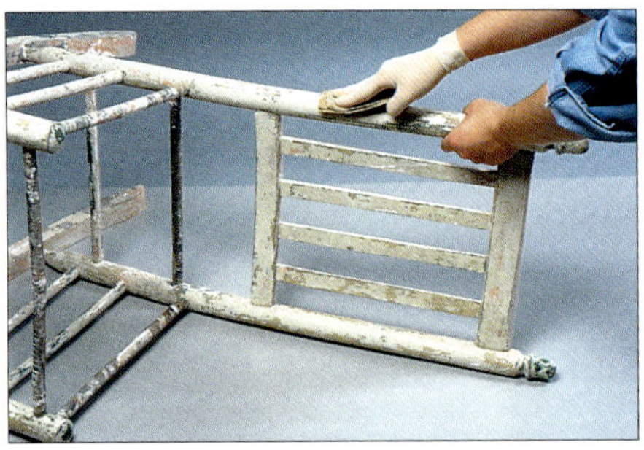

Sablez légèrement la chaise avec un papier sablé fin.

Inspectez-la à fond. Ne vous inquiétez pas de son apparence tachetée ou marbrée. L'étape suivante uniformisera la couleur.

7 *Laver la couleur*

Choisissez une couleur de peinture. Le bleu, le rose ou le violet sont d'excellents choix. Diluez la peinture avec de l'eau jusqu'à consistance claire. Trempez un petit chiffon humide dans la peinture et lavez la peinture appliquée sur une section de la chaise.

Laissez la peinture sécher pendant une minute ou deux. Puis, recommencez l'opération avec un second chiffon humide pour essuyer une partie de la peinture appliquée, jusqu'à obtenir l'opacité souhaitée. Essayez de ne pas masquer l'effet obscurci et superposé du décapage.

Répétez le lavage de couleur sur les autres sections.

Pour enrichir la couleur et protéger la peinture, appliquez une ou deux couches de vernis à base d'eau, sans jaunissement (Voir *Vernir,* en page 48.)

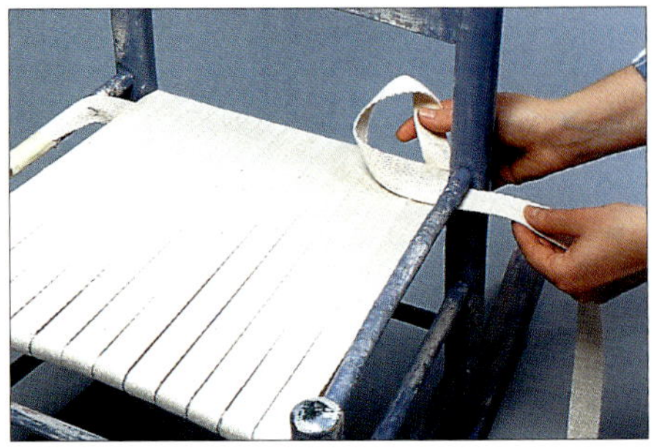

Si vous souhaitez réaliser un siège tissé, voir *Siège tissé*, en page 161.

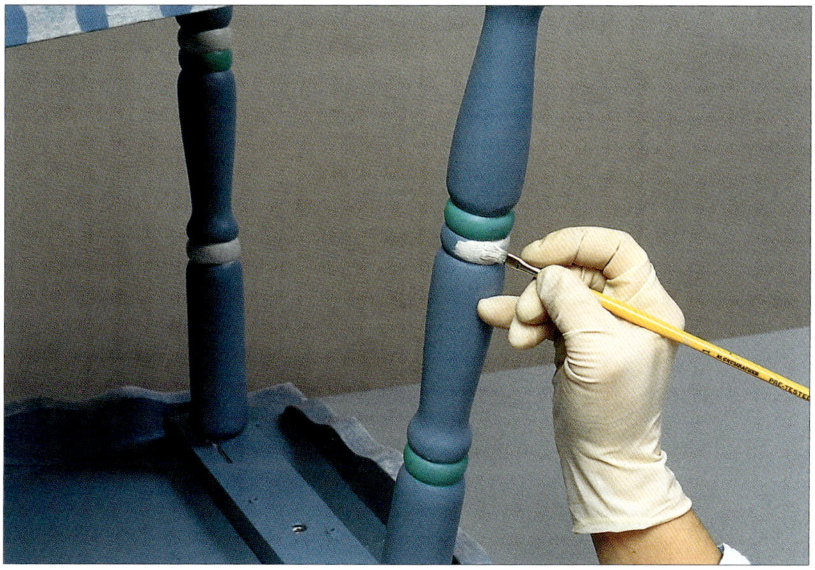

Si votre chaise possède des pattes et des moulures tournées, le fait de peindre les détails dans des couleurs solides coordonnées fournit un contraste décoratif aux doux lavages du décapage partiel. *(Voir Peinture au pinceau, en page 40.)*

Emballage

UN ENSEMBLE SANS GLOIRE DEVIENT ÉBLOUISSANT, EMBALLÉ DE SPLENDIDES TISSUS

Motifs, textures, couleurs. Ces chaises sont tout à la fois tactiles, intriguantes, étonnantes. Le chiffonnement et l'emballage de tissu font naître un pot-pourri de couleurs et de motifs, transformant les papillons et les fleurs en art abstrait d'une texture fantastique. Le motif complet du tissu s'affiche sur le coussin du dossier, parfaitement coordonné à l'emballage. Les pattes et les boutons sont traités de façon humoristique grâce à des couvertures bouffantes. Chaque siège est unique, un mélange heureux et réussi de disposition des couleurs et des motifs. Il ne peut pas en exister deux qui soient exactement semblables.

Premièrement lisez ceci

Petites tables ou chaises d'acier traité ; plus elles sont rouillées et abîmées, meilleures sont elles pour ce traitement. La rouille est recouverte d'une peinture anti-rouille en aérosol. Les parties endommagées sont recouvertes de tissu texturé. Même une chaise de bambou peut être emballée, bien que la tâche soit plus longue à cause des filigranes et fibres indigènes. Toutes les chaises à être enveloppées doivent être vaporisées de peinture de couleur légère avant l'emballage. Une couleur foncée transparaîtra à travers un tissu pâle, lui donnant une apparence sale. Si vous désirez appliquer ce traitement à une table ou à un bureau, consultez *Les plaisirs du tissu,*(page 253) et *Idylle de bureau* (page 183) pour obtenir plus de détails sur le recouvrement d'un dessus de table qui résistera à l'usure et au temps.

Choisissez des tissus légers, qui ne plissent pas facilement. Ils sont plus faciles à trouver dans une boutique de tissus que chez un rembourreur ou dans un magasin de décoration. L'utilisation d'un coton plus lourd demande une approche sur mesure, laquelle est également illustrée ici. Des motifs petits et répétitifs auront la même apparence sur la chaise que sur le coupon. Les imprimés moyens à larges font des motifs abstraits intéressants. Les rayures créeront des sections de couleur. Bien que la quantité suggérée de tissu puisse vous sembler excessive, il est difficile de juger du métrage exact nécessaire à l'emballage et au recouvrement des coussins.

AVANT

À gauche, *trois chaises en acier traité. Les dommages causés par la rouille pourraient être recouverts de peinture, mais ce ne serait pas original.* ***À droite,*** *une chaise de bambou peinte en brun foncé et bien usée (voir Finition de chaise, en page 133). Réparer le bambou est une tâche quasiment impossible.*

MATÉRIAUX

- tournevis
- ruban à mesurer
- laine d'acier savonneuse
- ruban d'emballage ou ruban masque
- bonbonne de peinture aérosol de couleur pâle coordonnée au tissu (choisissez une peinture anti-rouille pour le fer forgé.)
- 2,25 m (2½ verges) de tissu à motifs légers, de 135 cm (54 po) de largeur, pour une chaise simple en fer forgé (achetez une plus grande quantité de tissu pour les chaises plus complexes).
- ciseaux
- ruban masque
- colle de menuisier blanche ou colle pour artisanat.
- restes de ratine ou tissu similaire, 4 élastiques
- *Facultatif:* cisailles de jardinier (pour découper la canne du siège de bambou)
- *Facultatif:* petite quantité de peinture coordonnée à accents, pinceau (étape 2)
- *Facultatif:* crochet
- *Facultatif:* épingles de couturière, entoilage thermocollant, aiguille et fil, fer à repasser
- *Facultatif:* protecteur aérosol pour tissu

1 *Enlever les coussins*

Pour enlever les coussins, retournez la chaise à l'envers et dévissez les vis. Si la chaise a un dossier, retirez-le. Ne jetez aucune des parties. Même le contreplaqué à l'intérieur du coussin est utile pour le recouvrement. Retirez le vieux recouvrement, la mousse et nettoyez bien le contreplaqué. Mesurez et remplacez le contreplaqué du siège, si désiré. Conservez le contreplaqué façonné du dossier. Il est difficile à remplacer.

Si votre chaise est en bambou, le siège peut être tissé dans la chaise avec de la canne à un ou deux endroits. Retirez le siège en coupant la canne à l'aide de cisailles de jardinier.

2 *Peinture par pulvérisation*

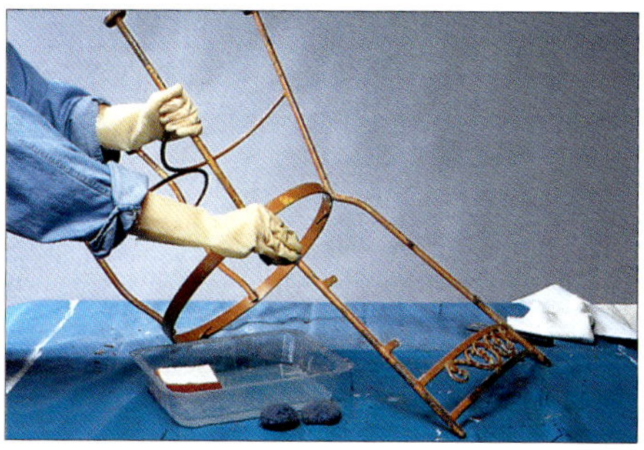

Lavez bien le fer forgé de la chaise au savon et à l'eau. Utilisez une laine d'acier savonneuse pour enlever le plus de rouille possible. Rincez à fond et laissez sécher complètement.

Sur une chaise de bambou, collez toute canne brisée. Enveloppez très solidement toutes les zones lâches avec du ruban d'emballage ou du ruban masque.

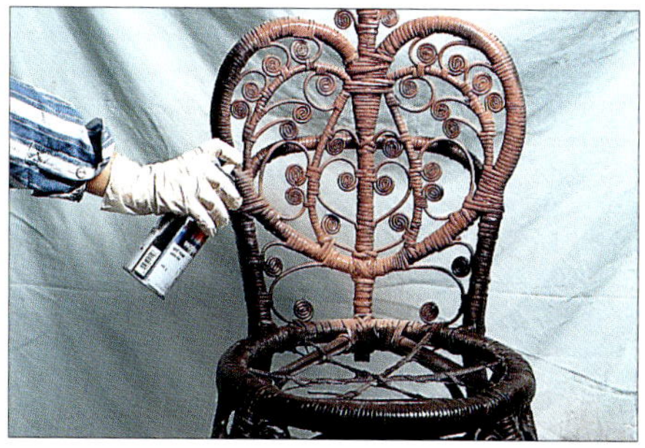

Peignez à l'aérosol la chaise d'une couleur pâle similaire à votre tissu, en suivant les directives sur la bonbonne. Appliquez deux couches si nécessaire.

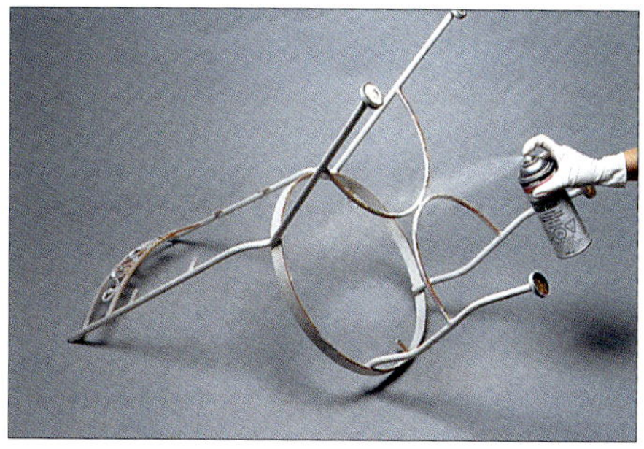

Lorsque vous appliquez la peinture aérosol sur une chaise en fer forgé, assurez-vous que la rouille est entièrement recouverte. (Voir *Peinture par pulvérisation*, en page 44.)

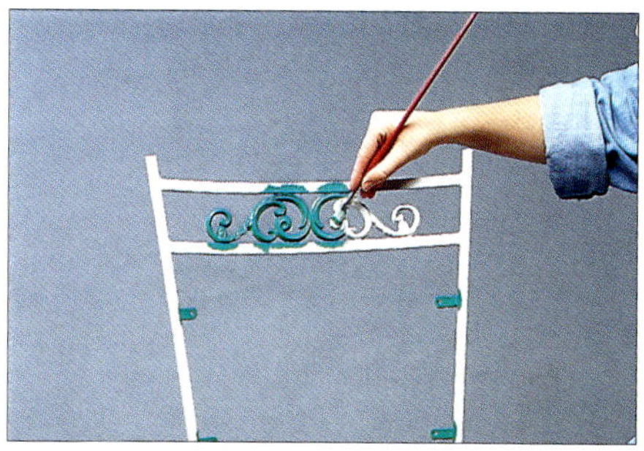

Facultatif: si la chaise possède d'attrayants détails que vous aimeriez conserver, alors, avant de l'envelopper, peignez ces zones d'une couleur complémentaire à votre tissu. Utilisez une peinture acrylique ou latex.

3 *Tailler le tissu*

En coupant le tissu dans sa largeur, taillez vingt bandes de tissu, d'une largeur de 5 cm (2 po). Mettez-en quinze de côté. Coupez cinq bandes en deux dans le sens de la longueur pour en obtenir dix plus étroites. Elles serviront aux délicats filigranes.

Lorsque vous utilisez un tissu lourd, faites un ourlet étroit sur un des bords, pliez et repassez sur l'envers.

4 *Envelopper*

Commencez par l'enveloppement des filigranes ou moulures les plus délicats. Les filigranes fins se terminent inévitablement par de plus grands qui, une fois enveloppés, cacheront tous les bouts de tissu.

Coupez et mettez de côté quelques morceaux de ruban masque. Étalez un peu de colle au point de départ d'un filigrane délicat (là où il en rejoint un plus gros). Placez l'extrémité de la bande de tissu dans la colle et entourez-là de ruban adhésif. Commencez à envelopper. Groupez le tissu léger et commencez à l'enrouler fermement en diagonale ; couvrez toute colle ou ruban adhésif visibles. Chevauchez chaque bande de tissu précédente.

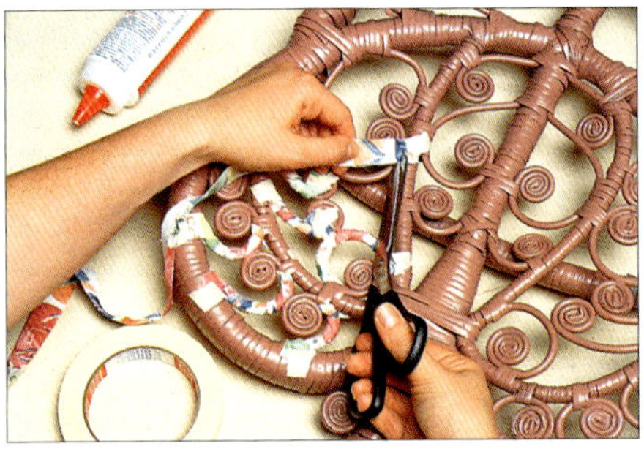

Si vous utilisez un tissu plus lourd, enveloppez de façon plate, égale et serrée pour obtenir une apparence sur mesure. Assurez-vous que le rebord pressé chevauche le bord effiloché précédent. Coupez dans le bord effiloché du tissu au besoin, pour bien contourner les obstacles. Si la chaise présente des filigranes qui se terminent par des points suspendus (très inhabituel), consultez l'étape 5 pour la finition des extrémités.

5 *Envelopper, la suite*

À l'extrémité de chaque cadre, collez et entourez le tissu de ruban adhésif, puis coupez-le. Laissez 2,5 cm(1 po) de surplus, à être retourné dessous et couvert ultérieurement.

À mesure que vous avancez, empêchez le tissu de glisser en trempant le fer forgé dans la colle, puis en l'enveloppant. Vous pouvez utiliser des épingles de couturière pour maintenir le tissu en place. Utilisez un crochet pour tirer le tissu à travers les endroits serrés.

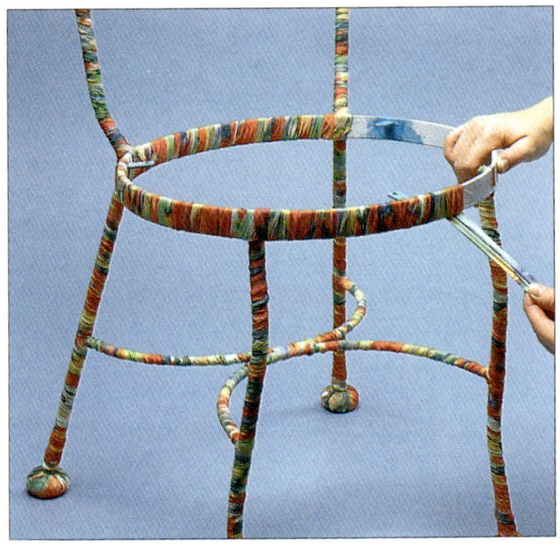

Enveloppez le groupe de filigranes suivant, selon leur abondance. Lorsque vous passez les points de jonction de filigranes déjà enveloppés, retournez par dessous tout surplus de tissu, en le collant et en l'enveloppant. Évitez tout espace aux points de jonction.

Continuez à envelopper tous les filigranes et les moulures.

6 *Recouvrement des pieds*

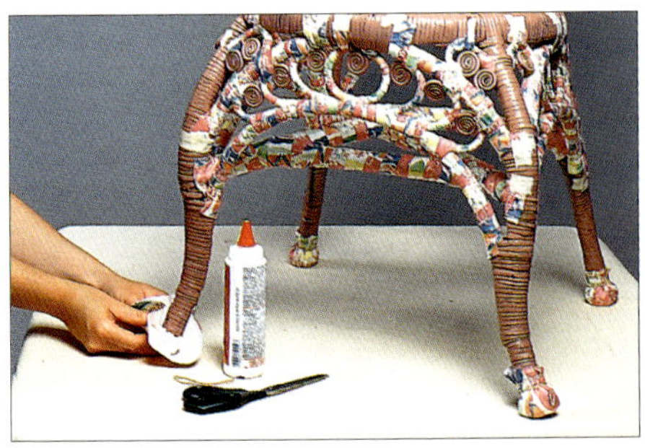

Avant de commencer à envelopper les pattes de la chaise, couvrez-en les pieds. Coupez quatre cercles de tissu, d'un diamètre de 15 cm (6 po) et quatre cercles de rembourrage (de la ratine convient tout à fait), d'un diamètre de 10 cm (4 po). Centrez les morceaux de rembourrage sur le côté envers des cercles de tissu.

Placez un cercle sous un pied de chaise, côté rembourrage sur le dessus. Appliquez de la colle près du rebord du rembourrage, soulevez les bords du cercle et entourez un élastique autour de la patte pour regrouper et fixer le cercle de tissu. Répétez l'opération avec les trois pieds restant et les cercles de tissu.

Cette technique peut aussi être utilisée pour couvrir les crosses ou les extrémités des bras de la chaise.

7 *Enveloppement final*

Enveloppez les sections les plus grandes, les pattes, la garniture du siège et l'arrière. En commençant près des pieds, collez l'extrémité de la bande et rentrez-la sous le bord effiloché. À mesure que vous avancez, couvrez toutes les extrémités pendantes.

8 *Couvrir les têtes de violon*

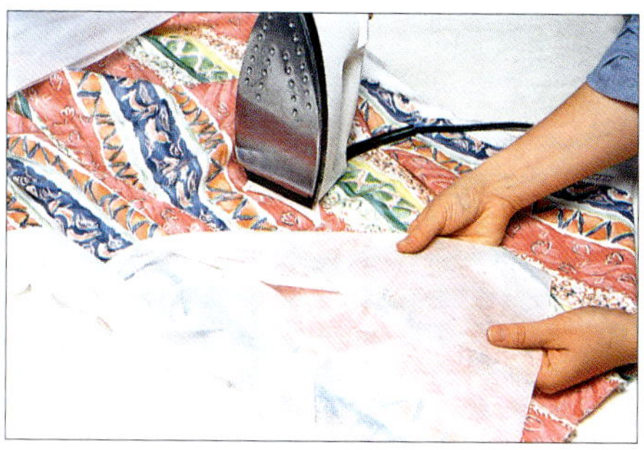

Pour couvrir les décorations florales sur le fer forgé ou les têtes de violon d'une chaise de bambou, repassez d'abord l'entoilage autocollant sur le côté envers d'un morceau de tissu pour l'empêcher de se froisser.

Coupez deux cercles de 6,25 cm (2½ po) dans le tissu, assez grand pour couvrir entièrement les têtes de violon dans le style d'une bourse à cordons. Maintenez le cercle sur la tête de violon. Puis coupez dans le côté du cercle, en ajustant la fente autour de la zone où la tête de violon rejoint la chaise.

Retirez le cercle de tissu. En commençant par l'extrémité de la fente, cousez à point glissant tout le long du rebord et ourlez légèrement. Placez le cercle sur la tête de violon et ourlez solidement afin que le cercle soit bien fermé.

Facultatif : vaporiser de protecteur à tissu.

9 *Coussins*

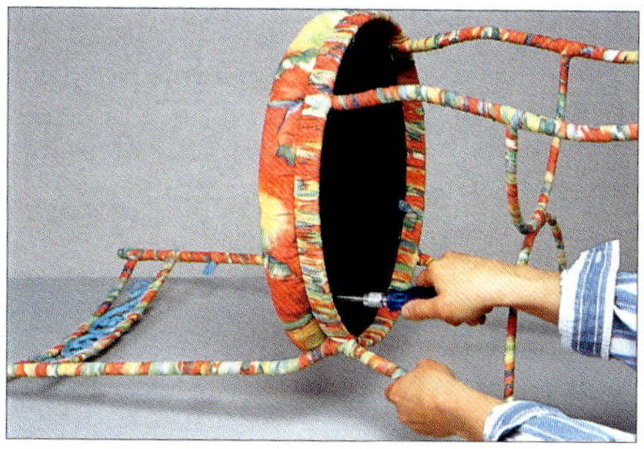

Recouvrez tous les coussins de siège ou de dossier et attachez-les à la chaise. (Pour plus d'information sur le recouvrement de coussin, consultez *Sièges*, page 153.)

Illustré ici, le résultat final : une chaise de bambou enveloppée et décorée de tous ses filigranes, enveloppée dans un coton épais taillé sur mesure.

Arrangements floraux

CHAISES JUMELLES EN BOIS COURBÉ SE PRÊTANT AU JEU ROMANTIQUE DE LA PEINTURE ET DU TISSU

Une touche de fleurs fraîches sur un arrière-plan de coton blanc forme un contraste parfait avec une laque blanc lustré. Le mélange des textures, des couleurs et des modèles métamorphosera de façon marquée tout meuble flétri, en particulier lorsque l'original est sombre et morne. Reproduire le motif du tissu sur le siège de la chaise transforme la facture du meuble, le faisant passer de prévisible à original, et y ajoute une touche artistique par la répétition des motifs et des couleurs du tissu. Un dossier de tissu froncé résolument moderne crée à la fois un revêtement et un point d'intérêt original, constituant une démarche de recouvrement unique.

Premièrement lisez ceci

Ces chaises sont inhabituelles parce que leurs dossiers étaient brisés, alors que les sièges, en parfaite condition, étaient protégés par de volumineux coussins. Si votre chaise possède un siège canné brisé mais un dossier en bon état, inversez le traitement en peignant le dossier et en ajoutant un coussin recouvert de tissu sur le siège. Si le dossier et le siège canné sont tous deux brisés, fabriquez un dossier de tissu et un coussin. (Consultez *Sièges,* page 153, pour plus de renseignements sur les coussins.)

Ce traitement s'effectue en trois phases. Premièrement, les chaises sont peintes à l'aérosol. Puis, une portion du motif du tissu est tracée et peinte sur les sièges. Pour en faciliter la copie, choisissez un tissu à motif simple et de grande taille qui semble avoir été exécuté au pinceau. Finalement, recouvrez les dossiers avec un tissu froncé. Des connaissances de base en couture vous seront nécessaires pour le recouvrement de tissu du dossier. Un dossier de tissu représente la solution idéale pour une chaise à dossier canné brisé ou ébréché.

AVANT

Les coussins de tweed compromettent l'élégance des lignes de cette paire de chaises en bois courbé. Une finition endommagée et des dossiers brisés exigent une restauration imaginative.

MATÉRIAUX

- bonbonne de peinture à vaporiser, au fini lustré et de couleur adéquate
- toile de protection
- tissu (pour déterminer le métrage requis, consultez l'étape 5.)
- tubes d'acryliques correspondant aux couleurs du tissu, pinceaux
- accès à une photocopieuse, ou du papier à tracer et crayon
- ciseaux à tissu et canevas
- morceau de canevas adapté au dossier de la chaise (pour déterminer la taille requise, consultez l'étape 4.)
- agrafeuse et agrafes de ½ cm (¼ po)
- machine à coudre et fil assorti au tissu ou aiguille et fil ; épingles de couturière
- colle de menuisier blanche, petits clous de laiton, petit marteau
- pistolet à colle chaude
- fer à repasser
- *Facultatif :* ciseaux ultra-résistants ou cisailles de jardinier, ciseaux à bois, bouche-fentes, papier sablé fin (220)
- *Facultatif :* ruban à mesurer, perceuse électrique, deux petits boutons
- *Facultatif :* ruban à froncer

1 *Enlever la canne*

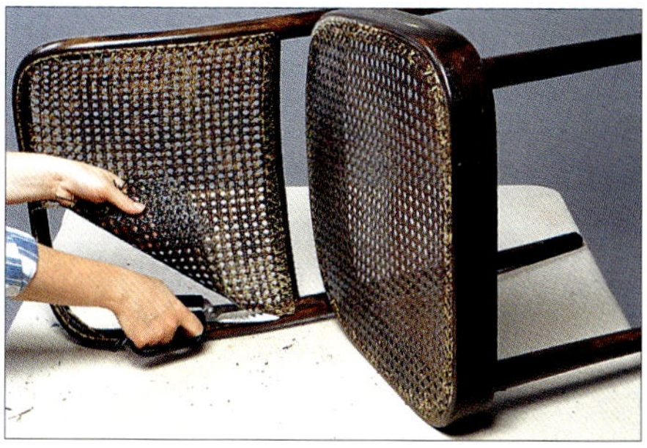

Enlevez la canne cassée. Coupez-là à l'aide de ciseaux ultra-résistants ou de cisailles de jardinier.

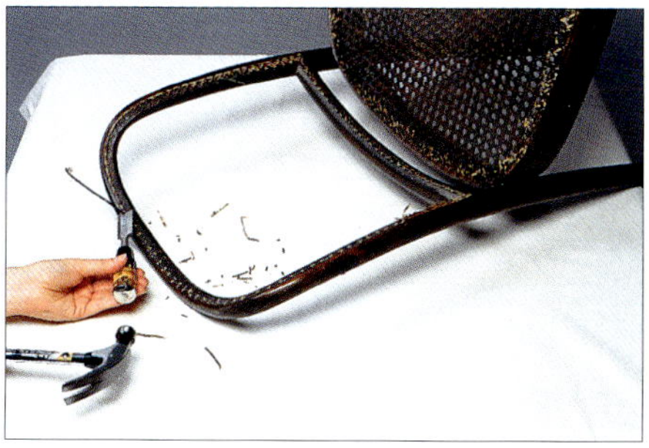

Puis enlevez le chaume en le coupant au ras du bois, à l'aide d'un ciseau à bois appuyé contre la base et frappez légèrement avec un petit marteau.

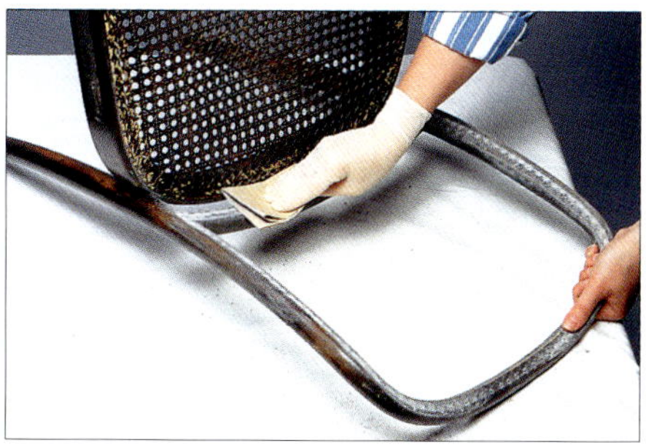

Bouchez tous les trous à l'aide du bouche-pores et laissez sécher. Sablez délicatement avec un papier sablé fin.

2 *Préparation et peinture*

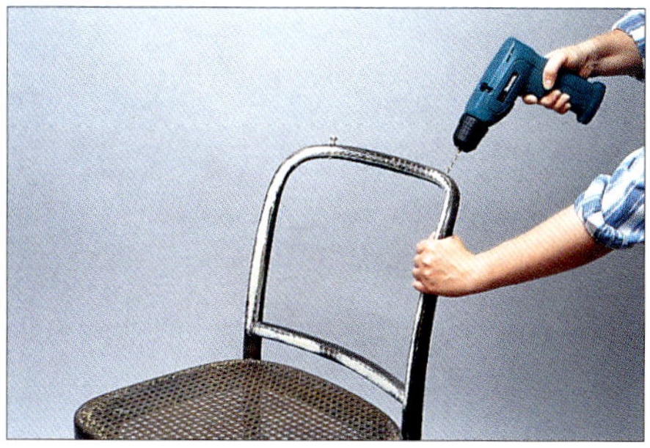

Facultatif: si votre chaise a des épaules arrondies, créez des limites physiques pour le tissu froncé du dossier. Mesurez une distance égale de chaque côté du centre et percez des trous pour les deux boutons. Assurez-vous que les boutons s'ajustent bien. Puis enlevez-les et mettez-les de côté.

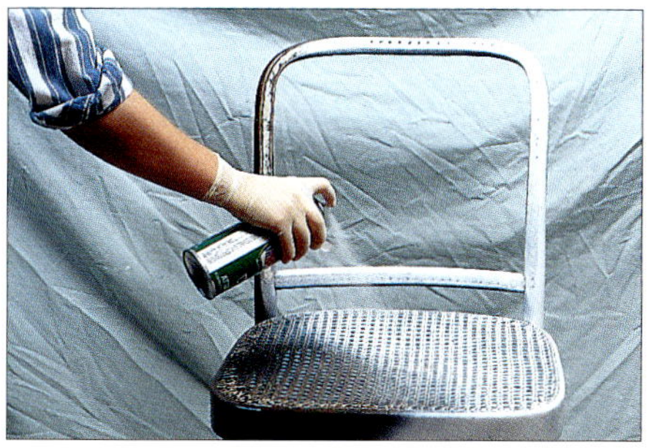

Placez la chaise sur une toile et vaporisez-la de peinture. (Voir *Peinture par pulvétisation,* en page 44.)

3 *Peindre le siège*

Si le siège canné est en bon état, peignez-le comme suit. Sélectionnez une section du motif du tissu qui convienne au siège. Photocopiez-la ou tracez-la sur papier. Découpez les éléments du motif. Déposez les éléments découpés sur le siège et tracez-en le contour avec un crayon. À l'aide de pinceaux et d'acryliques, servez-vous du modèle du tissu comme d'un guide de couleurs. Peignez les formes. Laissez sécher.

Si la canne est en mauvais état, fabriquez un coussin. (Voir *Sièges,* page 153.)

4 *Doublure de tissu*

Sans canevas de renforcement, le tissu de finition ne pourrait pas supporter le poids d'une personne assise. Mesurez la hauteur du dossier et ajoutez-y 15 cm (6 po). Coupez un morceau de canevas de cette longueur, sur une largeur de 5 cm (2 po) de moins que la largeur du tissu froncé que vous appliquerez (étape 5). Cousez ou collez le long des côtés pour empêcher le frottement. Laissez la colle sécher complètement. Centrez le canevas sur la partie avant du dossier. Enroulez l'extrémité du canevas autour de la traverse inférieure et agrafez-le à la traverse. Tirez fermement le canevas autour de la traverse supérieure. Agrafez-le solidement.

5 *Coudre le tissu à dossier*

Coupez le tissu du dossier comme suit. Mesurez la largeur de la bande de tissu. Coupez le tissu à une dimension d'une fois et demi à deux fois la largeur mesurée. Pour déterminer la longueur de tissu requise, mesurez la hauteur du dossier. Doublez cette mesure et ajoutez-y 15 cm (6 po) pour la finition. Coupez le tissu à cette longueur.

Pour ourler les deux côtés, repliez les rebords latéraux de 1,25 cm (1/2 po) sur le côté envers. Répétez. Appuyez puis cousez le plus près possible du pli interne. N'ourlez pas les extrémités.

Mesurez la longueur du tissu et marquez-en le centre. Froncez le tissu à la marque, soit en cousant un ruban à froncer du côté envers ou en cousant à grands points.

6 *Placer le tissu froncé*

Si vous utilisez les boutons, attachez-les en les passant par les trous percés. Placez le tissu avec la partie froncée entre les boutons et répartissez également les fronces.

Vérifiez si le tissu affiche un motif qui court dans une direction, par exemple une vigne grimpante sur un treillis. Le motif du tissu devrait courir de bas en haut du dossier. Centrez les fronces le long du dossier de bois courbé, collez et/ou clouez le tissu en place avec de petits clous de laiton. Recouvrez les têtes de clous à l'aide des fronces.

7 *Attacher le tissu froncé*

Retournez la chaise à l'envers afin de pouvoir travailler le tissu du côté arrière du dossier. Tirez fermement le tissu vers le centre du barreau, et marquez à l'aide d'épingles. Cousez en place avec un point glissant tout le long de la ligne d'épingles. Coupez le tissu excédant à 1,25 cm (1/2 po) de plus que la ligne d'épingles. Froncez la couture.

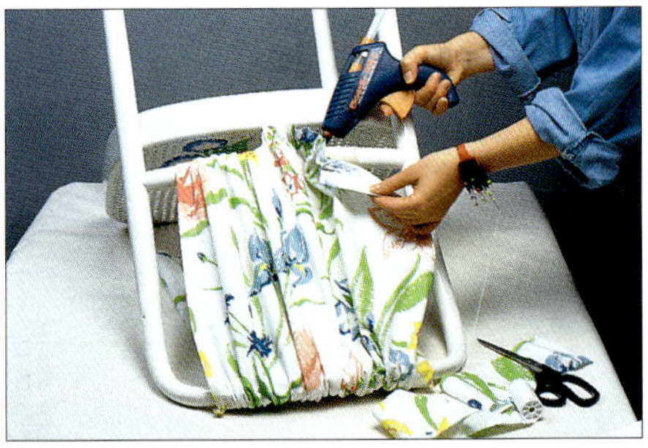

Centrez les fronces sur le barreau inférieur, et utilisez le fusil à colle chaude pour coller les fronces au barreau, en raidissant bien le tissu. *Attention de ne pas vous brûler les doigts, surtout si vous n'avez pas beaucoup d'expérience dans l'utilisation d'un fusil à colle.* La colle devient assez chaude pour entraîner des brûlures graves, elle adhère à la peau et continue à brûler.

Relevez la chaise. Mesurez et coupez le tissu avant comme vous l'avez fait pour l'arrière, en y ajoutant 2,5 cm (1 po) pour l'ourlet. Retournez le tissu et repassez la partie de 2,5 cm (1 po) de l'ourlet sur l'envers. Cousez et froncez le long de la marque de l'ourlet.

Tirez le tissu en le radissant bien et collez à la colle chaude le rebord froncé le long du centre de la traverse inférieure, en prenant soin de recouvrir le rebord intérieur.

Si l'exécution d'une réplique du motif du tissu vous semble un trop grand défi, vous pouvez utiliser un tissu uni et des pochoirs coordonnés pour les dessins. Illustré ici, les pochoirs « roses victoriennes ». (Voir Plateau tonnelle de roses, en page 247.)

Mélanges de maîtres

LES TEINTURES À TISSU PRODUISENT DES COULEURS VIBRANTES

Les couleurs vives font vagabonder l'esprit. Elles attirent l'attention. Elles font exploser une pièce et la rendent étincelante. Les couleurs vives sont également beaucoup plus versatiles que bien des gens ne le croient. Utilisées en petites quantités, elles ajoutent un accent, appliquées dans une pièce complète, elles sont une prise de position personnelle. Comment obtenir ces couleurs ardentes, vibrantes, incandescentes ? Les peintures ne font pas l'affaire car elles ne sont pas transparentes. Les teintures à bois sur le marché sont uniformément neutres et douces. Essayez les teintures à tissu. Disponibles dans presque toutes les teintes, elles sont extrêmement faciles à utiliser.

Premièrement lisez ceci

Utilisez les techniques de teinture à base de teintures à tissu pour tout meuble peint ou décapé et sablé. La teinture doit être appliquée au bois non traité. Seuls les meubles prêts à assembler peuvent être teints de plusieurs couleurs, pièce par pièce. Les meubles déjà assemblés doivent être teints d'une seule couleur, sinon les teintures se mélangeront. Les teintures à tissu sont disponibles dans des couleurs explosives, aussi bien que dans des teintes opaques et profondes. Les teintures sont mélangées à une petite quantité d'eau chaude et frottées dans le grain ouvert du bois. Les pièces teintes sont vernies pour en sceller la couleur - et pour l'empêcher de se transposer sur les jeans haute-couture de vos invités. Si vous assortissez une couleur à vos rideaux ou à un meuble, souvenez-vous que la couleur vernie est souvent différente de la couleur de la teinture. Le vernis peut altérer de façon drastique l'intensité de la teinture, améliorer et illuminer les couleurs. Faites un essai de teinture-vernis sur un morceau de bois dont vous n'avez plus besoin. Les meubles non-assemblés doivent être assemblés après le vernissage.

AVANT

Cette chaise sort de sa boîte d'emballage. Les meubles non-assemblés et non-peints sont idéals pour une teinture ou une peinture en plusieurs couleurs.

MATÉRIAUX

- crayon et papier
- papier sablé fin (grade 220), chiffon de dépoussiérage
- gants de peintre légers et à l'épreuve de l'eau
- teinture à tissu (toute marque qui commande de mélanger les teintures avec de l'eau)
- pots de mélange jetables (margarine ou autres contenants de plastiques solides)
- bouilloire
- bâtonnets à mélanger ou bois de rebut
- toile de papier ou de plastique
- chiffons exempts de charpie
- pinceau étroit
- boîtes ou contenants pour élever les sections de chaises
- un litre de vernis à base d'eau non jaunissant
- pinceau
- *Facultatif:* acryliques pour artistes, transparentes ou translucides
- *Facultatif:* couteau universel (*X-acto*™) ou couteau tout usage

1 *Démarrer*

Si vous désirez teindre en plus d'une couleur, esquissez un dessin de la chaise ou utilisez l'illustration de la brochure d'assemblage pour marquer les couleurs de chacune des parties et vous en servir comme guides.

Sablez légèrement le bois brut avec un papier sablé fin pour ouvrir le grain du bois. Essuyez toute trace de poussière à l'aide d'un chiffon de dépoussiérage.

2 *Mélanger la teinture*

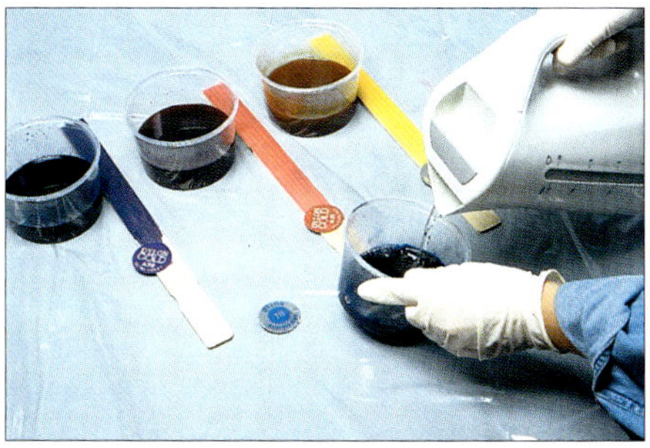

Portez des gants de peintre pour appliquer vos teintures. Ces teintures ne sont pas idéales pour la peau. Ne vous fiez pas aux instructions fournies avec la teinture. Versez plutôt la teinture sèche dans un pot de mélange jetable et ajoutez-y 1 tasse (250 ml) d'eau bouillante. Bien mélanger.

Si vous mélangez plusieurs couleurs de teinture, essuyez tout déversement de teinture sèche. La plus petite particule de teinture contaminerait les autres couleurs, en particulier les couleurs pâles comme le jaune ou le rose. Ces particules pourraient aussi couler si elles atterrissaient sur une surface humide, par exemple sur la surface en cours d'exécution.

Vérifiez chaque couleur sur un bâtonnet à mélanger ou sur un reste de bois. Si vous désirez consolider ou illuminer la couleur, ajoutez-y de la peinture acrylique. Achetez des tubes où il est inscrit « transparent » ou « translucide ». Ces peintures sont concentrées et peuvent sembler foncées quand elles sont dans le tube. Mélangez une petite quantité à la teinture et testez de nouveau. Ajoutez de la peinture au besoin.

3 *Appliquer la teinture*

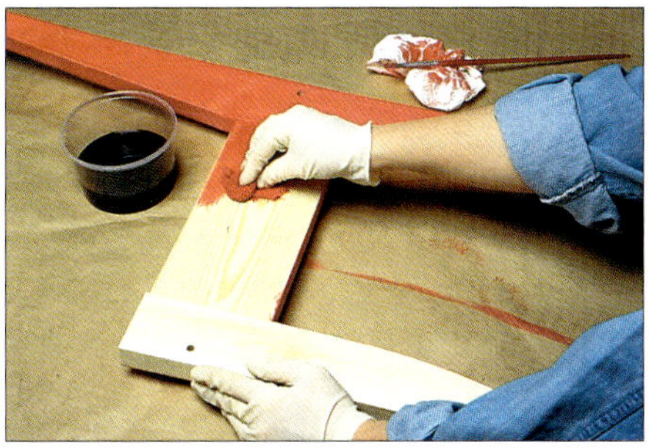

Pour commencer à teindre, placez la pièce de bois sablée que vous souhaitez teindre sur une toile de peintre. (N'utilisez jamais de papier journal. L'encre se transposerait.) En portant des gants à l'épreuve de l'eau, trempez un chiffon dans la teinture et étalez-la sur le bois. Elle sera absorbée. Continuez à étendre la teinture sans arrêt, recouvrant la pièce d'une couche égale. Utilisez le pinceau pour étendre la teinture aux endroits enfoncés ou difficiles à atteindre.

Elle devrait pénétrer dans le bois et en accentuer le grain. Presque immédiatement, la sensation au toucher sera sèche. Retournez la pièce et teignez l'autre côté.

4 *Éviter la transposition des couleurs*

Placez la pièce entièrement teinte sur la toile de peintre, en l'éloignant de votre zone de travail, ainsi elle ne sera jamais en contact avec d'autres pièces. La teinture se transposerait sur tout ce qu'elle touche et cela jusqu'à ce que la pièce soit vernie.

5 *Teindre, la suite*

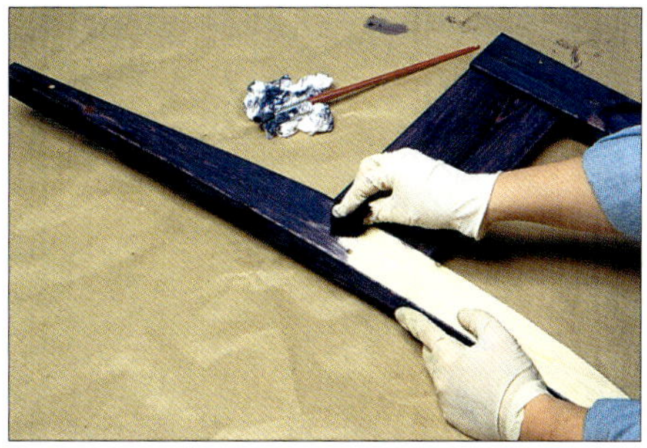

Lavez vos gants à l'eau et au savon pour enlever le plus de teinture possible et l'empêcher de se transposer sur la pièce suivante. Disposez une nouvelle toile de peintre. Répétez les étapes 3 et 4 pour la pièce suivante et avec une seconde couleur.

Continuez jusqu'à ce que toutes les sections soient teintes. Laissez sécher complètement.

6 *Vernissage*

En les groupant par couleurs, surélevez les sections de la chaise sur des boîtes ou des contenants. Versez une petite quantité de vernis dans un contenant plutôt que de l'utiliser directement de la bonbonne. Une certaine quantité de teinture se transmettra inévitablement au pinceau et au contenant. Appliquez une couche de vernis à toutes les sections qui sont teintes de la même couleur. Laissez sécher complètement.

À l'aide d'un papier sablé fin, sablez très légèrement le vernis. Ne vous préoccupez pas de l'effet trouble du sablage sur le vernis. Essuyez avec un chiffon de dépoussiérage. Répétez les opérations de vernissage et de sablage encore une fois, puis appliquez une couche finale de vernis pour qu'il y ait trois couches sur toutes les pièces.

Lavez le pinceau à fond et versez-vous un nouveau contenant de vernis chaque fois que vous changez de groupe de couleurs. Continuez ainsi jusqu'à ce que toutes les pièces soient vernies. Laissez sécher complètement.

Lorsqu'elles sont entièrement sèches, tournez les pièces à l'envers et appliquez trois couches de vernis de l'autre côté, tout en essuyant soigneusement après chaque couche.

7 *Assemblage*

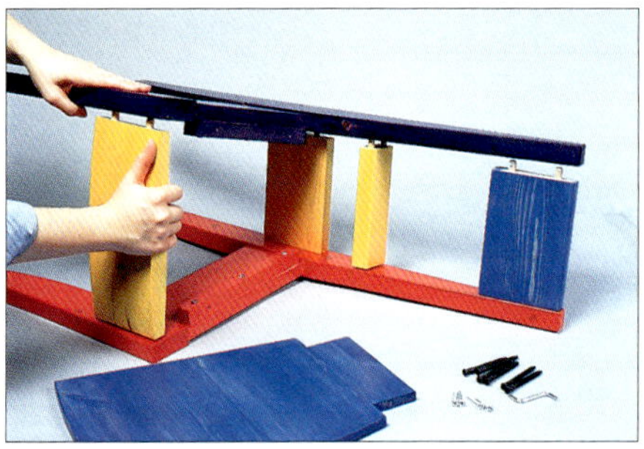

Assemblez le meuble selon les directives. Si les trous pour les vis sont obstrués de vernis, grattez-les doucement avec la pointe d'un couteau universel (*X-acto*™) ou d'un couteau tout usage.

Alors que les roses à l'estampe illustrées ci-dessus s'étalent sur un arrière-plan peint, des traitements comme le pochoir et l'impression à la main ajoutent intensité et texture lorsqu'ils sont appliqués à un bois teint. Des motifs floraux sur une teinture pastel produisent un effet romantique. (Voir Enchantement diaphane, en page 259, pour plus de renseignements sur l'impression à la main.)

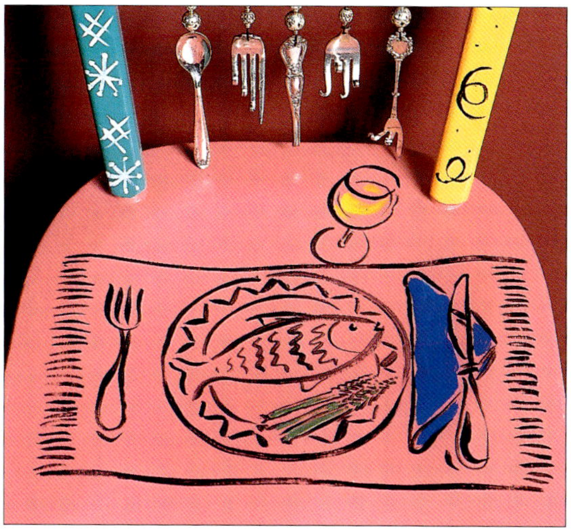

L'art contre-attaque

PARURES ET PEINTURE FANTAISISTE MIJOTENT UN CHEF-D'ŒUVRE

Combinant les styles dans une facture fonctionnelle et débridée, cette chaise étonnante, lourdement ornée, est à la fois un sac de bohémienne rempli de perles et de babioles, une collection de carillons éoliens campagnards, une oeuvre d'art abstraite et l'expression d'une cuisine créative. De joyeuses images, peintes à la main de couleurs primaires, mélangées avec des perles et des ustensiles d'argent sauront métamorphoser cette solide chaise de cellier.

Premièrement lisez ceci

Embellir cette chaise est une tâche longue mais peu ardue ; vous avez uniquement besoin de peinture, de perles, d'argenterie inutilisée et autres ornements - et de votre sens de l'humour. La chasse à l'argenterie fait partie de l'aventure. L'acier inoxydable ne peut tout simplement pas remplir cette fonction. Vous trouverez des couverts d'argent dépareillés ou endommagés dans les marchés aux puces, à l'Armée du Salut ou dans tout autre type de magasin similaire. Ces boutiques ont en général des boîtes pleines d'ustensiles abîmés ou dépareillés qui seront à vous en échange de quelques pièces. Les boutiques d'antiquités ou *de cadeaux* demandent un prix beaucoup trop élevé pour une argenterie que vous utiliserez de façon non-traditionnelle. Vous devrez employer une scie sauteuse et une perceuse à métal pour couper et percer les ustensiles. Si les outils électriques vous intimident, substituez aux couverts des médaillons ou des pièces trouées provenant de bijoux ou de mouvements d'horloge. Utilisez des perles percées d'un trou central assez grand pour y laisser passer une aiguille à coudre. (Les aiguilles à perler sont plus étroites mais ne peuvent supporter un fil épais.) Considérez ce projet comme une création en sept étapes, selon l'humeur du moment.

AVANT

Trapue, solide et de couleur vert pois, cette chaise convient parfaitement à un large éventail de traitements, incluant les plus farfelus.

MATÉRIAUX

- un litre d'apprêt à base d'eau, à coefficient d'adhésion élevé ou une bonbonne d'apprêt en vaporisateur.
- latex ou tubes d'acryliques de couleurs variées : noir, tangerine, turquoise, rose gomme, bleu royal
- pinceau, 2,5 cm (1 po) de largeur
- pinceau d'artiste à pointe fine
- couverts d'argent divers ou objets similaires, au poli de métal adéquat
- scie sauteuse et lame à couper le métal
- perceuse électrique et forets à métal de petit diamètre
- pinces à aiguille
- vernis ou laque clairs à vaporiser
- petites vis à oeil
- perles variées (le trou central doit être assez grand pour une aiguille à coudre), morceau de velours
- ciseaux, aiguille à coudre, fil à boutonnière
- *Facultatif* : petits clous de laiton, marteau et clous
- *Facultatif* : agrafes, chiffons

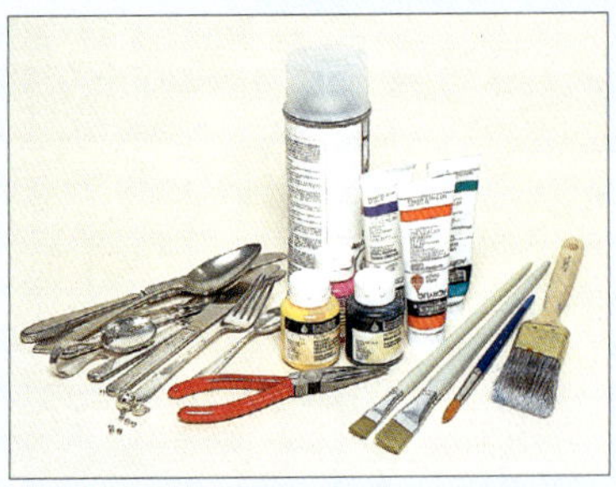

1 *Peinture*

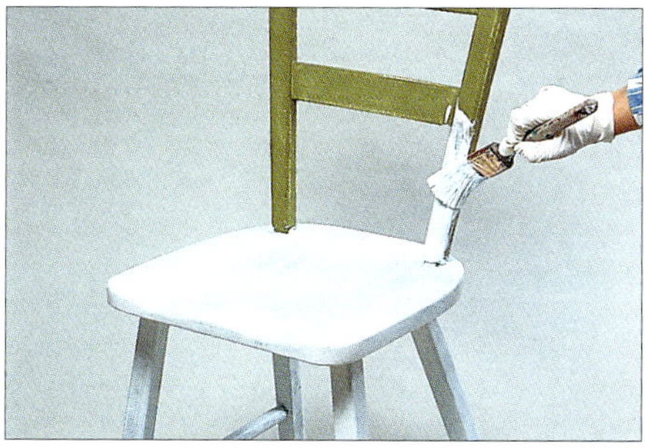

Voir *Techniques de base de la peinture* (page 34). Préparez la chaise et appliquez-y l'apprêt. Laissez sécher complètement.

Commencez par la partie inférieure de la chaise. À l'aide du pinceau de 2,5 cm (1 po) appliquez une ou deux couches de peinture latex ou acrylique de couleurs variées sur les diverses sections de la chaise. Nettoyez le pinceau entre les couches si vous changez de couleur.

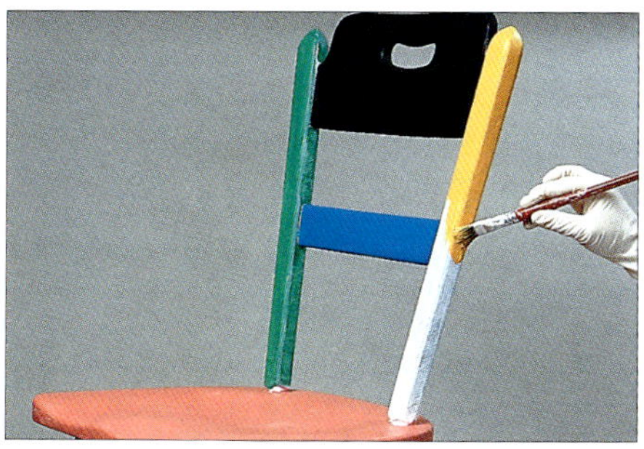

Lorsque la peinture est sèche, retournez la chaise et peignez le haut et l'arrière. Laissez sécher complètement.

2 *Peinture à main levée*

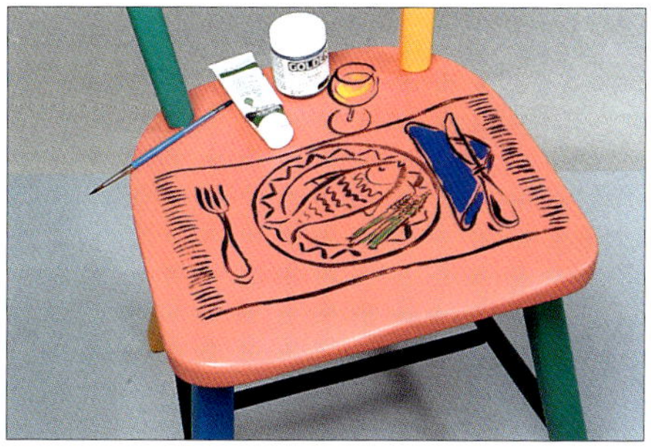

À l'aide du pinceau à pointe fine, peignez des motifs sur les surfaces de la chaise, en particulier le siège et le dossier. Ajoutez des étoiles, des frisures, des rayures, etc. aux autres parties si désiré.

Pour de meilleurs résultats, éclaircissez la peinture afin qu'elle s'écoule facilement de la pointe du pinceau : Dessinez rapidement les motifs à main levée pour éviter de faire des lignes en paquets. Ne vous souciez pas du réalisme. Mettez de côté la chaise peinte et laissez sécher complètement.

3 *Découper les couverts*

Polissez les couverts.

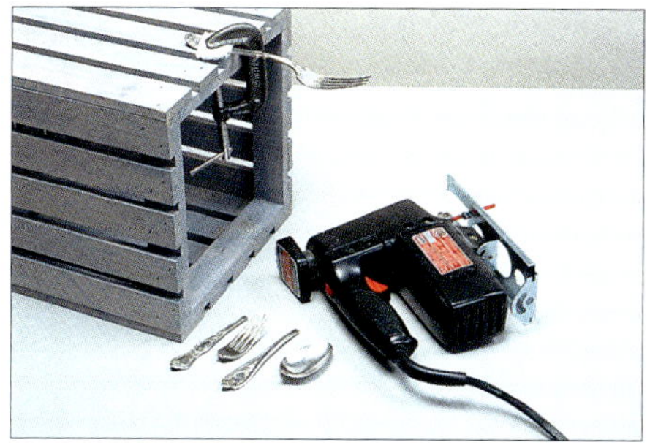

À l'aide d'une scie sauteuse munie d'une lame à métal, coupez les extrémités de plusieurs des ustensiles. *Portez des lunettes de protection pour effectuer ce travail et faites attention à vos doigts.* Si les ustensiles ont besoin d'être fixés pendant la coupe, coussinez les sections pincées avec des chiffons pour empêcher les agrafes de former des entailles dans l'argent.

Percez des trous dans l'argenterie pour pouvoir la suspendre. Placez une pièce sur une plaque de bois et percez un trou dans le centre de chacune des extrémités. Utilisez une perceuse électrique munie d'un foret à métal de petit diamètre. *Portez des lunettes de sécurité.*

4 *Recourber les couverts*

Donnez de l'expression aux dents de la fourchette en les pliant selon différents angles en courbes serrées ou lâches. Saisissez la pointe de la dent de la fourchette avec une paire de pinces à aiguille et tournez-là jusqu'à obtenir la courbe désirée. Si vous le désirez, coussinez les pinces pour prévenir les marques sur l'argent. Les manches peuvent également être recourbés. La facilité avec laquelle vous pourrez courber une pièce varie énormément d'un ustensile à l'autre. Certains ustensiles peuvent être trop rigides pour être pliés.

5 *Scellage*

Une fois le polissage, la coupe, le perçage et le pliage terminés, vaporisez les couverts de tous les côtés avec un vernis ou une laque transparents. Vous éviterez ainsi qu'ils ne ternissent. Laissez sécher complètement.

6 *Suspendre l'argenterie et les perles*

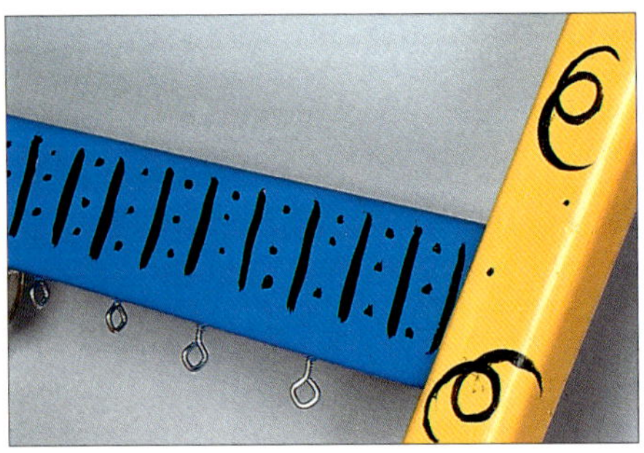

Choisissez l'endroit idéal où vous suspendrez les couverts et les perles. Vissez de petites vis à oeil dans la chaise aux endroits choisis. Faire un petit trou avec un marteau et un clou vous aidera à bien commencer l'entrée de la vis à oeil. Un clou à travers la vis peut aider à la faire tourner.

Étaler les perles sur du velours empêchera qu'elles ne s'éparpillent partout. Enfilez une aiguille à coudre de taille petite à moyenne avec un fil doublé. Enfilez une ou plusieurs perles.

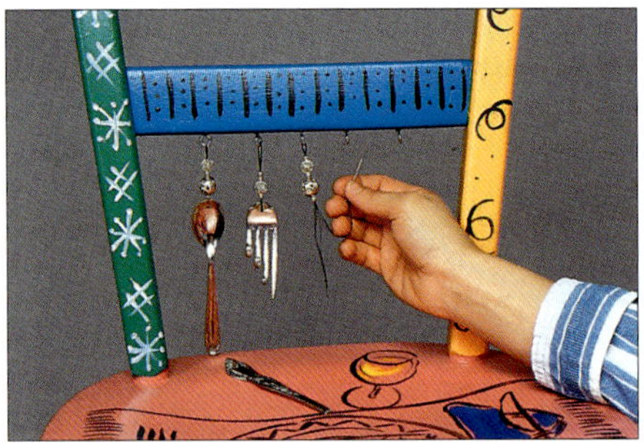

Passez l'aiguille à travers une vis à oeil, puis revenez vers les perles.

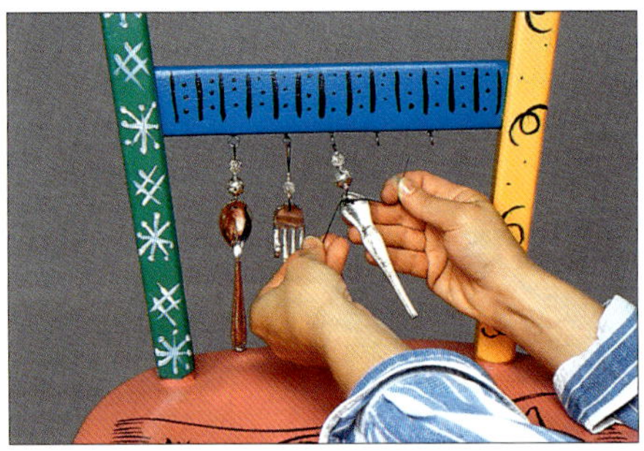

Passez l'aiguille à travers un trou percé dans l'une des pièces d'argenterie. Faites un noeud plat dans le fil. Coupez le fil au plus près du noeud. Vous pouvez couvrir le noeud en glissant une perle par-dessus.

Répétez le processus pour les autres pièces d'argenterie, créant les combinaisons de perles et d'argenterie que vous souhaitez.

7 *Touches de finition*

Les pièces d'argenterie peuvent être clouées sur les zones plates de la chaise à l'aide d'un marteau et à travers les trous percés. Assurez-vous toutefois que leur position n'entraînera aucun inconfort pour la personne qui s'asseoit.

Si la peinture à main levée n'est pas votre point fort, vous pouvez faire des transferts de photocopies ou recouvrir le meuble de proverbes calligraphiés. *(Voir Histoire de chevet, en page 87.)*

Asseyez-vous

Soyez confortablement assis grâce à des coussins et des sièges créatifs

Le siège d'une chaise est bien plus qu'un endroit où s'asseoir. Les sièges et les coussins d'une chaise sont l'occasion parfaite d'ajouter, grâce à un tissu donné, texture, couleurs et motifs - sans oublier qu'ils améliorent décidément votre confort. Cherchez un rembourreur chez qui vous pourrez vous procurer une mousse à densité élevée, un feutre de coton et des housses de qualité rembourrage. La housse est un tissu qui ne s'effilochera pas ; on la place sous le siège pour recouvrir les rebords bruts et le contreplaqué dénudé. Si vous le pouvez, apportez la base de contreplaqué de vos vieux coussins, elle vous servira de patron pour faire découper des morceaux de mousse de rembourrage parfaitement adaptés.

Vous trouverez ci-dessous les instructions pour réaliser un coussin de siège de base, un coussin passepoilé et un siège à sangles ainsi que deux façons de traiter les coussins du dossier - sur mesure et froncé. Seul le coussin passepoilé requiert l'utilistion d' une machine à coudre.

Ci-dessus, *la chaise de gauche propose un coussin de siège de base et un coussin de dossier froncé. Celle de droite présente un coussin de siège passepoilé.* ***À gauche,*** *les deux chaises offrent des coussins de siège de base et des coussins de dossier sur mesure.*

Coussin de siège de base

Premièrement lisez ceci

Ce coussin de siège ressemble à un gros biscuit tendre. Utilisez cette méthode en particulier pour les sièges de chaises ronds. Les sièges carrés auront tendance à être mieux habillés d'un coussin passepoilé ou à bords droits. Choisissez l'épaisseur de la mousse de rembourrage, elle devrait mesurer entre 2,5 et 5 cm (1 à 2 po), selon le type de chaise. Si la mousse de rembourrage la plus épaisse masque les détails ou si elle paraît déguingandée, optez pour une mousse plus mince. L'apparence en sera améliorée, mais par contre, la chaise sera plus dure et un peu moins confortable. Procurez-vous du contreplaqué sans défaut sur un côté. Cela signifie que l'un des côtés présente un fini lisse, tandis que l'autre est rugueux et noduleux. Placez le côté lisse du contreplaqué sur le siège. (Le contreplaqué à deux côtés lisses, beaucoup plus cher, n'est pas indispensable.)

MATÉRIAUX

- contreplaqué de 1,25 cm (1/2 po) d'épaisseur, lisse d'un côté, coupé pour s'adapter au siège de la chaise
- mousse de rembourrage à densité élevée, de 2,5 à 5 cm (1 à 2 po) d'épaisseur, coupée pour s'adapter au contreplaqué
- tissu d'une taille de 20 cm (8 po) de plus que le contreplaqué, en longueur et en largeur
- fer à repasser
- règle et marqueur permanent
- ciseaux
- feutre de coton d'une taille de 15 cm (6 po) de plus que le contreplaqué, en longueur et en largeur
- agrafeuse et agrafes de 1 cm (3/8 po)
- housse de rembourrage anti-effilochures (assez pour recouvrir le contreplaqué)
- vis (pour réattacher le coussin à la chaise), tournevis
- *Facultatif:* scie sauteuse
- *Facultatif:* colle en aérosol, papier non utilisable ou toile de peintre
- *Facultatif:* doublure (étape 5)

1 *Commencer*

Retirez le tissu et la mousse du contreplaqué sous-jacent. Nettoyez le contreplaqué aussi complètement que possible, en enlevant moisissure et agrafes qui pourraient s'y trouver.

Si le vieux contreplaqué ne peut être récupéré, faites-en couper un nouveau morceau ou coupez-le vous-même à l'aide d'une scie sauteuse. Le nouveau contreplaqué doit mesurer 1,25 cm (1/2 po) d'épaisseur et présenter un côté sans défaut.

Faites couper un morceau de mousse de rembourrage à densité élevée correspondant à la taille et à la forme du contreplaqué.

2 *Tailler le tissu*

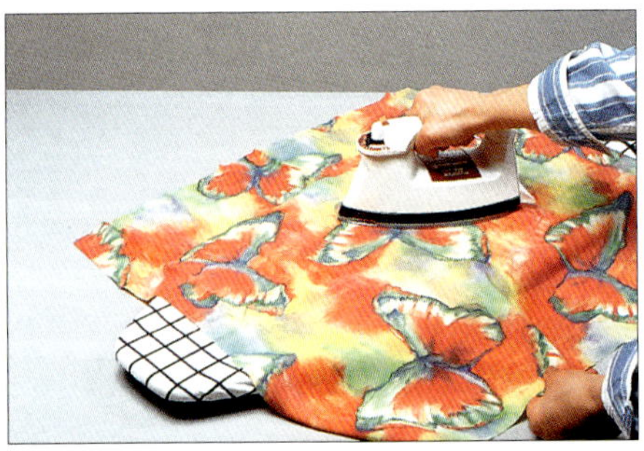

Repassez le tissu.

Couchez la mousse de rembourrage ou le contreplaqué sur l'envers du tissu. Mesurez le tissu et faites-y une marque à 10 cm (4 po) du rebord du morceau de mousse. Répétez cette opération à des intervalles réguliers tout autour du périmètre du morceau de mousse. Joignez les marques en une ligne continue.

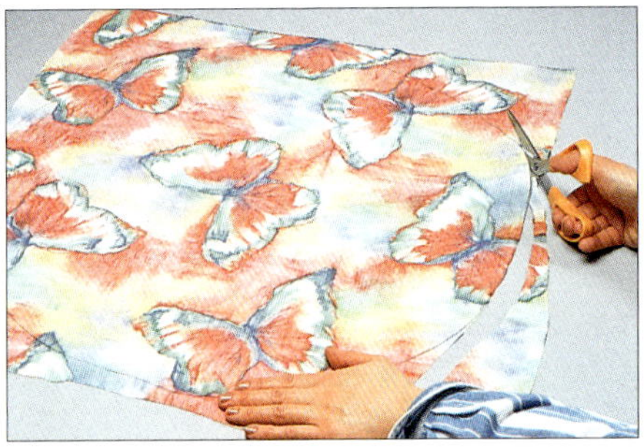

Coupez le long de cette ligne.

3 *Contre-coller la mousse au contreplaqué*

Optionnel : coller la mousse au contreplaqué réduira le glissement. Étalez le papier rebut ou la toile de peintre et placez-y la mousse de rembourrage. Suivez bien les consignes indiquées sur l'étiquette de votre bonbonne de colle aérosol pour obtenir une adhérence permanente. Vaporisez la mousse de colle.

Placez le côté rugueux du contreplaqué sur la mousse encollée et centrez-le bien.

4 *Feutre de coton*

Couchez le contreplaqué/mousse sur le feutre de coton. Soulevez le feutre de coton jusqu'au côté supérieur du morceau de mousse, puis faites-y une marque correspondant à la partie supérieure du morceau de mousse. Répétez cette opération tout autour du morceau de mousse.

Coupez le feutre de coton tout le long de la ligne ainsi obtenue.

Optionnel : en maintenant le contreplaqué/mousse au centre du cercle de feutre de coton, côté mousse vers le bas, vaporisez à la colle la partie du feutre qui dépasse. Repliez la section encollée sur la mousse. Répétez cette opération jusqu'à ce que tout le feutre de coton soit collé au périmètre du morceau de mousse.

5 *Agrafer*

Si le tissu du coussin est léger, découpez dans un tissage une doublure, par exemple dans une draperie. Étalez le tissu face vers le bas et doublure sur le dessus.

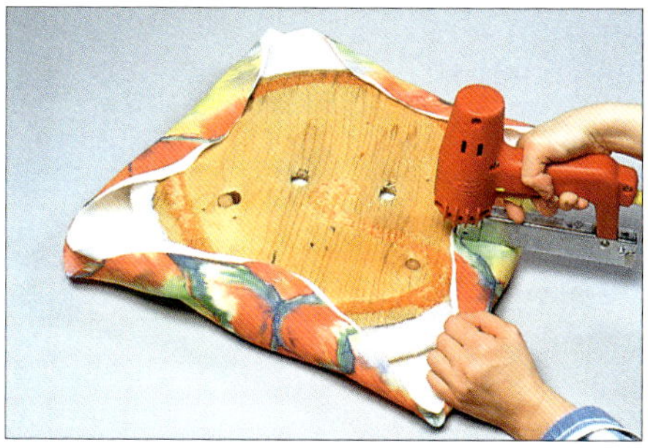

Placez votre section de contreplaqué/mousse/feutre, côté feutre vers le bas, au centre du tissu. Doucement mais fermement, tirez le tissu et agrafez-le au contreplaqué en quatre endroits à égale distance l'un de l'autre.

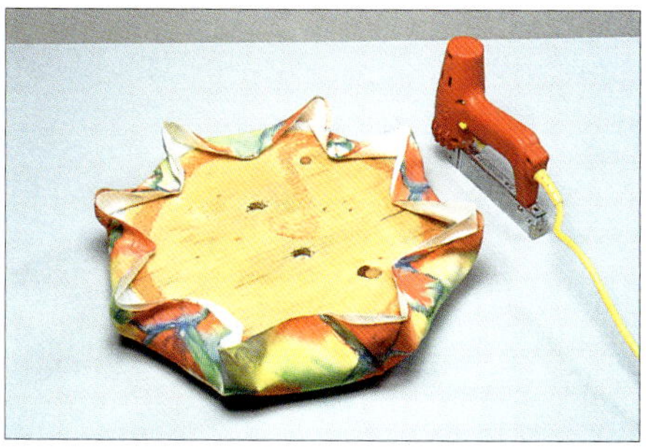

Doucement mais fermement, tirez le tissu et agrafez-le au contreplaqué entre chacune des quatre agrafes, en veillant à maintenir une pression égale.

Doucement mais fermement, tirez le tissu et agrafez-le au contreplaqué entre chacune des quatre agrafes, en veillant à maintenir une pression égale.

Doucement mais fermement, tirez le tissu et agrafez-le au contreplaqué entre les agrafes. Poursuivez cette opération jusqu'à ce que le tissu soit agrafé sur tout le pourtour de façon égale.

6 *Finition*

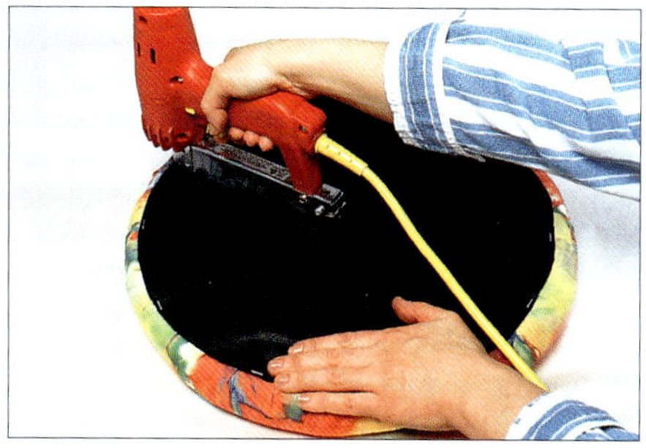

Coupez un cercle de housse d'une taille légèrement supérieure au cercle formé par les agrafes mais plus petit que le fond du coussin. Agrafez-le au fond du coussin, en commençant par quatre agrafes à égale distance les unes des autres. Puis continuez à agrafer entre les agrafes, comme vous l'avez fait avec le tissu du coussin, jusqu'à ce que le périmètre entier soit agrafé.

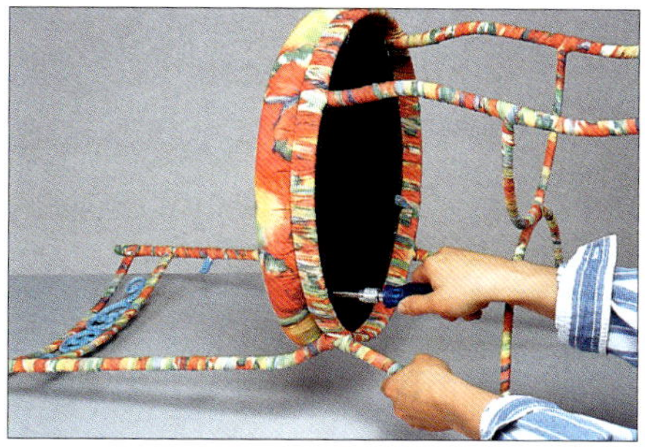

Réattachez le coussin à la chaise en vissant des vis de taille adéquate dans le cadre de la chaise et dans le contreplaqué du coussin. Travaillez à partir du dessous du siège.

Coussin de siège passepoilé

Premièrement lisez ceci

Fabriquer un coussin de siège passepoilé demande une certaine planification et des compétences de base en couture. Le passepoil donnera au coussin un fini élégant et chaleureux. On retrouve du passepoil tressé ou tissé, dans un large éventail de couleurs, de motifs et de finis, s'étalant du plus lustré au plus mat. Choisissez un passepoil coordonné au tissu, tout en étant assez distinctif pour accentuer le rebord sur mesure. Si c'est la première fois que vous cousez du passepoil en utilisant le pied à passepoil de votre machine à coudre, voici votre chance de réaliser à quel point les résultats sont impressionnants. La couture sera plus rapide et plus facile si vous utilisez un pied à passepoil. Il garde le passepoil en ligne et permet une couture uniforme. Si vous ne disposez pas d'un pied à passepoil, utilisez un pied à fermeture-éclair.

MATÉRIAUX

- contreplaqué de 1,25 cm (1/2 po) d'épaisseur, lisse d'un côté, coupé pour s'adapter au siège de la chaise
- mousse de rembourrage à densité élevée, de 5 cm (2 po) d'épaisseur, coupée pour s'adapter au contreplaqué
- papier, crayon, règle
- tissu, environ 1/2 m (1/2 verge) pour chaque coussin
- ciseaux
- passepoil (mesurez le périmètre du coussin et ajoutez-y 15 cm (6 po)
- épingles de couturière
- machine à coudre avec pied à passepoil
- fil compatible avec le tissu
- feutre de coton, de 15 cm (6 po) de plus que le contreplaqué, en longueur et en largeur
- agrafeuse et agrafes de 1 cm (3/8 po)
- housse de rembourrage anti-effilochures (assez pour recouvrir le contreplaqué)
- vis (pour réattacher le coussin à la chaise), tournevis
- *Facultatif :* scie sauteuse
- *Facultatif :* pied à fermeture-éclair
- *Facultatif :* colle en aérosol, papier non utilisable ou toile de peintre

1 *Démarrer*

Retirez le tissu et la mousse du contreplaqué sous-jacent. Nettoyez le contreplaqué aussi complètement que possible, en enlevant moisissure et agrafes qui pourraient s'y trouver.

Si le vieux contreplaqué ne peut être récupéré, faites-en couper un nouveau morceau ou coupez-le vous-même à l'aide d'une scie sauteuse. Le nouveau contre-plaqué doit mesurer 1,25 cm (½ po) d'épaisseur et présenter un côté sans défaut.

Faites couper un morceau de mousse de rembourrage à densité élevée, de 5 cm (2 po) d'épaisseur, correspondant à la taille et à la forme du contreplaqué.

2 *Esquisser un patron*

Fabriquez un patron pour le dessus du coussin. Placez le contreplaqué sur un papier et tracez-en le pourtour. À l'aide d'une règle, mesurez 1,25 cm (½ po) à partir du bord du contreplaqué et tout autour du périmètre pour la marge de couture ; faites des marques à égales distances. Puis, joignez les marques pour créer une ligne de coupe.

3 *Tailler le tissu*

Découpez le patron et étendez-le sur le tissu en le centrant soigneusement sur le motif. Si le motif imprimé affiche une direction (vigne grimpante sur un treillis, par exemple), il doit partir de l'avant du coussin et courir « vers le haut » et jusqu'à l'arrière.

Si le motif est géométrique, assurez-vous de placer le tissu de la même façon pour tous les coussins. Épinglez le patron et coupez le tissu de tous les coussins.

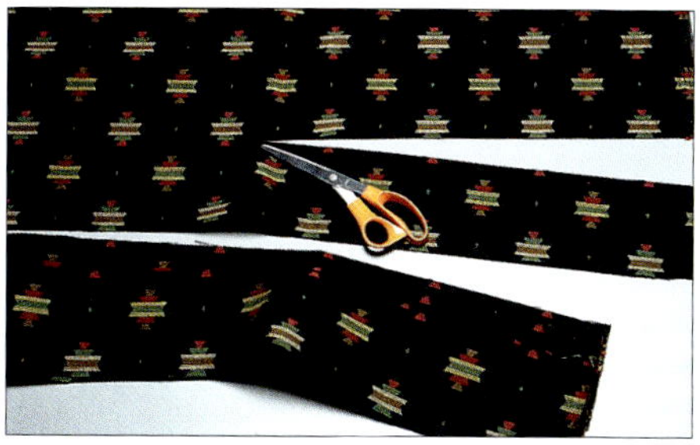

Pour les côtés du coussin, coupez des bandes de tissu d'une largeur de 15 cm (6 po) sur la largeur du tissu. Coupez les bandes pour qu'elles correspondent au motif du tissu recouvrant le coussin et n'oubliez pas de ménager une marge de couture. En général, une largeur de tissu sera suffisante pour entourer un coussin.

4 *Coudre*

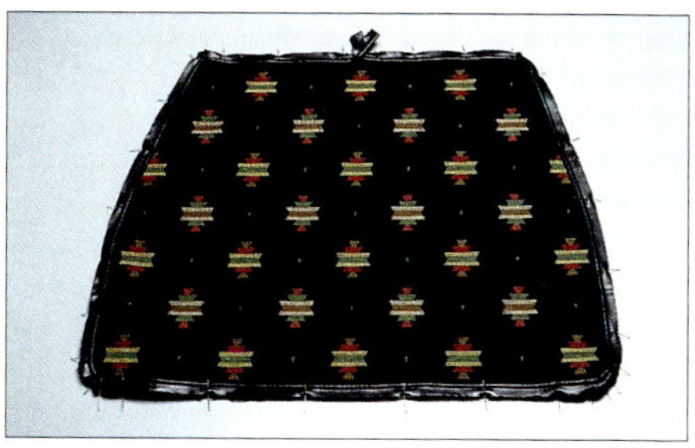

En commençant par le centre arrière du coussin, épinglez le passepoil sur le côté endroit du tissu, en assortissant le bord brut du passepoil au bord coupé du tissu. Assurez-vous de ménager une marge de couture de 1,25 cm (½ po). Sinon, compensez. Épinglez bien. Aux coins, crantez à l'intérieur de la marge de couture du passepoil, lui permettant de plier. Aux extrémités, ménagez 5 cm (2 po) de passepoil additionnel et placez les deux bouts sur les marges de couture.

Attachez le pied à passepoil à la machine à coudre. Avec le fil correspondant au tissu, cousez le passepoil en place en commençant par le centre arrière, à 1,25 cm (½ po) à partir du bord coupé.

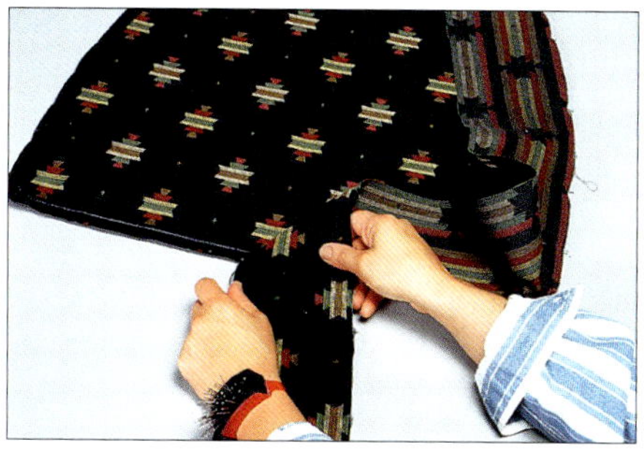

Placez une des bandes de tissu préalablement découpées dans le rebord passepoilé du coussin, côtés endroits ensemble, en faisant concorder le patron tout le long du rebord avant du coussin. Les extrémités de la bande de tissu doivent se rejoindre au centre arrière. Épinglez la bande de tissu au coussin, en commençant par le centre avant et continuez de cette façon jusqu'à ce que la bande de tissu soit épinglée tout au long du périmètre du coussin. Crantez la marge de couture de la bande dans les coins, si nécessaire. Si la bande est trop courte, ajoutez-y une section additionnelle.

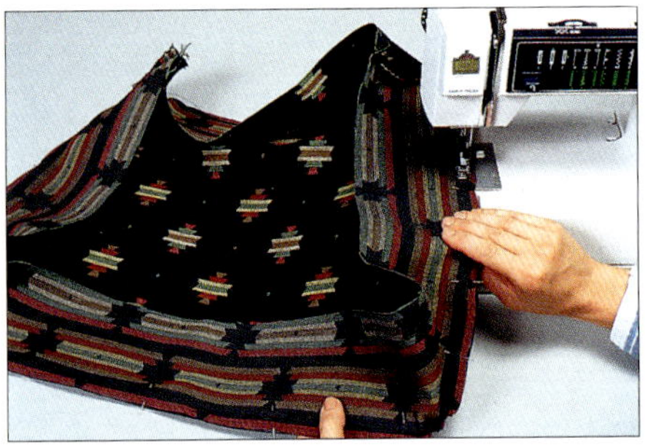

Une fois le pied à passepoil en place, cousez la bande le long du passepoil. Joignez les extrémités de la bande de tissu. Retournez le tissu du coussin côté endroit à l'extérieur et inspectez la couture. Recousez toute brèche.

5 *Feutre de coton*

En employant le morceau de mousse comme guide, découpez une pièce de feutre de coton de 7,5 cm (3 po) de largeur (ou mesurez et découpez le feutre de coton comme indiqué à la page 156, étape 4). Placez la mousse sur le contreplaqué et le feutre de coton sur la mousse. Crantez les coins afin qu'ils s'emboîtent lorsque pliés par-dessus les côtés du morceau de mousse.

Facultatif: coller la mousse au contreplaqué et au feutre de coton réduira le glissement. (Voir *Coussin de siège de base*, étapes 3 et 4, page 156.)

Si vous ne désirez pas coller le contreplaqué et le feutre de coton à la mousse, disposez cette dernière sur le côté rugueux du contreplaqué et centrez le feutre de coton sur le morceau de mousse.

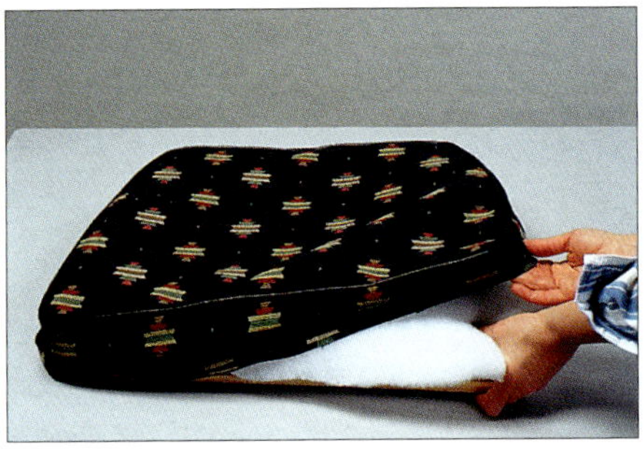

Faites glissez le coussin passepoilé par-dessus le feutre de coton.

6 *Agrafer*

Tournez le coussin à l'envers. Au centre de chacun des côtés, tirez doucement mais fermement le tissu vers l'arrière et agrafez-le.

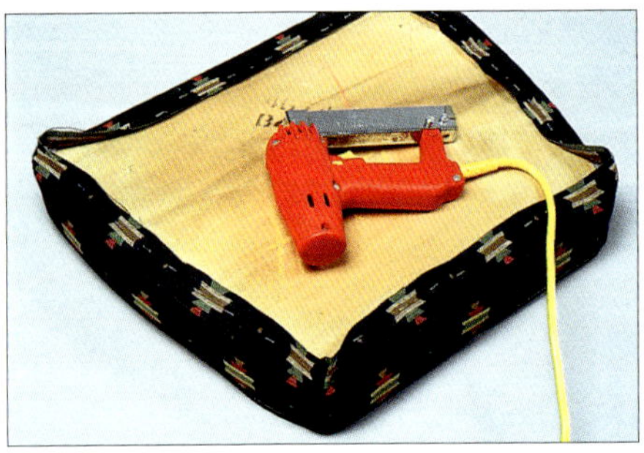

Continuez ainsi, ajoutant des agrafes également de tous les côtés, tout en maintenant une tension égale. N'agrafez pas un côté en entier avant de passer au suivant. Cela causerait une tension inégale et des ondulations.

Terminez les coins en agrafant d'abord le centre, puis en pliant et agrafant le surplus de tissu à la façon d'un éventail, sur les deux côtés. Faites plusieurs petits plis pour éviter la formation d'un gros pli.

7 *Finition*

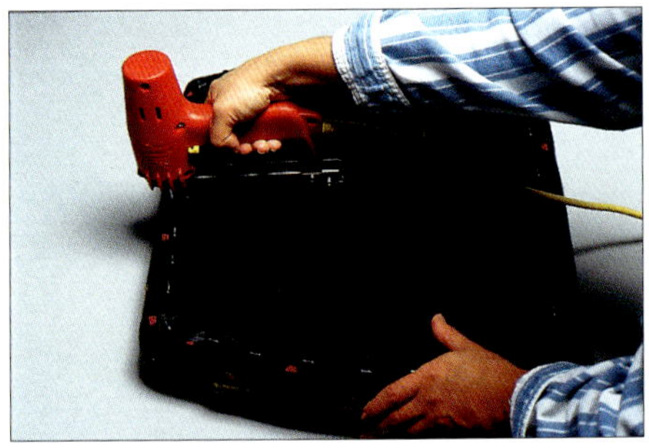

Coupez une pièce de la housse de la taille du coussin. Elle doit recouvrir les agrafes tout en restant dans les limites du rebord du coussin. Positionnez-la à l'aide d'une agrafe centrée de chaque côté. Continuez, à partir de ces agrafes, à agrafer sur tout le pourtour.

Attachez de nouveau le coussin à la chaise en plaçant des vis de taille adéquate à partir de la partie inférieure du siège.

Siège tissé

Premièrement lisez ceci

Cette technique est utilisée pour remplacer un siège tissé usé ou un siège cané ébréché. Le siège doit posséder ces quatre barreaux de style goujon : à l'avant, à l'arrière et sur les côtés. Procurez-vous une bande de toile chez un rembourreur ou un méchage de lampe à huile. Le méchage illustré ici a été trouvé dans une quincaillerie, en rouleau de 23 m (25 verges) à un prix étonnamment bas. Il est composé de coton tissé naturel d'une bonne largeur. Pourquoi s'arrêter en si bon chemin ? Plusieurs articles rejetés peuvent être utilisés et produire le meilleur effet. Vous pouvez par exemple utiliser des couches de ruban, du fil ou des retailles. Des chiffons déchirés et attachés ensemble donneront à un siège une allure un peu folklorique de catalogne. Une fois que vous avez commencé, ne délaissez pas ce projet jusqu'à ce qu'il soit terminé (quelques heures seulement seront nécessaires), afin de ne pas perdre de vue la trame.

MATÉRIAUX

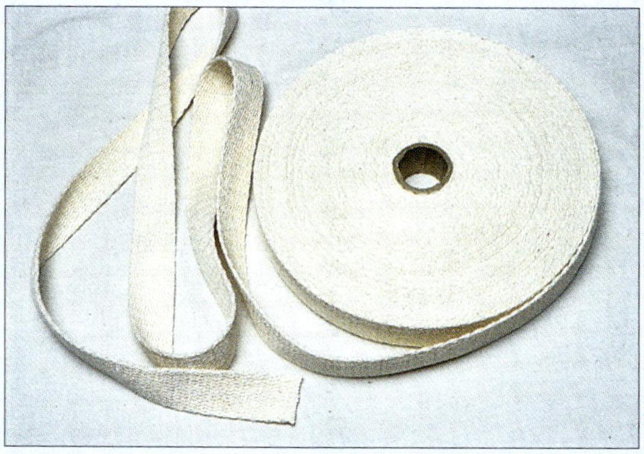

- environ 20 m (20 verges) de méchage (du type utilisé dans les lampes à l'huile) ou de bande de toile d'une largeur de 2,5 cm (1 po) (la quantité requise peut varier selon la taille du siège)
- carton rigide de 7,5 x 15 cm (3 x 6 po)
- règle et marqueur permanent
- bâton à mélanger ou tout autre bâton étroit, correspondant à la largeur du siège
- colle de charpentier et ruban, ou agrafeuse et agrafes de 1/2 cm (1/4 po)
- *Facultatif :* aiguille et fil pour coudre les extrémités de la toile

1 *Démarrer*

Coupez un rectangle de carton rigide d'environ 7,5 x 15 cm (3 x 6 po). Enroulez la bande de toile d'un bout à l'autre du carton dans le sens de la longueur pour fabriquer une navette. Ne coupez pas la bande de toile.

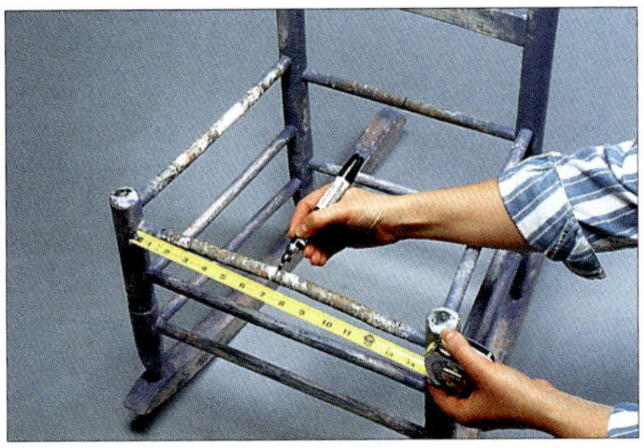

Marquez les points des centres avant et arrière des barreaux de la chaise. Ces marques vous aideront à garder la bande de toile droite, particulièrement si les barreaux sont de longueurs différentes.

2 *Premier passage*

Tenez-vous debout, face à la chaise. Commencez du côté gauche. Collez et attachez (ou agrafez) la bande de toile au barreau du côté gauche. (La colle, les attaches et les agrafes seront plus tard cachées par la bande de toile.)

Glissez la navette sous le barreau arrière, puis ramenez-la vers le haut par-dessus le barreau arrière et vers l'avant en veillant à ce que la bande de toile reste à plat.

Amenez la navette en avant, en la passant par-dessus le barreau avant, puis sous le siège vers l'arrière et finalement par-dessus le barreau arrière encore une fois.

Attention que la bande de toile reste égale et bien serrée.

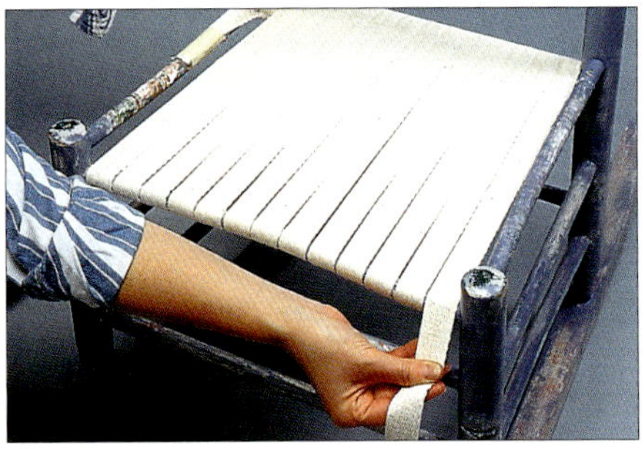

Continuez l'opération jusqu'à ce que le siège au complet soit recouvert, en terminant par le coin supérieur avant du côté droit.

3 *Trisser en trames*

Glissez la navette sous le siège vers le côté droit. Ramenez-la vers le haut, par-dessus le barreau arrière, puis sous le barreau de droite.

Tressez ainsi la trame de la première rangée en amenant la navette par-dessus le barreau de droite. Passez-la *par-dessus la première bande* de toile et sous la seconde. Continuez ce mouvement dessus/dessous sur toute la largeur.

À l'aide d'une règle (ou d'un bâton à mélanger, tel qu'illustré ici), soutenez les bandes en alternance sous lesquelles vous désirez passer la navette. Lorsqu'une rangée est terminée, enlevez le bâton et replacez-le à la rangée suivante. Ceci rendra le tissage de la trame plus facile et vous permettra d'éviter les erreurs.

Tournez la chaise à l'envers et tissez l'arrière du siège comme vous l'avez fait pour l'avant.

Remettez la chaise à l'endroit. Replacez la règle ou le bâton. Tissez la trame de la seconde rangée en amenant la navette par-dessus le barreau de droite. Passez la navette *sous la première bande* et par-dessus la deuxième. Continuez ainsi sur toute la largeur du siège.

4 *Tisser en trame, la suite*

Continuez de cette façon, en alternant le patron de trame dessus/dessous. Arrêtez de temps en temps pour vérifier le patron. Le tissage doit demeurer serré ; pour ce faire, poussez les extrémités avec le bout de la règle ou du bâton.

Lorsque vous en serez à peu près à la moitié du tissage de la trame, la navette peut s'avérer trop grosse pour se glisser entre les bandes de tissu. Déroulez les bandes de la navette et formez-en un paquet plutôt lâche.

Si la bande de toile restante n'est pas assez longue et que vous désirez en ajouter, cousez les extrémités ensemble sous le siège et rentrez bien toute extrémité.

5 *Finition*

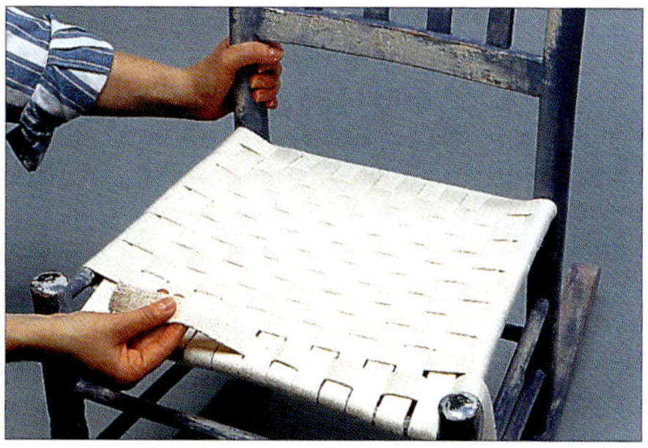

Tissez ainsi jusqu'à la dernière rangée.

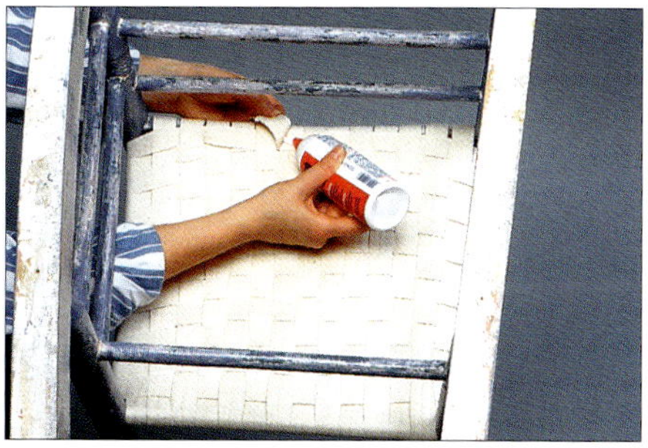

Du côté envers, tissez jusqu'à la moitié de la dernière rangée. Coupez la bande de toile et collez (ou cousez) l'extrémité, en rentrant tout excédent.

Coussins de dossier

Premièrement lisez ceci

La décision de choisir un coussin sur mesure ou un coussin froncé pour le dossier d'un siège est basée sur le style même de la chaise. Un coussin sur mesure ne ressortira pas. Il fait partie intégrante du design de la chaise. Un coussin froncé, par contre, attire l'attention. C'est une prise de position qui donne à la chaise une susceptibilité tapageuse et sensible à la mode. Un coussin de dossier sur mesure peut être fabriqué à partir de n'importe quel type de tissu, tandis qu'un coussin froncé devra être fait d'un tissu léger, finement tissé. Vous pouvez apporter une touche décorative à votre dossier en ajoutant une garniture tressée à l'arrière pour masquer les agrafes ou en collant soigneusement le panneau de finition pour une apparence nette et parfaite.

MATÉRIAUX

- contreplaqué de 1,25 cm (1/2 po) d'épaisseur, lisse d'un côté, coupé pour s'adapter au dossier de la chaise (si le dossier est recourbé, conservez le contreplaqué du coussin existant.)
- mousse de rembourrage à densité élevée, de 2,5 cm (1 po) d'épaisseur, coupée pour s'adapter au contreplaqué
- tissu (Pour déterminer le métrage requis, consultez l'étape 2.)
- ruban à mesurer
- feutre de coton, de 10 cm (4 po) de plus que le contreplaqué, en longueur et en largeur
- agrafeuse et agrafes de 1 cm (3/8 po)
- *pour le coussin froncé :* aiguille et fil
- pistolet à colle chaude
- *pour la garniture du dossier :* 2 m (2 verges) de garniture tressée, 2 petits morceaux de ruban
- épingles de couturière
- vis (pour réattacher le siège à la chaise), tournevis
- petite quantité de peinture correspondant au tissu (pour les têtes de vis)
- couteau universel (*X-acto*™) ou couteau tout usage
- *Facultatif :* colle en aérosol ; papier rebut ou toile de peintre

1 *Démarrer*

Pour tous les coussins : Retirez le tissu et la mousse du contreplaqué. Nettoyez le contreplaqué aussi complètement que possible, en enlevant moisissure et agrafes qui pourraient s'y trouver.

Faites couper un morceau de mousse de rembourrage à densité élevée, de 2,5 cm (1 po) d'épaisseur, correspondant à la taille et à la forme du contreplaqué. Bien que le morceau de mousse aura avantage à être coupé par un professionnel, on peut également utiliser des ciseaux.

2 *Tailler le tissu*

Pour les coussins sur mesure : Étalez la mousse de rembourrage ou le contreplaqué sur l'envers du tissu. Si le motif imprimé affiche une direction (vigne grimpante sur un treillis, par exemple), il doit partir de la partie inférieure du dossier et courir « vers le haut ». Mesurez et marquez une ligne de coupe à 7,5 cm (3 po) du morceau de mousse de rembourrage. Continuez cette opération pour tout le périmètre. Coupez le long de cette ligne.

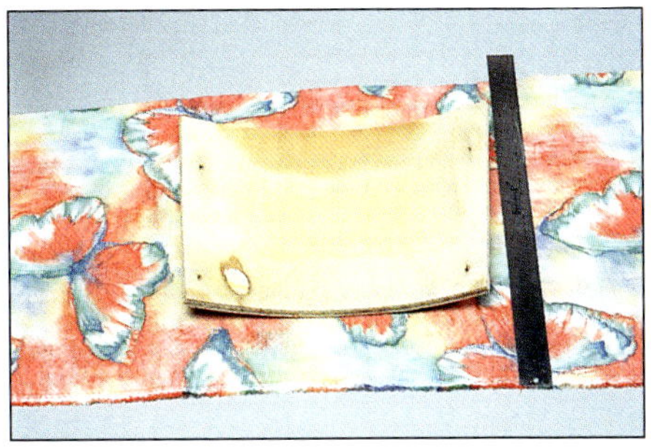

Pour les coussins froncés : Mesurez la section la plus profonde du dossier de contreplaqué. Ajoutez-y 12,5 cm (5 po). Coupez le tissu pour cette profondeur et pour doubler la largeur du dossier. Mettez-le de côté.

Pour tous les coussins : Coupez une pièce de tissu de 2,5 cm (1 po) de plus que le morceau de mousse de chaque côté. Vous l'utiliserez pour couvrir l'arrière du coussin de dossier. Si le motif imprimé affiche une direction (vigne grimpante sur un treillis, par exemple), il doit partir de la partie inférieure du dossier et courir « vers le haut ». Mettez-le de côté.

3 *Couper le feutre de coton, coller le morceau de mousse*

Pour tous les coussins : Coupez le feutre de coton de 4 cm ($1\frac{1}{2}$ po) de plus que le morceau de mousse de chaque côté. Crantez les coins du feutre de coton afin qu'ils s'emboîtent. Le feutre est replié par-dessus les côtés du morceau de mousse. Mettez le feutre de côté.

Facultatif : coller la mousse au contreplaqué réduira le glissement. Étalez le papier rebut ou la toile de peintre et placez-y la mousse de rembourrage. Suivez bien les consignes indiquées sur l'étiquette de votre bonbonne de colle aérosol pour obtenir une adhérence permanente. Vaporisez la mousse de colle.

Placez le côté collé du morceau de mousse sur le côté avant du contreplaqué.

4 *Coller le feutre de coton*

Pour tous les coussins : Optionnel : placez le contreplaqué et la mousse, côté mousse vers le bas, sur le feutre. Avec la colle en aérosol, vaporisez la partie du feutre qui dépasse et pliez la section collée du côté de la mousse et du contreplaqué. Répétez l'opération jusqu'à ce que le feutre de coton soit collé aux rebords de la mousse sur tout le pourtour.

5 *Froncer*

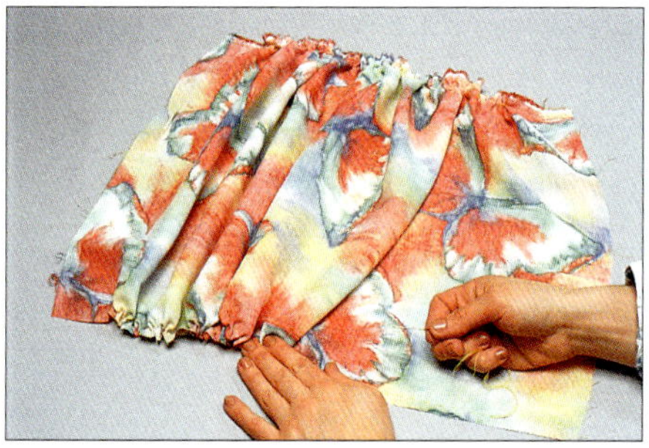

Pour les coussins froncés : À la machine à coudre ou à la main, cousez le long des bords supérieur et inférieur du tissu et rassemblez à la largeur de l'arrière du siège, plus 12,5 cm (5 po).

6 *Agrafer*

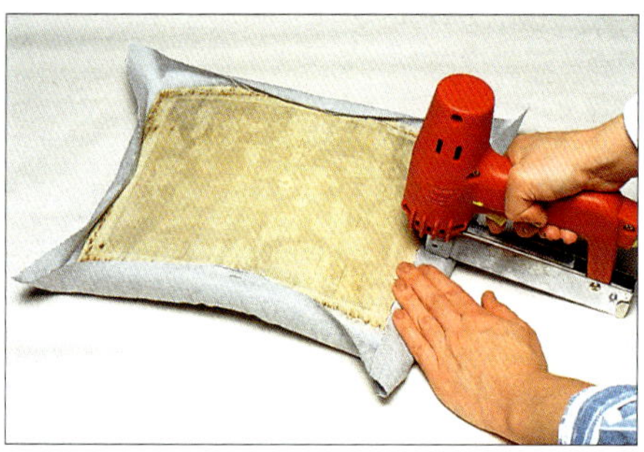

Pour les coussins sur mesure : Étalez le tissu face vers le bas. Centrez votre section de contreplaqué/mousse/feutre, côté feutre vers le bas, sur l'envers du tissu. Doucement mais fermement, tirez le tissu sur le contreplaqué et retenez-le avec une agrafe centrée de chaque côté.

7 *Agrafer, la suite*

Pour les coussins sur mesure : Travaillez ainsi sur tout le tour du coussin, ajoutant des agrafes à égales distances sur tous les côtés.Veillez à maintenir chaque fois une pression égale.

Pour les coussins froncés : N'agrafez pas le tissu aux côtés pour le moment, uniquement sur le dessus et dessous.

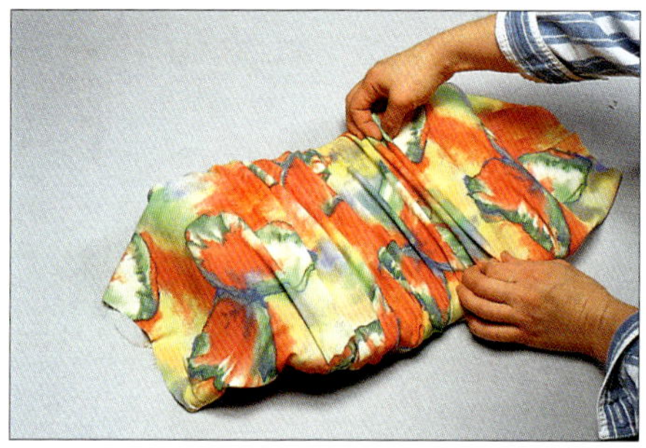

Tournez de temps à autre le coussin à l'endroit et replacez les fronces.

Agrafez les côtés, en tirant sur le tissu pour le raidir. Trop tirer sur le tissu dérangerait l'alignement des fronces.

8 *Coins*

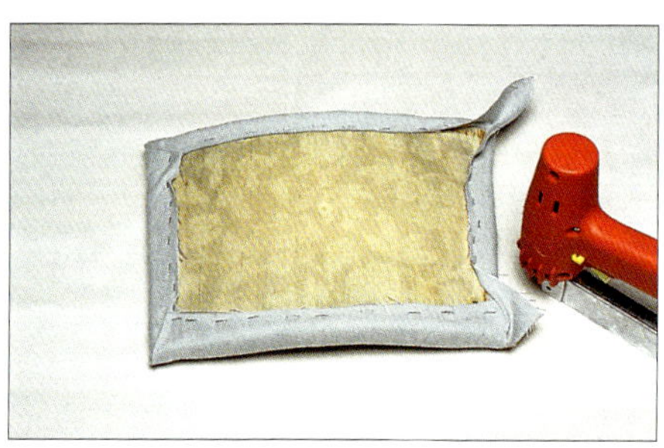

Pour tous les coussins : Pour faire un coin net, coupez la pointe du coin. Rentrez l'une des pointes dans le recouvrement. Puis repliez la pointe restante dessous. Agrafez.

9 *Finition*

Pour tous les coussins : Reprenez le tissu mis de côté précédemment pour couvrir l'arrière du coussin. Pliez les bords et repassez-les sur 2 po (5 cm) à l'envers du tissu.

Pour faire un coin net, coupez la pointe du coin près de l'ourlet. Pliez à plat l'un des bords. Puis pliez l'autre bord par-dessus, en retrant le coin par-dessous.

Pour un fini uni : Faites chauffer le fusil à colle. *Faites attention de ne pas vous brûler, surtout si vous n'avez pas beaucoup d'expérience avec un pistolet à colle chaude.* La colle devient assez chaude pour entraîner des brûlures graves, elle adhère à la peau et continue à brûler.

Placez le tissu, centré sur l'arrière du coussin, côté endroit sur le dessus. Épinglez les coins. Enlevez une épingle et soulevez un coin. Le fusil à colle à chaleur élevée, extrayez une petite perle bien nette, juste à l'intérieur du bord replié du tissu. Collez le coin, laissez la colle refroidir et soulevez le coin suivant. Répétez cette opération jusqu'à ce que l'arrière soit collé sur tout son pourtour.

10 *Finition, la suite*

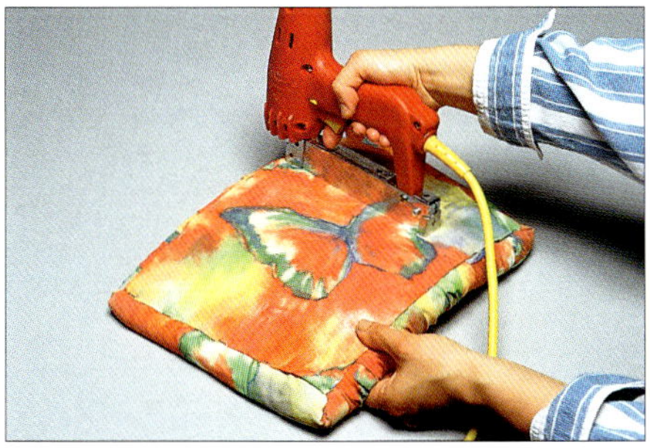

Pour un fini garni : Faites chauffer le fusil à colle. Placez le tissu, centré sur l'arrière du coussin, côté endroit sur le dessus. Agrafez le tissu à l'arrière du coussin, centrant une agrafe sur chacun des quatre côtés. Les agrafes doivent être soigneusement placées au bord du pli du tissu. Sinon, elles ne seront pas recouvertes par la garniture. Travaillez à l'extérieur des agrafes également disposées, agrafez le long des rebords du tissu, des quatre côtés.

Enroulez un petit morceau de ruban gommé autour de l'extrémité de la tresse pour l'empêcher de s'effilocher. Appliquez soigneusement la colle chaude à l'extrémité enrubannée de la tresse, puis glissez cette extrémité sous le bord du tissu entre deux agrafes, en masquant le ruban gommé. En travaillant par section, appliquez une goutte de colle chaude sous la tresse et placez-la côté collé en dessous, en cachant les agrafes et le bord plié du tissu.

Lorsque la tresse est collée sur tout le pourtour, coupez-la en conservant 2,5 cm (1 po) de surplus. Collez du ruban gommé sur l'extrémité. Appliquez de la colle sur un bout et rentrez-le dans l'espace où se trouve l'autre bout, en prenant soin que le joint soit aussi invisible que possible.

11 *Attacher de nouveau les coussins*

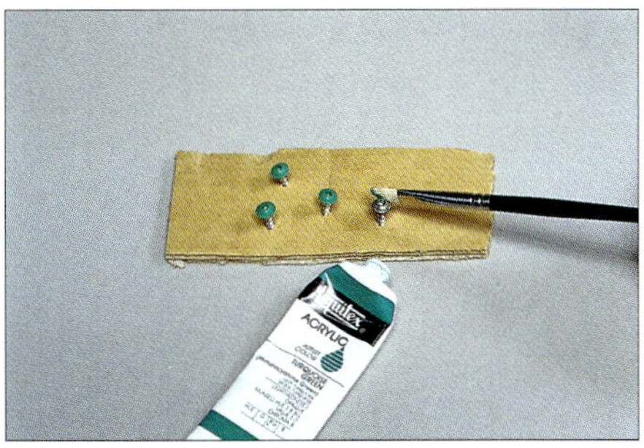

*Pour tous les coussins :*Peignez les têtes de vis à être utilisées pour attacher de nouveau le siège d'une couleur compatible avec le tissu.

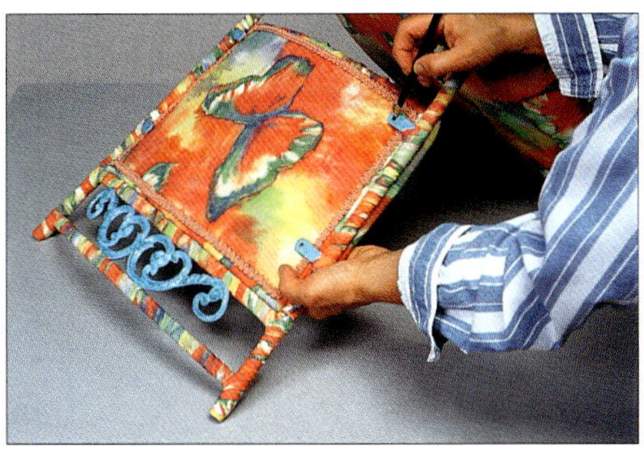

Replacez le siège dans la chaise. Marquez les endroits où vous ferez les trous de vis.

À l'aide d'un couteau tout usage bien aiguisé ou d'un couteau universel (*X-acto*™), découpez un tout petit trou pour chaque marque. La fente devrait briser seulement un ou deux fils et permettre aux vis de passer à travers le tissu. Si vous omettez de découper ces trous, le tissu fera des paquets lorsque les vis y seront placées.

Replacez le siège et vissez les vis.

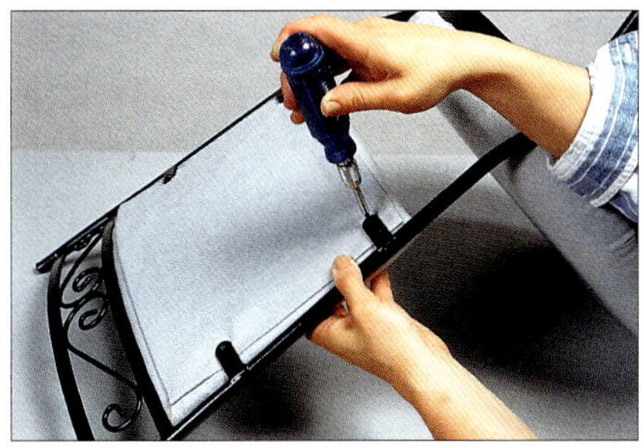

Bureaux

C'est votre bureau qui définit votre domaine. Que vous l'utilisiez pour travailler à la maison, pour faire des devoirs ou pour le simple plaisir d'écrire une petite note à un ami, il doit être un reflet de votre style personnel. Faites-en un meuble campagnard, d'avant-garde, de style cottage anglais ou pratique. Les bureaux sont en quelque sorte un mélange entre table et commode : des devants de tiroirs à finir et un dessus coûteux à traiter de façon créative. Les plus anciens ne sont pas vraiment conçus pour le travail à l'ordinateur mais ne jetez pas pour autant votre vieux bureau. Mettez-le au goût du jour en y ajoutant un support de moniteur et un plateau à clavier, disponibles dans tous les magasins d'articles de bureau et d'ordinateurs.

Une subtile distinction

UNE TEXTURE MODESTE CRÉE UN BUREAU PROFILÉ

Une garniture ou des panneaux manquants et des détails qui pourraient éloigner l'œil du spectacteur du placage écaillé, ce bureau sous-estimé exigeait un traitement qui pouvait compléter ses lignes sobres, tout en créant un intérêt visuel grâce à la texture ton sur ton. Comme les traitements texturés sont populaires, le ratissage devient un classique - et l'effet obtenu est étonnamment simple à exécuter. Les feuilles d'or vieillies ajoutent polissage et finition.

Premièrement lisez ceci

Le texturage est basé sur un principe simple : une portion encore humide de la couche de peinture est soulevée à l'aide d'un outil qui engendrera une texture égale et uniforme. Un sac de plastique chiffonné pourra être utilisé pour exécuter la technique appelée « smooshing », un chiffon torsadé s'utilisera pour le « ragging » et un peigne pour la technique du « combing ». On peut même utiliser un plumeau pour produire une texture. La technique de ratissage illustrée dans ce projet est facile à reproduire et donne des résultats magnifiquement subtils. La peinture, à laquelle un glacis a été ajouté, est appliquée en couche de base de teinte similaire. Puis on traîne un pinceau sur la surface humide, produisant des marques laissées par les soies. Le degré de subtilité dépend du choix de couleur et de pinceau. Des teintes similaires et des intensités de couleur sauront créer les contrastes les plus subtils. Un pinceau doux donne une texture plus fine et des traits plus subtils qu'un pinceau rigide. Lorsque vous appliquez la technique de ratissage pour la première fois, il est possible que la texture ne soit pas très apparente. À mesure que le mélange peinture-glacis sèche, la peinture rétrécira quelque peu, créant des espaces plus grands entre les lignes tracées par les soies. Cette technique donnera de meilleurs résultats si on la parachève d'une ou de plusieurs couches de vernis à base d'eau. Elle produit une surface lisse comme un miroir et relève toute la richesse et la profondeur de la couleur.

AVANT

Un magnifique et solide bureau des années 1950 exhibe des lignes simples et plaisantes. Le dessus plaqué était décollé et écaillé, réclamant toutefois, des soins de remplissage et de sablage.

MATÉRIAUX

- un litre d'apprêt à base d'eau et à adhérence élevée
- un litre de peinture latex fini satin ou coquille d'oeuf pour la couche de base, de couleur taupe
- outils pour la peinture : un pinceau, un petit rouleau, un plateau à rouleau
- ruban de peintre facile à détacher, largeur de 2,5 cm (1 po)
- règle de précision et crayon
- plastique pour découper des trianges (des sacs d'épicerie feront l'affaire), ruban à masquer
- 1/2 litre de glacis, pot de peinture
- un outil à mesurer comme une grosse cuillère à table
- un litre de peinture latex fini satin ou coquille d'oeuf pour la texture, de couleur vert olive
- bâton à mélanger
- petit balai-brosse (Utilisez un balai plus doux si vous désirez un effet subtil.)
- un litre de vernis à base d'eau non jaunissant
- *Facultatif :* produit d'addition
- *Facultatif :* couteau tout usage
- *Facultatif :* papier sablé fin (220), pinceau fin pour les retouches
- *Facultatif :* feuille d'or et scellant et adhésif compatibles
- *Facultatif :* tube d'acrylique (pour vieillir les feuilles d'or), terre d'ombre brûlée
- *Facultatif :* chiffon ou essuie-tout

1 *Appliquer la couche de fond*

Voir *Techniques de base de la peinture* (page 34). Préparez, apprêtez et appliquez sur le bureau deux couches de peinture au latex de couleur taupe. Laissez sécher complètement.

2 *Masquer*

Chaque section de la portion destinée au ratissage doit être délimitée par un masquage. Tracez une bordure sur le dessus du bureau. À l'aide de ruban de peintre facile à détacher, masquez le périmètre du bureau, amenant l'extrémité du ruban jusqu'au bord du bureau.

Divisez le dessus en quatre triangles. Placez une règle droite en diagonale en travers du bureau, d'un coin masqué à l'autre et tracez légèrement une ligne tout le long de la règle. Répétez, joignant les deux autres coins.

Ratissez d'abord les trianges est-ouest. Utilisez le ruban facile à détacher pour masquer l'intérieur des lignes des triangles nord-sud.

Découpez des triangles de plastique de la même taille que les triangles nord-sud et posez du ruban adhésif sur tout le contour, en veillant à ne laisser aucun jour. Assurez-vous que ni ruban ni plastique ne chevauche les triangles est-ouest.

Replacez les tiroirs dans leur ouverture. Choisissez un patron pour les devants de tiroirs. Ce patron peut soit correspondre à celui du dessus, soit en être complètement différent. Tracez une limite autour des bords de tiroir et masquez les sections à être ratissées, exactement comme vous l'avez fait pour le dessus.

3 *Ratisser le bureau*

À l'aide d'une grande cuillère à service ou d'un quelconque ustensile similaire, versez une partie de glacis et quatre parties de peinture au latex vert olive dans un pot à peinture. Remuez bien. Si vous désirez ralentir le temps de séchage de la peinture pour vous donner plus de temps pour travailler, ajoutez un diluant.

À l'aide d'un pinceau, appliquez le mélange de peinture sur l'un des triangles est-ouest du dessus de bureau. Appliquez la peinture en couche épaisse et de façon uniforme.

Sablez l'extrémité du bureau. Saisissez fermement le balai-brosse et piquez-le immédiatement au-delà du triangle. Traînez la brosse vers vous et au-delà de la limite du bureau, rayant de cette manière la peinture avec les poils de la brosse. Essuyez le surplus de peinture des poils. Traînez la brosse sur une seconde largeur de travail, en chevauchant légèrement la première afin de ne pas causer de brèche.

Travaillez rapidement, ratissant le triangle en entier avant que la peinture ne sèche. Vous pouvez facilement reprendre un ratissage inégal ou tordu, pourvu que la peinture soit encore très humide.

Répétez l'opération avec le triangle opposé Enlevez le ruban et le plastique une fois la peinture bien fixée mais encore tendre. Laissez sécher complètement.

4 *Ratisser les devants de tiroir*

Répétez l'étape 3 sur les devants de tiroir. Laissez les tiroirs dans leur emplacement, afin que les sillons causés par le ratissage correspondent d'un tiroir à l'autre. Pour le ratissage plus facile à exécuter, couchez le bureau sur le dos. (Si le bureau est lourd, recrutez un aide.) Laissez sécher complètement.

5 *Ratisser les portions restantes*

Répétez l'étape 2, en masquant cette fois les triangles est-ouest du dessus de bureau et les portions ratissées des devants de tiroir. Couvrez ces parties de plastique.

Appliquez le mélange de peinture aux triangles nord-sud. Ratissez les triangles nord-sud à angle droit avec les triangles est-ouest.

Enlevez le ruban à masquer et le plastique lorsque la peinture est encore tendre.

Ratissez les devants de tiroir, en prenant soin d'appliquer le mélange à angle droit avec le ratissage précédent. Enlevez le ruban-cache.

Remarque : si les tiroirs sont collés ensemble à cause de la peinture, utilisez un couteau tout usage (lame coupante et neuve) pour les séparer en rayant la peinture à l'endroit où ils sont collés. Sablez légèrement les bosses et trous pour bien lisser (là où les tiroirs étaient collés ensemble) à l'aide d'un papier sablé fin. Au besoin, retouchez la peinture avec un pinceau fin.

6 *Feuilles d'or*

Optionnel : la feuille d'or ajoute polissage et finition à un traitement texturé. Masquez une bordure étroite autour du rectangle ratissé à l'aide d'un ruban à masquer facile à détacher. Masquez une surface carrée au centre, si désiré. Répétez l'opération pour les devants de tiroir.

Peignez les zones non-masquées avec l'adhésif à feuille d'or. Laissez l'adhésif sécher selon les instructions de l'étiquette. Il reste toutefois très gommeux.

Placez une section de feuilles d'or sur l'adhésif et lissez-la avec vos doigts. Détachez les morceaux de dorure en surplus. Répétez l'opération jusqu'à ce que toutes les zones masquées soient recouvertes.

Vieillissez les feuilles d'or si désiré. Mélangez une peinture terre d'ombre brûlée à de l'eau jusqu'à consistance claire. Appliquez la peinture par-dessus la feuille d'or avec un pinceau ou un chiffon. Avant que la peinture ne soit sèche, essuyez-là avec un chiffon légèrement humide ou un essuie-tout en vous assurant de laisser une mince couche de peinture sur la feuille d'or.

Enlevez le ruban et recouvrez le tout d'un scellant.

7 *Vernissage*

Enrichissez la couleur, lissez la texture et protégez votre travail par l'application de deux couches supplémentaires de vernis sans jaunissement à base d'eau. (Voir *Vernissage,* en page 48.)

Fixez la quincaillerie.

L'application d'une texture à un arrière-plan avant de le peindre ou de le décorer ajoutera un subtil cachet. Illustré ici, une impression à la main par-dessus une technique appelée « smooshing ». (Voir Enchantement diaphane, page 259.)

THEORY of WAR
JOAN BRADY
AMY TAN
the JOY LUCK CLUB
LARRY McMURTRY
The Evening Star
SUE GRAFTON
NORMAN MAILER
JOHN MORTIMER UNDER THE HAMMER
ALL THE PRETTY HORSES
CARPET KING
BOOTLEGGER'S DAUGHTER Margaret Maron
The Godwulf Manuscript Robert B. Parker
UNUSUAL CIRCUMSTANCES INTERESTING TIMES
BRIAN FAWCETT
ROBERT B. PARKER · PAPER DOLL
UP IN THE OLD HOTEL

Pour l'amour de la correspondance

LE DÉCOUPAGE TRANSFORME UN BUREAU DE TRAVAIL EN TRÉSOR FANTAISISTE

Attrayant autant qu'invitant, le découpage du papier d'emballage et la peinture vert forêt accentuent les détails et moulures de ce bureau tout en dégageant une atmosphère de campagne anglaise. C'est ce papier d'emballage - une trouvaille - affichant des motifs liés à l'écriture, timbres-poste, machines à écrire, théières et horloges, qui a été utilisé pour la technique de découpage de ce bureau. Si vous ne parvenez pas à trouver un papier à motifs semblables, des timbres-poste mélangés à d'anciennes cartes postales trouvées dans les marchés aux puces ou même à des lettres anciennes - disposés de façon aléatoire - offrent un substitut amusant et éclectique.

Premièrement lisez ceci

Le bureau est peint d'une couleur coordonnée aux matériaux découpés. Les zones où vous appliquerez le découpage sont laissées blanches, car la couleur, en particulier une couleur profonde, peut transparaître à travers le papier. Si votre bureau possède un fini de plastique stratifié, utilisez une peinture mélamine. (Voir *Peinture à mélamine,* en page 27.) Puis, deux types de découpage sont appliqués. Les devants de tiroir sont entièrement recouverts de feuilles de papier, tandis que sur le dessus de bureau un découpage traditionnel est appliqué, fait d'images soigneusement découpées collées dans un patron aléatoire. L'arrière-plan du bureau est peint d'une couleur qui s'agence à l'arrière-plan du papier de découpage, rendant l'étape de découpage rapide et facile d'exécution. Les instructions mentionnent une colle à papier peint qui servira à coller le découpage. Les plus courageux peuvent éviter cette gluante étape et utiliser une colle aérosol. Lisez les instructions relatives à une adhésion permanente sur la bonbonne de colle et souvenez-vous que la colle aérosol vous octroie une seule chance de coller l'illustration et aucune de l'enlever. La colle à papier peint est plus indulgente. Tout découpage doit être verni pour être bien protégé.

AVANT

Robuste bureau de travail en bois solide avec un pied et une garniture originaux. Le dessus au fini amoché et la garniture lâche de la base sont l'occasion idéale d'appliquer la technique du découpage comme recouvrement.

MATÉRIAUX

- pour le découpage : papier d'emballage ou affiches ou items de papeterie comme timbres, cartes postales, illustrations et lettres
- un litre d'apprêt à base d'eau et à adhérence élevée
- ruban à masquer facile à enlever
- un litre de peinture latex au fini coquille d'oeuf pour la couche de base, à coordonner avec les matériaux de découpage
- outils pour la peinture : pinceau, petit rouleau, bac à peinture
- peinture latex ou acrylique pour le bureau, à agencer à l'arrière-plan des illustrations découpées (étape 2)
- petits ciseaux coupants
- petite quantité de colle à papier peint à base de cellulose
- petit pinceau doux ; éponges ménagères
- couteau universel (*X-acto*™) et règle
- pinceau d'artiste à pointe fine
- un litre de vernis à base d'eau non jaunissant
- papier sablé fin (grade 220), tampon gras

1 *Appliquer la couche de fond*

Voir *Techniques de base de la peinture* (page 34). Appliquez l'apprêt à adhésion élevée sur le bureau et laissez sécher.

Masquez à l'aide de ruban-cache les zones où vous appliquerez le découpage, comme les devants de tiroir et le dessus de bureau, afin qu'ils ne soient pas recouverts de peinture. Sinon, la couleur de la peinture pourrait transparaître à travers le papier découpé et donner au résultat final une apparence trouble.

Appliquez sur le bureau une couche de peinture latex coordonnée à la couleur. Laissez sécher et retirez le ruban-cache.

2 *Découpage aléatoire*

Pour appliquer au bureau la technique de découpage à petites images, masquez-en les contours. Peignez le bureau d'une couleur coordonnée à l'arrière-plan du papier d'emballage.

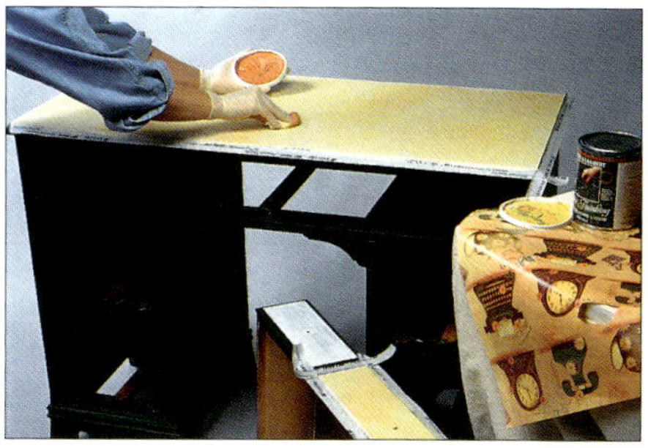

Ici, l'arrière-plan a été peint d'une teinte de crème et épongé d'un chaleureux ton brique.

Avec des petits ciseaux bien aiguisés, découpez les illustrations du papier d'emballage, en découpant aussi près que possible des images. Ou utilisez d'autres illustrations de papier comme par exemple des timbres-poste et des cartes postales.

Placez vos illustrations sur le bureau. Mélangez une quantité de colle à papier peint. Suivez les instructions sur le contenant mais mélangez seulement une petite quantité du contenu total. Utilisez l'éponge ou vos mains pour appliquer de la colle des deux côtés de l'illustration, en prenant soin de ne laisser aucun coin sec.

Étalez l'illustration encollée sur le bureau. Lissez délicatement l'illustration à partir du centre vers les côtés à l'aide d'une éponge humide. Ne frottez pas - la surface imprimée pourrait déteindre. Collez toutes les illustrations et laissez sécher. Même si le papier se ride, ne le lissez pas. Il rétrécira de lui-même et s'aplanira au séchage. Soulever ou frotter le papier risque de le déchirer et de le froisser.

3 *Découpage de la feuille*

Faites le découpage pour les devants de tiroir. Comme les tailles des tiroirs peuvent varier, mesurez tous les devants de tiroir. À l'aide d'une règle et d'un couteau universel (*X-acto*™) bien aiguisé, marquez et découpez des formes carrées de papier d'emballage de la taille des tiroirs ; ne perdez pas de vue les endroits où vous placerez vos illustrations.

Mélangez une quantité de colle à papier peint. Suivez les instructions sur le contenant mais mélangez seulement une petite quantité du contenu total. Utilisez l'éponge ou le pinceau pour appliquer une couche de colle (évitez les bulles) sur le devant de tiroir, puis sur les deux côtés de l'illustration. Il ne doit pas y avoir d'endroits secs.

Placez le papier sur le devant du tiroir. Commencez par un coin, alignez sur un côté adjacent et étalez le papier à plat.

Lissez délicatement la surface à l'aide d'une éponge humide, poussez vers l'extérieur toute poche d'air. Commencez par le centre et travaillez vers les bords. Ne frottez pas. L'illustration pourrait déteindre.

Le papier peut s'étirer mais ne vous inquiétez pas, c'est normal. Laissez sécher. Il sera taillé plus tard. Ne le taillez pas tant qu'il n'est pas sec, sinon vous obtiendrez un rebord déchiqueté.

Bien que le papier ait été lissé, il pourrait se rider. Les ridules disparaîtront à mesure que le papier sèche, rétrécissant et se lissant durant le processus. Étirer ou lisser le papier risque de le déchirer et de le froisser. Laissez la colle sécher complètement.

4 *Tailler*

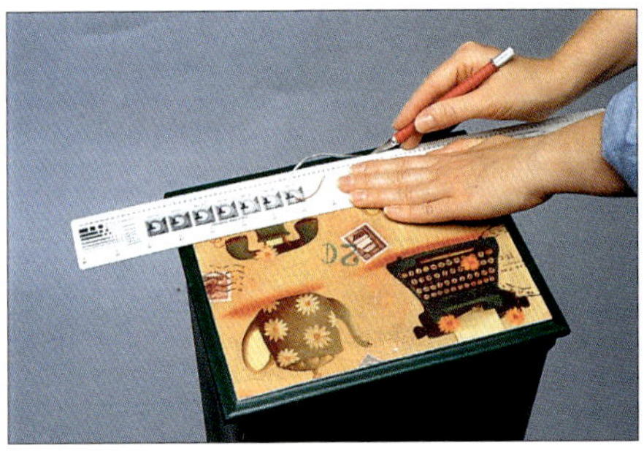

Si le papier s'est étiré en séchant ou si vos mesures n'étaient pas tout à fait exactes, il peut s'avérer trop grand pour le devant de tiroir. Une fois le papier entièrement sec, taillez le surplus à l'aide d'un couteau universel (*X-acto*™) et d'une règle. Utilisez toujours une lame neuve et bien aiguisée. Plutôt que d'essayer de couper en une seule tranche, faites plusieurs coupures légères le long d'une ligne. La lame sera moins portée à glisser à l'extérieur de sa course.

5 *Finition*

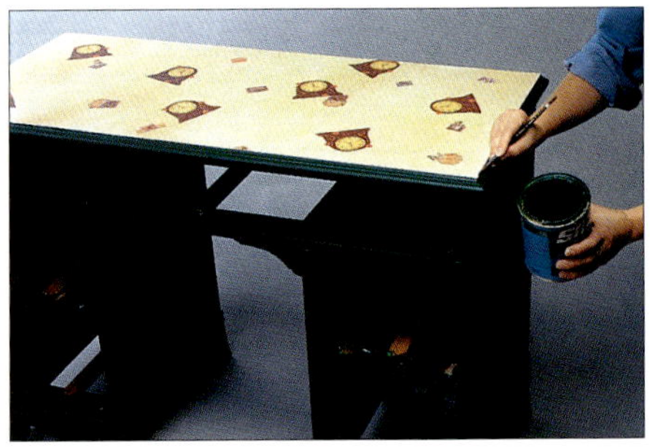

À l'aide d'un pinceau à pointe fine, apportez toute retouche nécessaire.

Appliquez le vernis aux surfaces où la technique de découpage a été appliquée. Ces surfaces requièrent un vernis pour être bien protégées. Si désiré, vous pouvez vernir le bureau en entier. Appliquez deux couches d'un vernis à base d'eau sans jaunissement. Sablez légèrement avec un papier sablé fin après la seconde couche. Essuyez avec un chiffon à dépoussiérage et appliquez une autre couche. (Voir *Vernir,* page 48.)

Le découpage pour les devants de tiroir aura un impact formidable si vous utilisez une affiche pleine grandeur qui chevauchera tous les tiroirs. Utilisez cette technique sur une commode ou une armoire aux portes pleines. *(Voir Pour la postérité, page 209.)*

Bureau romantique

D'ORDINAIRE CE BUREAU DEVIENT EXTRAORDINAIRE, ENROBÉ D'UN MAGNIFIQUE TISSU

Recouvrir un meuble de tissu est plus facile à exécuter que ce que pourrait vous laisser croire son fantastique résultat. Inhabituel, audacieux, à couper le souffle - un bureau ou une commode entièrement recouvert d'un riche tissu mérite tous ces qualificatifs et bien plus encore. Les boutiques de tissu décoratif offrent un choix infini de combinaisons de patrons et de couleurs, vous permettant de personnaliser un bureau ou une commode. Les propriétés intrinsèquement romantiques et délicates du tissu sont préservées et protégées grâce à une couche de vernis clair comme du cristal.

Premièrement lisez ceci

Si votre tissu est plus étroit que l'avant et les côtés combinés du bureau ou de la commode à habiller, cousez ensemble deux largeurs de tissu en prenant soin de faire concorder le motif et repassez la couture ouverte. Si le tissu n'est pas préalablement cousu, un joint évident apparaîtra sur le devant du meuble. Le bureau ou la commode choisi devra être très simple, sans garniture ou décoration à courbes. Les devants de tiroirs doivent dépasser du tiroir et ne pas être du type qui rentre complètement dans l'ouverture. Poser du tissu sur les côtés de tiroirs rapportés les fera plier et cela à condition même qu'on puisse les remettre dans leurs fentes!

Les tissus les mieux adaptés à ce type de travail sont les tissus de décoration tissés - et non les tricots - ni trop lourds ni trop légers et exempts de duvet (contrairement au velours ou au velours côtelé par exemple). Les motifs rayés ou compliqués vous causeront peut-être des problèmes lorsque vous voudrez faire coïncider les motifs d'une pile de tiroirs. Les meilleurs choix sont les patrons à motifs aléatoires ou à petits motifs répétitifs comme sur un tissu à pois. Vous pouvez également les mélanger. Plusieurs compagnies impriment des tissus coordonnés à motifs grands ou petits dans les mêmes couleurs. Vous pouvez les utiliser de façon complémentaire. Recouvrez l'arrière-plan d'un petit imprimé et les tiroirs et le dessus d'un imprimé plus grand.

Avant

Bureau d'étudiant des années 1970 avec dessus de mélamine. Les tiroirs droits et plats et l'absence de détails le rendent idéal pour le recouvrement au tissu.

Matériaux

- tournevis
- 3 m (3 verges) de tissu décoratif, de 135 à 150 cm (54 à 60 po) de largeur (la quantité peut varier selon les dimensions du meuble à recouvrir)
- règle et crayon
- ciseaux
- adhésif pour papier peint à base de cellulose
- toile de peintre de plastique
- gros pinceau doux
- Éponge de ménage
- couteau universel (*X-acto*™)
- épingles de couturière
- un litre de vernis à base d'eau non jaunissant
- papier sablé fin (grade 220), tampon gras
- *Facultatif:* un litre (une pinte) de chacun des suivants : apprêt à base d'eau à adhésion élevée ; peinture latex blanche (étape 1)
- *Facultatif:* outils pour la peinture - pinceau, petit rouleau, bac à peinture
- *Facultatif:* pistolet agrafeur et agrafes
- *Facultatif:* accès à un photocopieur
- *Facultatif:* fusil à colle chaude ou colle de charpentier

1 *Préparation*

Si possible, retirez le dessus et enlevez tous les tiroirs, puis retournez le bureau à l'envers. (Recrutez un aide si le bureau est lourd.) Dévissez toutes les vis qui retiennent le dessus.

Retirez toute la quincaillerie et sablez toute bosse de la surface du bureau. Même les plus petites bosses feraient froisser le tissu.

Si le tissu présente des zones plus pâles, les variations de couleur du bureau apparaîtront à travers le tissu. Pour éviter ce problème utilisez un apprêt à base d'eau pour peindre toute surface qui ne serait pas blanche, recouvrez aussi les taches ou tout autre motif qui risque de transparaître. Si des imperfections apparaissent à travers la couche d'apprêt, appliquez une couche de peinture blanche. Si la finition du bureau est d'une couleur autre que blanche, apprêtez le bureau et peignez-le en blanc. (Voir *Techniques de base de la peinture,* page 34.) Laissez sécher complètement.

2 *Tailler le tissu*

Placez le tissu contre l'avant du bureau, mesurez et marquez la hauteur plus un dégagement de 5 cm (2 po) aux parties supérieure et inférieure. Si le motif imprimé affiche une direction (vigne grimpante sur un treillis, par exemple), placez le tissu à l'endroit et vers le haut. Coupez tout droit dans le tissu.

Assurez-vous que la largeur soit suffisante pour recouvrir l'avant (où vont les tiroirs) et deux côtés contigus. (Voir *Premièrement lisez ceci,* page précédente.)

3 *Adhésif pour papier peint*

En vous conformant aux instructions du fabricant, mélangez, dans un petit seau ou dans un bol une certaine quantité de colle à papier peint.

Étalez le morceau de tissu envers sur le dessus sur une toile de peintre en plastique. À l'aide du large pinceau souple, étendez une couche égale de colle sur le tissu en le saturant bien.

4 *Ajuster le tissu à l'avant du bureau*

Couchez le bureau sur le dos (tiroirs enlevés) et drapez le tissu encollé sur le corps du bureau. Le tissu devrait recouvrir l'avant, là où vont les tiroirs, le côté externe et le côté du dégagement pour les jambes, avec le surplus replié à l'arrière. Lissez le tissu avec une éponge humide en éliminant les poches d'air ; veillez à ce que le tissu reste humide. Le principe de cette technique est que les surfaces visibles soient bien lissées tandis que les bords coupés seront repliés et collés à l'arrière, là où on ne peut pas les voir.

Finissez les bords inférieurs du bureau en collant et lissant le tissu en surplus à l'intérieur du bureau.

Ce bureau possède un bord inférieur courbé à l'avant. Pour que le tissu s'y adapte, de multiples crans devront être coupés le long du bord. Puis, le tissu a été lissé et collé à la partie inférieure.

5 *Finition des ouvertures des tiroirs*

À l'aide d'un couteau universel (*X-acto*™) bien aiguisé, coupez un petit X dans le centre d'une ouverture de tiroir. Avec les ciseaux, élargissez le X, en coupant jusqu'aux coins de l'ouverture.

Taillez les quatre morceaux de tissu en V et lissez-les bien par-dessus les rebords, en les repliant à l'intérieur du bureau.

Répétez l'opération pour toutes les ouvertures de tiroir. Si les sections commencent à sécher, ajoutez de la colle au besoin et maintenez l'humidité du tissu à l'aide d'une éponge humide.

6 *Ajuster le tissu, suite*

Redressez le bureau. Taillez le tissu de façon à le superposer de manière soignée tout le long du dessus et des rebords arrière du bureau. Repliez-le par-dessus le rebord jusqu'à l'intérieur et collez-le.

Les coins resteront bien carrés si vous coupez le tissu de surplus, puisque vous le repliez et collez en place. Les coins qui seront invisibles peuvent être agrafés.

Vérifiez le tissu, assurez-vous qu'il est parfaitement collé et ne présente pas de bord relâché ou de poches d'air.

Continuez à coller le tissu sur le reste du bureau, en faisant coïncider le motif à mesure que vous avancez. Là où se rejoignent les bords du tissu, repliez vers le dessous, comme une étroite couture, pour éviter un rebord déchiqueté. Laissez la colle sécher complètement. À mesure qu'elle sèche, vérifiez qu'elle ne se soulève pas. Si elle se soulève, mouillez à fond le tissu avec une éponge trempée dans la colle et lissez.

7 *Couper pour les devants de tiroir*

À cause des formes enveloppantes de chaque devant de tiroir, les répétitions qu'on retrouve sur le tissu doivent être découpées à partir de trois secteurs de tissu séparés qui se répètent pour coïncider avec le tissu déjà stratifié du bureau.

Placez le tiroir du haut. Coupez une généreuse pièce de tissu, plus grande que le tiroir du haut, qui coïncide avec la section déjà stratifiée du corps du bureau.

Drapez le tissu par-dessus le tiroir avant, en faisant coïncider le motif avec celui du corps du bureau. Une fois le tissu en place, marquez les quatre coins du tiroir avant à l'aide d'épingles.

Enlevez le tissu et les épingles et taillez le surplus de tissu, tout en conservant au moins 2,5 cm (1 po) comme rebord. Appliquez la colle sur le tissu.

8 *Stratifier les devants de tiroir*

Drapez le tissu sur le devant de tiroir en piquant des épingles à marquer à chaque coin. Assurez-vous que le tiroir et le tissu sont à l'endroit vers le haut. Taillez le tissu en surplus une fois plus, et laissez-en suffisamment pour qu'il puisse se replier sur le rebord intérieur du tiroir. Enlevez les épingles.

Pour obtenir un coin bien carré, épinglez le tissu au coin du devant de tiroir. Lissez un côté vers le dessous, en le collant au rebord intérieur.

Puis pliez la pointe du second côté en-dessous. Lissez ce côté dans le rebord intérieur.

9 *Recouvrir le dessus du bureau*

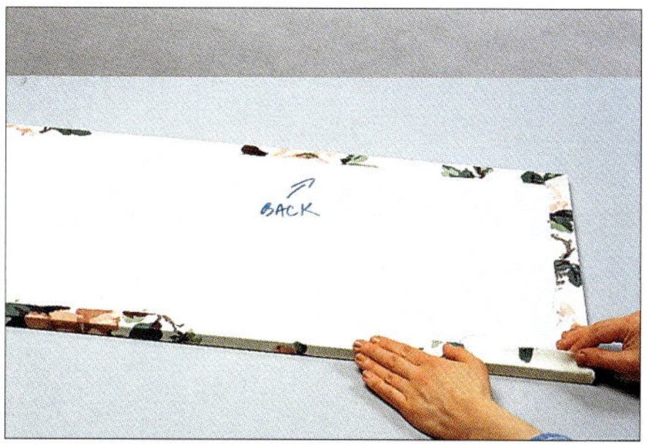

Coupez le tissu pour le dessus comme suit. Assurez-vous que le motif du tissu coïncide avec celui du corps du bureau et qu'il court dans la bonne direction, de l'avant vers l'arrière. Vérifiez également que le rebord soit suffisant pour que les bords effilochés soient cachés lorsque le dessus sera réattaché au corps. Si le tissu n'est pas assez large, essayez de faire courir le patron sur le sens de la largeur. Quelques patrons à grands motifs peuvent se placer des deux façons. Comme alternative, utilisez une peinture de couleur coordonnée sur le dessus du bureau. Ou encore photocopiez le motif du tissu et appliquez-le en découpage sur le dessus du bureau de manière aléatoire. (Voir *Secrets victoriens,* page 75.) Collez le tissu sur le dessus de bureau en le pliant et en le taillant en coins bien droits. Laissez sécher complètement.

À mesure que les devants de tiroir sèchent, vérifiez que le rebord interne soit bien collé. S'il se soulève, collez-le avec un fusil à colle chaude ou de la colle de charpentier. *Si vous utilisez un fusil à colle, attention de ne pas vous brûler les doigts.* La colle devient assez chaude pour entraîner des brûlures graves, elle adhère à la peau et continue à brûler.

10 *Vernissage*

Une fois la colle bien sèche, vernissez toutes les zones recouvertes de tissu pour leur assurer une protection. Appliquez une couche de vernis à base d'eau sans jaunissement sur toutes les surfaces de tissu. Laissez le vernis sécher complètement. Appliquez une seconde couche de vernis sur toutes les surfaces de tissu. Laissez sécher complètement.

À l'aide d'un papier sablé fin, sablez très délicatement les surfaces vernies. Ne vous inquiétez pas si les couleurs du tissu présentent un effet nuageux. Essuyez tout résidu et poussière de sablage avec un chiffon à dépoussiérer. Vernissez de nouveau. Si le tissu est encore poreux, répétez les opérations de sablage et de vernissage.

Réinstallez le dessus du bureau et la quincaillerie.

Quand l'art est créatif

DES COULEURS JOLIMENT SUPERPOSÉES ATTIRENT L'ATTENTION, ILLUMINÉES PAR DES CRÉATIONS EN CUIVRE

Un vert acidulé, étalé sur du bleu brillant et épicé de créations de cuivre au pochoir, transforme un bureau démodé en une vibrante oeuvre d'art contemporain. Ce bureau affiche une texture, des couleurs et des motifs agressifs - des éléments qui créent une oeuvre novatrice et fascinante. Pas prévue pour les coeurs faibles, cette combinaison de matériaux tactiles, de pochoirs aléatoires et de couleurs éclatantes demande des nerfs solides. Mais les félicitations des admirateurs récompenseront votre audacieuse décision.

Premièrement lisez ceci

Les couleurs acides et froides se frottent l'une contre l'autre dans cette technique de peinture. Cette méthode de peinture consiste en l'application de couches de couleurs, puis de sablage léger de ces couches à l'aide d'une éponge à décapage en plastique dur jusqu'à ce que les couleurs sous-jacentes soient exposées. Si votre bureau possède un fini de plastique stratifié, utilisez une peinture mélamine. (Voir *Peinture à mélamine,* en page 27.) Également démontrée une méthode de frottis, technique à l'effet similaire à une peinture sablée. Le pochoir peut être exécuté dans une gamme de couleurs contrastantes ou avec des feuilles métalliques - or, argent ou bronze - et un pochoir fabriqué à la maison ou acheté en magasin. Pour les feuilles métalliques, vous aurez besoin d'une feuille, d'un adhésif et d'un scellant compatibles. Pour les découpes de cuivre, achetez une ou plusieurs feuilles de cuivre, du type utilisé dans les trousses de brunissage de cuivre. Vous aurez également besoin d'une solution de morsure et de patine bleue ou verte. Ces traitements chimiques, utilisés pour oxyder le cuivre et produire un effet patiné, sont disponibles dans toutes les boutiques de matériel d'artiste ou d'artisanat.

AVANT

Ce bureau d'apparence médiocre et sans personnalité mérite qu'on lui donne un peu de piquant.

MATÉRIAUX

- un litre d'apprêt à base d'eau et à adhérence élevée
- peinture latex fini coquille d'oeuf, 1 litre de chacun des suivants : bleu brillant, vert mousse, vert chartreuse
- outils pour la peinture : un pinceau, un petit rouleau, un plateau à rouleau
- éponge à décapage en plastique
- chiffron ou papier rebut
- pinceau économique à bout carré, 1,25 cm (1/2 po) de largeur
- pochoir acheté ou pochoir de plastique ou encore carton (étape 4)
- colle à vaporiser ; papier ou toile de protection
- feuille de cuivre et scellant et adhésif compatibles
- feuille de cuivre mince, ciseaux résistants
- solution de morsure (souvent appelé « Metal Master » et disponible dans les boutiques de matériel d'artiste ou d'artisanat)
- chiffon ou pinceau
- fluide à patine bleu ou vert (disponible dans les boutiques de matériel d'artiste ou d'artisanat), pinceau souple
- scellant (fait par le fabricant de la patine)
- petit marteau et petits clous de laiton
- un litre de vernis à base d'eau non jaunissant
- *Facultatif :* pinces à aiguille

1 *Peinture*

Voir *Techniques de base de la peinture* (page 34). Préparez, apprêtez et appliquez sur le corps du bureau deux couches de peinture au latex bleu brillant. Appliquez sur les devants de tiroir deux couches de vert mousse. Laissez sécher complètement.

Appliquez le vert mousse partout sur le corps du bureau, en le brossant de façon aléatoire Laissez sécher.

Appliquez la couleur chartreuse de façon aléatoire sur certaines parties des devants de tiroir. Laissez sécher complètement.

2 *Peindre et abîmer*

Peignez une couche de couleur chartreuse sur le corps du bureau, en recouvrant la plus grande surface possible. Lorsque la peinture est sèche au toucher, poncez fermement avec l'éponge à décapage, en supprimant des couches de peinture pour exposer les couches sous-jacentes dans les zones où le bureau présenterait une usure naturelle, comme le long de la garniture, dans les coins et en des endroits choisis du dessus et des côtés. Ne frottez pas trop fort pour ne pas aller jusqu'à l'apprêt. Si vous le faites accidentellement, vous pourrez toujours retoucher par la suite.

Peignez les devants de tiroir avec le bleu brillant. Poncez la peinture, exposant les diverses couches sous-jacentes.

3 *Technique du frottis*

Vous pouvez ajouter des couleurs plus contrastantes à la surface grâce à la technique de frottis, si désiré. Trempez le pinceau dans la peinture. Essuyez le surplus de peinture sur un chiffon ou un morceau de papier rebut. Brossez la peinture restante sur la surface du bureau. C'est comme d'essuyer un pinceau usagé, en oubliant une couche mince et transparente de peinture sur la surface. La peinture sera épaisse lorsque vous commencerez mais s'éclaircira à mesure que vous brosserez. Effectuez des retouches au besoin.

4 *Pochoir de feuille de cuivre*

Ajoutez un motif de feuille de cuivre au pochoir au bureau de façon aléatoire. Utilisez un pochoir acheté en magasin ou coupez une forme à partir d'un pochoir de plastique (disponible dans les boutiques d'artisanat) ou encore dans un carton léger. Pour faciliter l'opération du pochoir, enduisez l'arrière de ce dernier de colle aérosol. Mettez le pochoir de côté pendant une heure ou plus jusqu'à ce que la colle soit légèrement gommeuse. Placez le pochoir sur le bureau et peignez la zone de l'illustration avec un adhésif pour feuille de cuivre. Enlevez le pochoir. Répétez l'opération à tous les endroits où vous désirez un motif de pochoir.. Laissez l'adhésif sécher. Il reste toutefois très gommeux.

Placez une feuille de cuivre sur l'adhésif. Lissez-la avec vos doigts.

À l'aide d'un petit pinceau, brossez le surplus de feuille de cuivre des bords de l'illustration. Répétez l'opération pour toutes les zones où vous avez appliqué le pochoir d'adhésif. Avec le scellant pour feuille de cuivre, peignez les motifs de la feuille de cuivre au pochoir.

5 *Feuille de cuivre*

Dessinez des patrons et retracez-les ou coupez à main levée des formes à partir d'une feuille de cuivre. *Soyez très prudent lorsque vous coupez ce cuivre.* Les rebords peuvent être extrêmement tranchants. Ils peuvent causer des blessures beaucoup plus douloureuses et agaçantes qu'une coupure avec une feuille de papier... (Le port de gants de cuir maillés peut contribuer à protéger vos mains.)

Placez les découpes sur un papier, face vers le haut, et peignez-les à la solution de morsure.

À l'aide d'un chiffon ou d'un pinceau, recouvrez les découpes de patine verte ou bleue. Laissez sécher pour que la couleur prenne bien. Vérifiez les instructions sur le contenant de scellant pour déterminer la période d'attente avant de sceller (souvent trois jours).

Avec un pinceau souple et sec, essuyez la patine en surplus.

Recouvrez le côté de la patine de cuivre de scellant. Laissez sécher complètement.

À l'aide d'un petit marteau et de petits clous de laiton, clouez les découpes de cuivre sur le bureau. Si les clous sont très courts, utilisez des pinces à aiguille pour maintenir les clous pendant que vous les plantez.

Protégez la peinture, lissez les bords des pièces de cuivre et enrichissez leur couleur en recouvrant le bureau de deux ou trois couches de vernis à base d'eau, sans jaunissement. (Voir *Vernir,* en page 48.)

Fixez la quincaillerie.

C'est l'emploi de traitements spéciaux comme les peintures métalliques sur une surface texturée qui fait la différence entre un peintre et un artiste. Illustré ici, pochoir inversé sur un arrière-plan peint à l'éponge. (Voir Coiffeuse astrale, en page 203.)

Commodes

Que vous soyez fou de Matisse, de Klimt ou que vous ayez un penchant pour Picasso, vous pouvez donner une finition à votre commode, selon vos goûts. Les pièces ornementales avec moulures décoratives permettent des techniques de peinture intéressantes. Les façades unies et les pièces lisses sont parfaites pour le montage de grandes affiches picturales, donnant ainsi à tout style une importante métamorphose. Et n'y mettez pas simplement vos chaussettes; une commode traitée comme une œuvre unique et créative de peintre n'a pas besoin de demeurer dans la chambre à coucher. Les petites commodes sont idéales pour conserver les vieux vêtements dans une entrée. L'ajout d'une petite bibliothèque sur le dessus de la commode peut la transformer en vaisselier de cuisine ou de salle à dîner.

Bandes à la rescousse

DE LARGES BANDES AUX COULEURS NEUTRES REDÉFINISSENT UNE COMMODE MONTÉE

Des bandes amples de passage de couleurs discrètes et des boutons surdimensionnés de cristal taillé noir élèvent cette commode à un nouveau niveau, transcendant le patron prévisible des bandes de stores rigides. C'est une approche moderne de rayage, se rapprochant de la confection à la main et s'éloignant des bandes faites à la machine.

Premièrement lisez ceci

Cette métamorphose très rapide et facile fonctionne mieux sur une pièce ayant des lignes simples, une façade plate avec des tiroirs encastrés et peu de garniture ou autres détails. Plusieurs pièces des années 1950 sont parfaites pour ce traitement. Appliquez d'abord une couche de fond, de la couleur la plus pâle de votre trio de couleurs. Si votre commode a un fini plastique laminé, utilisez une peinture à base de mélamine. (Voir *Peinture à mélamine,* en page 27.) Du ruban large de peintre est utilisé comme guide pour peindre les bandes, éliminant ainsi toutes les prises de mesures pénibles. Tout le caractère de cette pièce est un départ évident vers la perfection. Il est évident que le peintre a dû prendre plaisir à la peindre.

Cette technique requiert une certaine discipline avant de pouvoir faire des effets stylistiques - vous gardant de trop lisser et de rendre votre travail trop soigné. L'apparence vaguement définie peinte à la main de cette technique peut éprouver la patience d'une personne, car tout l'effet n'est apparent qu'à la toute fin. La quincaillerie doit parler par elle-même. Choisissez des boutons de tiroirs de couleurs extravagantes ou des boutons de portes d'armoire surdimensionnés. Vous aurez peut-être de la difficulté à trouver de la quincaillerie vraiment tape-à-l'œil dans des couleurs et styles extravagants. Fouillez dans les présentoirs d'articles en vente pour des morceaux qui peuvent être mélangés ou assemblés.

AVANT

Une commode montée en bois et utilisable de qualité moyenne et sans grande personnalité. Ajoutez des teintes neutres – taupe, blanc cassé et noir – avec du punch.

MATÉRIAUX

- un litre d'apprêt à base d'eau et à adhérence élevée
- un litre de peinture au latex avec fini coquille d'oeuf dans une teinte blanc ivoire
- outils pour la peinture : pinceau à peinture de 1 ½ po (4 cm), un petit rouleau, un plateau à rouleau
- ruban à mesurer et crayon
- ruban-cache pour peintre, 2 po (5 cm) de largeur (Pour des bandes étroites, achetez du ruban-cache plus étroit.)
- 5 litres peinture acrylique (noir mars) ou au latex (noir)
- pinceau d'artiste à pointe fine
- 5 litres peinture acrylique ou au latex, taupe
- un litre vernis à base d'eau qui ne jaunit pas
- quincaillerie exceptionnelle
- *Facultatif :* pinceau en mousse

1 *Appliquer la couche de fond*

Voir *Techniques de base de la peinture* (page 34). Préparez la commode, donnez-lui une couche de fond et peignez-la avec deux couches de peinture au latex couleur blanc ivoire. (Si vous utilisez des couleurs autres que celles spécifiées, utilisez la couleur la plus pâle pour la couche de fond.)

2 *Masquer*

Peignez les bandes noires en premier. Commencez par mesurer le centre de la façade et du dessus de la commode en traçant des points à plusieurs endroits.

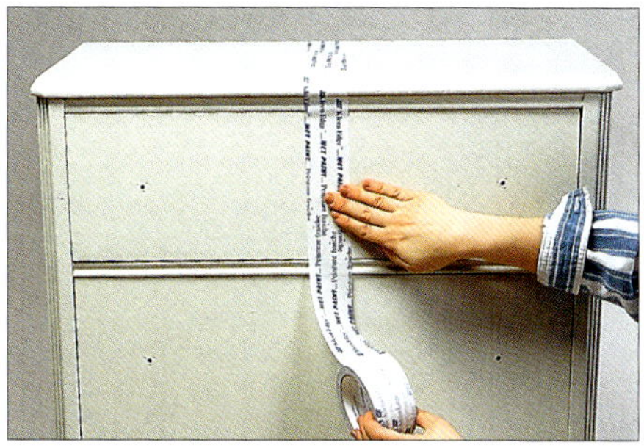

Utilisez du ruban-cache. En commençant par le dessus vers l'arrière, posez le ruban-cache à travers le dessus et descendez le ruban sur la façade de la commode, en vous assurant que le centre du ruban passe sur les marques.

Posez un autre morceau de ruban-cache juste à côté du morceau central pour que les côtés se touchent sans qu'ils ne se chevauchent. Continuez à poser des bandes jusqu'à ce que le dessus et la façade de la commode soient complètement couverts. Ne vous inquiètez pas si le ruban ne colle pas parfaitement à la surface.

3 *Peignez des bandes noires*

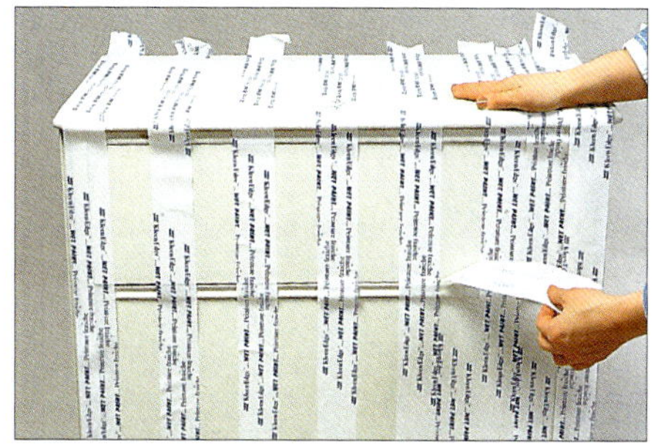

Enlevez les morceaux de ruban situés de chaque côté du morceau central. Continuez à enlever un morceau de ruban sur deux.

Utilisez une peinture acrylique ou au latex de teinte noire et peignez les bandes noires. Délayez la peinture au besoin, pour qu'elle s'écoule du pinceau. Immergez le pinceau dans la peinture noire. Passez le pinceau entre les deux morceaux de ruban sur le dessus et sur la façade, en croisant les tiroirs, les divisions et la garniture d'un seul jet, si possible. Évitez de peindre sur le ruban. Ce dernier doit servir simplement de guide lorsque vous peignez entre les deux bandes. Répétez les étapes pour peindre entre tous les morceaux de ruban. Les lignes *doivent* être imparfaites. Laissez la peinture sécher, puis déterminez si vous devez donner une deuxième couche sur les bandes. Enlevez le ruban adhésif. Résistez à l'envie de nettoyer les extrémités des bandes.

4 *Peindre des bandes taupe*

En utilisant la peinture taupe et un pinceau à fine pointe, peignez des bandes à main levée à côté des bandes noires. Ces bandes taupe devraient ressembler à une ombre, adoucissant ainsi l'effet général des bandes noires. Déposez la commode sur le dos pour faciliter l'application de la peinture pour les bandes. (Si votre commode est pesante, demandez à un ami de vous donner un coup de main.)

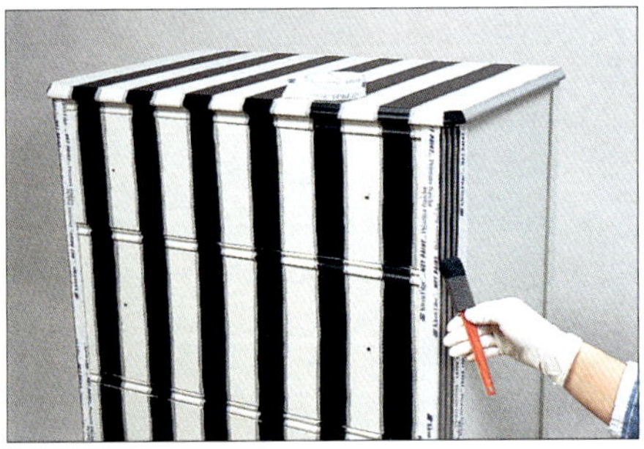

Facultatif: cette commode des années 1950 a une garniture rainurée aux coins. Cette caractéristique a été mise en évidence en appliquant de la peinture taupe dans les rainures. Ensuite, un pinceau en mousse a été utilisé avec la peinture noire pour accentuer les parties surélevées.

5 *Rayer les côtés*

Répétez les étapes 2 et 3, en posant du ruban-cache sur les côtés de la commode et en peignant des bandes de couleur taupe.

6 *Vernissage*

Pour protéger la peinture et ajouter de la richesse à la couleur, vernissez la commode avec un vernis à base d'eau qui ne jaunit pas. (Voir *Vernir,* en page 48.)

Installez la nouvelle quincaillerie.

L'utilisation de ruban-cache comme guide pour la peinture ne doit pas se limiter à des rayures larges, telles que montrées dans ce projet. Illustrée ci-dessus, la commode a été peinte avec des bordures décoratives et des motifs linéaires de cette manière, ensuite arrosée de points et lignes fantaisistes, tous dans des couleurs pastels discrètes. *(Voir Pêches à la crème, en page 215.)*

Coiffeuse astrale

Décrochez la lune et les étoiles avec des pochoirs inversés

Peignez une voie lactée constellée d'étoiles et de lunes d'or et de cuivre sur un fond peint suédé pour enchanter une chambre à coucher. Ces motifs appréciés de tous, placés au hasard, donnent à tout meuble vieilli, plus particulièrement les commodes ou les coiffeuses, une sensibilité riche et contemporaire. L'aspect « feuille d'aluminium » d'une galaxie métallique peinte au pinceau offre un contrepoint austère et vibrant sur un arrière-plan doux, peint à l'éponge dans des teintes brumeuses de beige fumée ou neutre.

Premièrement lisez ceci

Les techniques de pochoir traditionnelles vous offrent une couche de peinture uniforme et lisse. Pour obtenir un effet de peinture au pinceau, utilisez une technique de pochoir inversé. La couleur (cuivre) de l'image au pochoir est peinte en premier. Ensuite, les images découpées auto-adhésives (décalques) de lunes et d'étoiles sont immobilisées dans la peinture cuivre. La couleur de la couche de fond est appliquée et peinte à l'éponge sur les décalques de lunes et d'étoiles et la zone les entourant. Finalement, les décalques sont enlevés pour afficher les motifs peints au pinceau, qui offrent un contrepoint parfait à l'arrière-plan doux peint à l'éponge. Peindre des meubles à l'éponge est différent de peindre un mur à l'éponge. La technique est semblable, mais l'échelle est beaucoup plus petite. Essayez de trouver une éponge naturelle ou synthétique qui a de petits pores pour obtenir une texture plus raffinée avec moins de bavures. Alors que le motif de la lune et des étoiles est très populaire et idéal pour la technique de pochoir, beaucoup d'autres formes simples peuvent également donner de très bons résultats. (Les modèles pour les pochoirs se trouvent en page 207.)

AVANT

Un ensemble commode de style en cascade des années 1950, mais sans les belles incrustations des commodes et coiffeuses de meilleure qualité de son époque. Au lieu, cet ensemble était couvert d'un fini bosselé étrange composé d'un produit semblable à de la résine vaporisée.

MATÉRIAUX

- un litre d'apprêt à base d'eau et à adhérence élevée
- outils pour la peinture : un pinceau, un petit rouleau, un plateau à rouleau
- ruban adhésif, 5 cm (2 po) de large
- un marqueur et des ciseaux
- tubes d'acryliques, cuivre irisé et or
- pinceau d'artiste à pointe carrée moyenne à bon marché
- un litre de peinture au latex avec fini coquille d'oeuf, blanc cassé (étape 4)
- un litre de peinture au latex avec fini coquille d'oeuf, taupe
- tubes d'acryliques, terre de sienne et oxyde jaune
- contenants plats pour les peintures
- éponge synthétique ou naturelle pour la peinture à l'éponge
- couteau universel (*X-acto*™)
- pinceau d'artiste à pointe fine
- un litre de vernis à base d'eau non jaunissant
- *Facultatif :* ½ litre de peinture au latex, bleu ardoise
- *Facultatif :* tubes d'acryliques, gris de Payne et bleu de Phthalo

1 *Apprêt*

Voir *Techniques de base de la peinture* (page 34). Préparez et donnez une couche de fond, mais *ne peignez pas* la commode.

2 *Découper des décalques de pochoir inversé*

Tracez les modèles en page 207 sur un morceau de ruban-cache pour peintre. Coupez cinq morceaux de ruban-cache et les empiler, en mettant le tracé des modèles sur le dessus. Découpez les modèles à travers toutes les couches de ruban-cache. Placez les décalques de côté. Vous ne saurez pas le nombre exact de décalques dont vous aurez besoin jusqu'à ce que vous les appliquiez à la commode.

3 *Placer les décalques de pochoir inversé*

Avec les tiroirs en place dans la commode, peignez les endroits pour les motifs de lunes et d'étoiles en brossant des taches sur la commode dans un ordre aléatoire, en utilisant le pinceau à pointe carrée et les acryliques cuivre et or. Au lieu de mélanger les couleurs, mettez de la peinture de chaque tube directement sur le pinceau. Les coups de pinceaux sont recommandés. Vérifiez que les taches soient assez grandes pour contenir les décalques de lunes et d'étoiles. Laissez sécher.

Un par un, collez les décalques sur les taches cuivre et or, jusqu'à ce qu'il y ait un décalque sur chaque tache. Découpez plus de décalques, au besoin.

4 *Peinture*

Remarque : les instructions sont pour peindre l'arrière-plan dans une teinte brun clair. Pour un arrière-plan en bleu tempête, substituez les peintures facultatives bleue et grise. (Voir l'étape 7.)

Reportez-vous à la rubrique *Techniques de base de la peinture* (page 34). En utilisant le pinceau, le rouleau et la peinture au latex blanc cassé, appliquez une couche de peinture sur la commode, en peignant sur les décalques de lunes et d'étoiles. Essayez d'obtenir le plus de recouvrement possible avec cette couche. Elle sera la couche de fond. La couleur de la couche de fond est celle que l'on voit le moins lorsqu'on utilise la peinture à l'éponge. Laissez sécher.

Remarque : si vous peignez l'intérieur des tiroirs, appliquez-leur une deuxième couche. Si vous ne désirez pas peindre la commode à l'éponge, appliquez une deuxième couche de peinture blanc cassé et enlevez les décalques lorsque la peinture sera sèche au toucher, mais encore fraîche. Allez à l'étape 8.

5 *Peinture à l'éponge*

Peignez à l'éponge en sections en commençant par le dessus de la commode. Commencez à peindre à l'éponge lorsque la peinture au latex est sèche au toucher. Versez de la peinture au latex taupe dans un contenant plat. Dans un autre contenant, versez un monticule de chaque acrylique, soit terre de sienne et oxyde jaune. Si vous le désirez, vous pouvez ajouter un glacis et un produit d'addition à la peinture. (Pour plus de renseignements, voir *Glacis* et *Produit d'addition,* en page 28.) Déchirez un morceau d'éponge de la taille d'une balle de tennis. Humectez-le légèrement avec de l'eau, puis immergez-le dans la peinture taupe. Saturez l'éponge de peinture, puis enlevez l'excédent.

Peignez à l'éponge la couleur taupe sur la surface avec un léger mouvement poncif pour que 50% de la couche de fond environ soit visible. Utilisez toujours un mouvement poncif ou de tapotement. Évitez de traîner l'éponge.

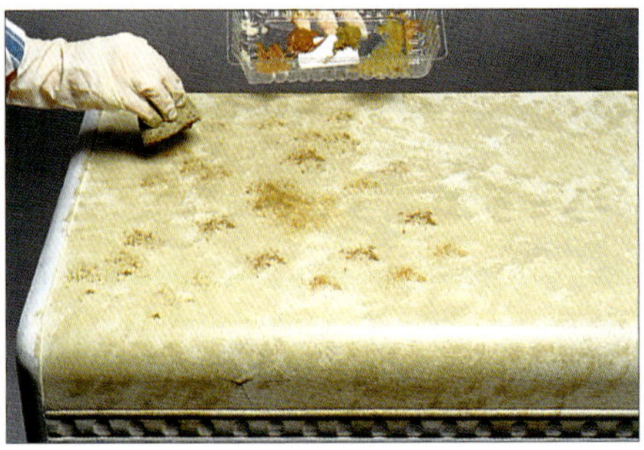

Alors que la taupe est encore humide, immergez l'éponge dans les deux acryliques terre de sienne et oxyde jaune. Peignez à l'éponge ces peintures sur la couleur taupe.

Peindre à l'éponge seulement avec quelques mouvements poncifs crée un patron grossier. Plus il y a de ponçage et d'épongeage, plus l'effet est subtil, mélangé et semblable au suède, surtout si vous peignez à l'éponge sur une peinture encore humide.

6 *Peinture à l'éponge, la suite*

Répétez l'étape 5 pour peindre à l'éponge les tiroirs qui sont en place dans la commode (ou enlevez les tiroirs et alignez-les en ordre pour que le patron soit continu).

Enlevez les décalques alors que la peinture est sèche au toucher, mais encore fraîche. Utilisez la pointe du couteau universel (*X-acto*™) pour soulever un coin, puis enlevez le décalque.

Faites des retouches avec le pinceau à fine pointe aux endroits où la peinture à l'éponge aurait pu s'infiltrer sous les décalques.

7 *Peindre la garniture*

Facultatif: mettez du ruban-cache sur les zones peintes à l'éponge et appliquez une couche de peinture au latex bleu ardoise sur la garniture. Pour une apparence de ciel de tempête, peignez à l'éponge la couche de fond avec les acryliques gris de Payne et bleu de Pthalo.

8 *Vernissage*

Enrichissez la couleur et protégez la peinture en appliquant une ou plusieurs couches de vernis à base d'eau qui ne jaunit pas. (Voir *Vernir,* en page 48.)

PATRONS POUR LES DÉCALQUES DE POCHOIR INVERSÉ

Pour la postérité

AMUSANTS, HISTORIQUES OU ROMANTIQUES, LES AFFICHES AJOUTENT HUMEURS ET INTENSITÉ

Les résultats spectaculaires commencent avec une échelle dramatique. Une affiche surdimensionnée et laminée à l'avant d'une commode illustre ce concept merveilleusement. Les affiches artistiques rendent toutes les humeurs imaginables. Choisissez parmi les maîtres tels que Leonardo da Vinci ou Rembrandt pour les tons sépia riches avec une luminescence chaleureuse. Pour un éclat de couleur, optez pour Miro, Mondrian ou Picasso. Ou pour le côté romantique, sélectionnez les impressionnistes toujours aussi populaires. Les choix sont illimités. Ajoutez de la peinture et des détails à votre arrière-plan et voyez avec quelle facilité votre propre chef-d'œuvre prend forme.

Premièrement lisez ceci

Choisissez une commode ou une armoire qui a une façade plane, sans moulures et garniture qui, lors du laminage d'un affiche, provoqueraient des plis dans le papier. Une commode avec de la quincaillerie est un meuble parfait pour ce traitement. Lorsque vous cherchez une affiche, apportez les mesures de la zone à couvrir, puis choisissez une affiche assez grande pour couvrir complètement la façade de la commode. Travailler avec une affiche qui est trop grande est plus facile qu'avec une affiche trop petite. Évaluez quelle quantité de l'image sera enlevée et si le rognage et la quincaillerie compromettront l'image. Si la boutique d'affiches n'a pas la taille ou le sujet que vous recherchez, visitez la boutique de cadeaux d'une galerie d'art. La plupart des affiches artistiques sont imprimées sur du papier épais, ce qui est idéal pour ce traitement.

Ne soyez pas intimidé par l'ampleur du projet. Couvrir seulement quelques grandes surfaces se fait rapidement, et l'adhésif pour papier peint à base de cellulose maintenant disponible facilite la tâche. Une fois la couleur de la couche de fond peinte, le découpage de l'affiche sur les tiroirs se fait très rapidement. Si votre commode a un fini plastique laminé, utilisez une peinture à base de mélamine pour la couche de fond. (Voir *Peinture à mélamine,* en page 27.)

AVANT

Si vous avez adoré les années 1950, vous pouvez tout simplement procéder au décapage et à la refinition de cette commode. Sinon, sa façade plane et ses lignes simples en font une candidate idéale pour le traitement de l'affiche laminée.

MATÉRIAUX

- litre d'apprêt à base d'eau et à adhérence élevée
- un litre de peinture au latex avec fini coquille d'œuf ou satin dans une couleur qui s'agence bien avec l'affiche
- outils pour la peinture : un pinceau, un petit rouleau, un plateau à rouleau
- une affiche assez grande pour couvrir complètement la façade de la commode
- ruban adhésif
- ruban à mesurer
- couteau X-Acto (avec une nouvelle lame) ou un couteau tout usage
- règle ou autre règle de précision
- marqueur à pointe large dont la couleur s'agence à l'affiche
- adhésif pour papier peint à base de cellulose
- bol à mélanger ou seau
- pinceau large et doux
- Éponge de ménage
- litre de vernis à base d'eau non jaunissant
- papier sablé fin (grade 220), tampon gras
- *Facultatif :* 0,5 litre de peinture au latex, blanc (étape 1)
- *Facultatif :* feuille métallique, composants adhésifs et scellants

1 *Peinture*

Voir *Techniques de base de la peinture* (page 34). Préparez la commode, donnez-lui une couche de fond et peignez-la avec deux couches de peinture au latex. Laissez sécher. Si l'affiche est dans une couleur pâle ou imprimée sur du papier mince, la façade de tous les tiroirs ou autres parties à laminer doit être peinte en blanc.

2 *Découper l'affiche sur la largeur*

Déposez l'affiche sur la surface de découpage et fixez-la avec plusieurs morceaux de ruban-cache. Mesurez et marquez la largeur des tiroirs, en rognant l'image de façon attrayante, au besoin. Au lieu d'utiliser un crayon, utilisez des petits morceaux de ruban-cache, ainsi si une des marques n'est pas correcte, l'affiche ne sera pas défigurée. (Un vieux proverbe de couture : Mesurer deux fois, couper une seule fois.)

Posez le rebord de la règle le long des marques et coupez l'affiche avec le couteau universel (*X-acto*™) (prière d'utiliser une nouvelle lame) en tirant la lame le long du côté de la règle. Lors du découpage de l'affiche, repassez légèrement le couteau le long de la coupure plusieurs fois. Une seule coupe profonde est plus difficile à maîtriser.

3 *Découper pour poser sur les tiroirs*

Positionnez les tiroirs dans la commode en vous assurant qu'ils sont tous dans leurs ouvertures respectives. Enlevez le tiroir du haut et mesurez le panneau du devant. Mesurez et marquez la profondeur du tiroir du haut sur l'extrémité supérieure de l'affiche. Découpez le long des marques. Mettez de côté le tiroir et le morceau de l'affiche, ensemble.

Répétez pour les autres tiroirs, en travaillant du haut vers le bas.

Facultatif : si l'affiche est une image dans des teintes moyennes à foncées, les bords découpés qui sont blancs de l'affiche peuvent distraire l'oeil. Glissez la pointe d'un marqueur, qui correspond de très près à la couleur prédominante de l'affiche, le long des bords découpés.

4 *Adhésif pour papier peint*

Versez environ 4 tasses (1 litre) d'eau tiède dans un petit seau ou un grand bol. Ajoutez l'adhésif pour papier peint en suivant les instructions, en lui donnant le temps de se tenir et d'épaissir, au besoin.

Appliquez l'adhésif sur la façade des tiroirs en séquence du haut vers le bas pour éviter les mélanges. Étendez l'adhésif avec le pinceau large sur la façade du tiroir du haut.

Appliquez l'adhésif uniformément sur les deux faces du morceau de l'affiche. Il ne doit pas y avoir d'endroits secs.

5 *Laminage*

Positionnez le morceau d'affiche, côté droit supérieur, sur la façade du tiroir.

Commencez par aligner un coin et un côté, puis posez l'affiche avec soin sur le tiroir. Commencez toujours au même endroit chaque fois que vous laminez la façade des autres tiroirs (par exemple, le coin supérieur droit).

À l'aide d'une éponge humide, lissez l'affiche en partant du centre vers les côtés, chassant ainsi les poches d'air et en vous assurant que le papier soit en contact avec la façade du tiroir.

Vous avez peut-être remarqué deux éléments ennuyants. Premièrement, l'affiche s'est étirée et traîne d'un ou deux côtés. Ne vous en faites pas. Le papier en surplus sera taillé lorsqu'il sera sec. *Ne le taillez pas pendant qu'il est humide.* Deuxièmement, le papier a formé des ridules. Laissez-le faire. Lorsque le papier sèche, il rétrécit et les ridules disparaîtront. Si vous tentez d'aplatir les ridules, vous endommagerez l'affiche.

Continuez à coller toutes les sections de l'affiche sur la façade des tiroirs restants. Laissez sécher complètement.

Collez les sections de l'affiche sur tout autre section de la commode, au besoin. Laissez sécher.

6 *Finition*

Avec le couteau universel (*X-acto*™) ou un couteau tout usage et la règle, taillez avec soin l'excédent de papier le long des bords de la façade des tiroirs et retouchez le coté découpé avec le marqueur correspondant.

Pour enrichir la couleur et protéger la peinture, appliquez trois couches de vernis à base d'eau qui ne jaunit pas sur la façade des tiroirs et sur tous les autres endroits où vous avez laminé des morceaux de l'affiche. Après la deuxième couche, sablez légèrement le vernis avec un papier sablé fin et essuyez toute la poussière avec un chiffon de dépoussiérage. Appliquez la couche finale. Il est recommandé de vernir la commode au complet. (Voir *Vernir, en* page 48.) Utilisez la pointe du couteau universel (*X-acto*™) pour couper des ouvertures aux trous déjà existants pour la quincaillerie. Installez la nouvelle quincaillerie.

Facultatif : appliquez des feuilles métalliques or, argent ou cuivre sur la garniture de la commode. (Voir *Droits miniers* en page 279 et les étapes 2 et 3.)

Si vous ne pouvez pas trouver une affiche qui correspond à votre commode, essayez de laminer la façade des tiroirs avec du tissu. (Voir Idylle de bureau, en page 183.) Le tissu est plus facile à appliquer que les résultats extraordinaires d'une apparence professionnelle peuvent le laisser croire. Le vaste choix de patrons et de couleurs offerts fait du tissu un substitut naturel à l'affiche.

Le découpage peut être appliqué de plusieurs façons, à part du recouvrement complet. Les reproductions en couleurs d'œuvre d'art ou les photos des calendriers ou affiches peuvent être laminées sur des meubles. Ces images sont encadrées d'un faux plâtre à relief (en réalité, scellant à base de silicone), qui est ensuite peint. (Voir Directement du paradis, en page 221.)

Pêches à la crème

Une bagatelle peinte à la main, composée de petits fruits, d'abeilles et de bric-à-brac

En tout premier lieu, les boutons des tiroirs. Trouvés dans une boutique spécialisée en Californie, ils semblent bien mélanger la sensibilité de la côte ouest ensoleillée et le style campagne anglaise. Le reste de la peinture a pris forme tout simplement, un traitement décoratif à main levée de motifs charmants et capricieux peints dans des teintes pastels douces et cendrées. Chacun des motifs est très simple, mais combinés, ils forment un pot-pourri sensationnel. Si l'idée d'une commode dans une cuisine ou une salle à manger vous semble incongrue, créez un vaisselier en plaçant une petite blibliothèque peu profonde, peinte dans le même style, sur le dessus de la commode.

Premièrement lisez ceci

Choisissez pour ce traitement un meuble qui est simple mais gros. L'armoire à tiroirs présentée a été sélectionnée pour son dessus qui dépasse, ses coins arrondis, ses tiroirs encastrés et ses pieds arrondis plutôt amusants. Les boutons de tiroirs peuvent être peints à la main avec des motifs originaux, même si les boutons en porcelaine ou en laiton fonctionnent bien bien. Cette technique comprend trois étapes. Premièrement, la commode est peinte avec une couleur pour la couche de fond. Si votre commode a un fini plastique laminé, utilisez une peinture à base de mélamine pour la couche de fond. (Voir Peinture à base de mélamine, en page 27.) Ensuite, les extrémités et les coins sont adoucis avec une peinture à l'éponge. Puis, les bordures et les motifs sont peints sur chaque surface. La qualité chargée de la peinture à la main est ce qui semble la rendre difficile. En réalité, il s'agit d'un ensemble de patrons simples. Si vous avez une collection de couleurs de peinture acrylique ou au latex, c'est le projet qu'il vous faut. Sinon, commencez votre collection de peintures avec ce meuble.

AVANT

Une commode en bois massif bien proportionnée avec un style intéressant. Le dessus portait des marques et était taché - un candidat idéal à la rénovation.

MATÉRIAUX

- un litre d'apprêt à base d'eau et à adhérence élevée
- un litre de peinture au latex avec fini coquille d'oeuf, de couleur crème pâle
- outils pour la peinture : un pinceau, un petit rouleau, un plateau à rouleau
- éponge synthétique ou naturelle pour la peinture à l'éponge
- tubes d'acryliques (ou substituez avec du latex) de plusieurs couleurs différentes, tons cendrés de pâle à moyen : bleu, brun, gris, vert olive, orange, rose, pourpre, taupe, jaune
- papier essuie-tout
- pinceau d'artiste à pointe fine
- ruban-cache pour peintre, 2,5 cm (1 po) de largeur
- craie ou crayon à mine pâle
- pinceau d'artiste à pointe carrée
- un litre de vernis à base d'eau et qui ne jaunit pas

1 *Peinture*

Voir *Techniques de base de la peinture* (page 34). Préparez la commode, donnez-lui une couche de fond et peignez-la avec deux couches de peinture au latex crème. Laissez sécher.

2 *Peinture à l'éponge*

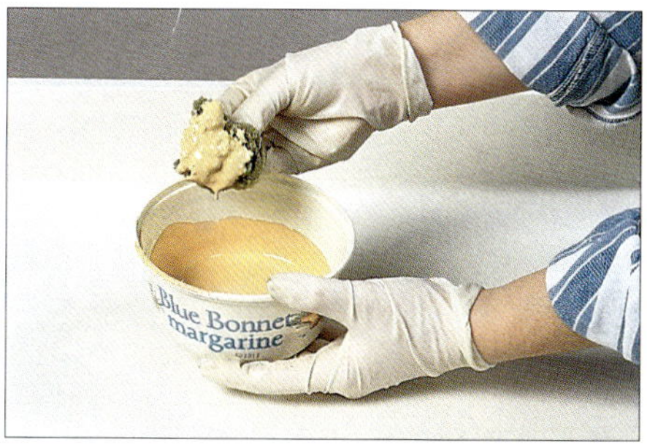

Commencez la peinture à l'éponge avec une bande de couleur (votre choix) de 7,5 cm (3 po) autour du périmètre sur le dessus, en la mélangeant avec la teinte crème comme suit. Délayez la peinture avec de l'eau jusqu'à ce que la consistance soit liquide et crémeuse ou ajoutez un glacis (Voir *Glacis* en page 28.) Déchirez un morceau d'éponge de la taille d'une balle de tennis. Saturez l'éponge et serrez-la.

Commencez à peindre à l'éponge avec un léger mouvement poncif le long du bord. Alors que l'éponge devient sèche, tapotez un peu plus vers le centre, fondant la peinture dans la teinte crème. Au besoin, essuyez l'excédent de peinture avec un papier essuie-tout humide.

Continuez à peindre à l'éponge les périmètres des surfaces planes et les traverses entre les tiroirs en utilisant un assortiment de couleurs. Peignez également à l'éponge les pieds. Lavez complètement l'éponge entre les couleurs. Laissez sécher.

Peignez à l'éponge le périmètre de la façade de chaque tiroir avec une couleur pâle différente. Positionnez les tiroirs dans l'amoire pour observer l'harmonie des diverses couleurs et pour vérifier si des régions exposées ont besoin de retouches. Enlevez les tiroirs. Effectuez les retouches nécessaires.

3 *Peindre les bordures*

Maintenant pour la peinture à la main. Peignez une bordure sur la façade de chaque tiroir dans une teinte plus foncée que celle utilisée pour la peinture à l'éponge. Pour ce faire, posez du ruban-cache de 2,5 cm (1 po) de largeur à l'intérieur du périmètre sur la façade de chaque tiroir. utilisez le ruban-cache comme un guide pour peindre la bordure. Peignez, avec un pinceau à pointe fine, une ligne près (pas par-dessus) du côté intérieur du ruban-cache. La ligne devrait avoir une allure peinte à main, non pas une bande parfaite. Enlevez le ruban-cache.

Ajoutez des détails à la bordure en peignant une série de trois tirets, espacés également autour du côté, à l'intérieur de la bordure.

4 *Peindre des ornements*

Dessinez des ornements à la craie ou au crayon à mine pâle. Délayez la peinture au besoin, pour qu'elle s'écoule du pinceau. Avec un pinceau d'artiste à fine pointe, peignez l'ornement d'un seul mouvement. Utilisez la ligne de craie seulement comme un guide. Essayer de suivre exactement la ligne de la craie entraînera une ligne serrée et hésitante. Les lignes doivent avoir une allure peinte à la main.

Facultatif : l'arbre affiché a été copié de l'un des boutons de tiroir. Il s'agit d'un empilement de formes de lune de trois-quarts avec la forme d'une larme sur le dessus. Ajoutez des feuilles sur les côtés des ornements en appuyant le côté du pinceau à fine pointe sur la surface avec un angle par rapport à la ligne.

Facultatif : ajoutez des vagues bleues avec des points le long de la bordure du haut et des tirets le long de la bordure du bas. Peignez de petits ornements et points sur l'arrière-plan.

5 *Peindre des dents de scie*

Posez du ruban-cache sur la ligne du bas des dents de scie. Peignez les dents de scie avec le pinceau à pointe carrée le long du ruban en tenant le pinceau avec un angle et en le tirant vers le bas par-dessus le ruban pour créer des triangles. Enlevez le ruban-cache alors que la peinture est sèche au toucher, mais encore fraîche. Laissez la peinture sécher complètement.

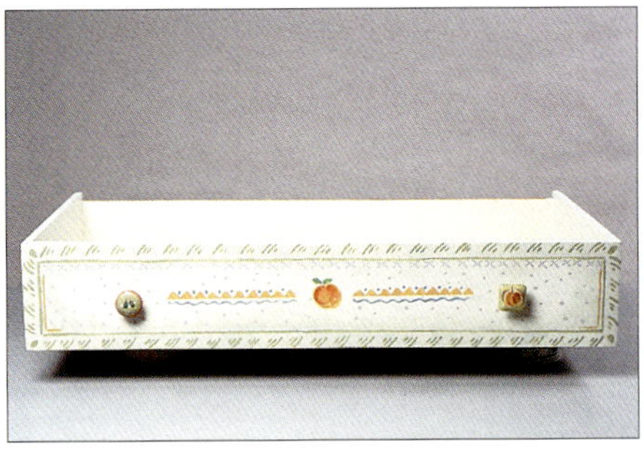

Facultatif : la pêche dans le centre a été copiée de l'un des boutons de tiroir. Il s'agit de la forme d'une pomme peinte dans une douce teinte orangée, puis mise en évidence avec une teinte orange-brun sur les « épaules ». Deux feuilles vertes complètent la pêche.

Ajoutez une rangée de X le long de la bordure du haut, saupoudrez l'arrière-plan de points au hasard et peignez les lignes ondulées et des points pour accentuer le patron en dents de scie.

6 *Peindre un damier*

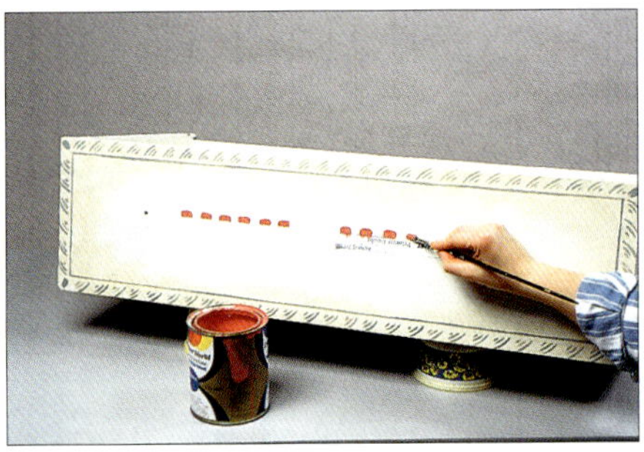

Premièrement, établissez une ligne du damier. Posez du ruban-cache sur la ligne du bas de la première rangée. Avec un pinceau d'artiste à pointe carrée, peignez des briques en les espaçant également le long de la ligne. Enlevez le ruban-cache.

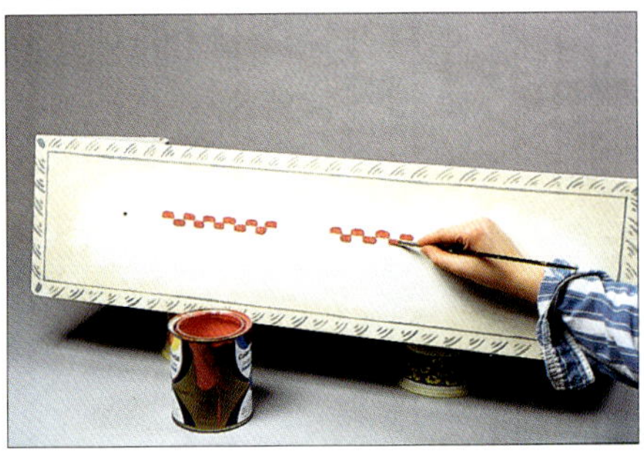

Peignez deux autres lignes de briques au-dessus et en-dessous de la première ligne, en travers des espaces blancs.

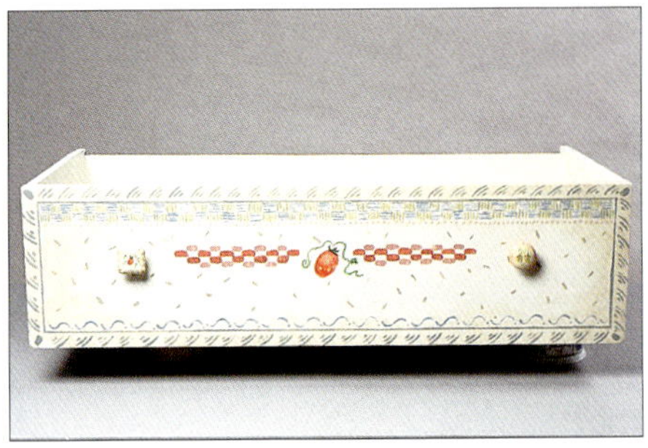

Facultatif : une fraise a été copiée de l'un des boutons de tiroir. Peignez une fraise rose ovale et mettez en évidence un côté en rose plus foncée. Ajoutez des graines en jaune ou vert. Avec des coups de pinceau rapides, ajoutez des feuilles sur le dessus et peignez des vrilles de chaque côté.

Ajoutez un tressage le long du côté supérieur de la bordure, puis des tirets en dessous. Créez des S traînants et nonchalants avec des points le long de la bordure inférieure et peignez des tirets au hasard pour remplir l'arrière-plan.

7 *Peindre le dessus*

Facultatif : peignez un motif dans les coins. Ici, les arbres ont été copiés de l'un des boutons de tiroir. (Voir l'étape 4, deuxième partie.)

Ajoutez une deuxième bordure sur le dessus de la commode. Peignez des points entre les bordures et ajoutez des bourdons, des ornements et des étoiles stylisés au centre. Si vous désirez, ajoutez un diamant superposé ou un patron de treillis couleur crème pâle sur le panneau jaune.

8 *Peindre les côtés*

Sur les côtés de la commode, peignez des ornements sur les coins et une cascade de tirets, étoiles et bordures décoratives avec des zigzags et des triangles dans une variété de couleurs.

9 *Vernissage*

Enrichissez la couleur et protégez la peinture en appliquant une ou plusieurs couches de vernis à base d'eau qui ne jaunit pas. (Voir *Vernissage,* en page 48.)

Peindre des motifs simples, beaucoup de motifs, peut donner au peintre débutant un goût pour la peinture au pinceau et la confiance nécessaire pour attaquer un projet plus difficile comme la peinture populaire illustrée ci-dessus. *(Voir Et si on tournait la table ?, en page 293.)*

Directement du paradis

DE DIVINS CHÉRUBINS ENCADRÉS D'UNE GYPSERIE DÉCORATIVE AUX BORDURES DORÉES

Chaque maison a un peu d'espace pour un peu d'opulence, un départ charmant loin de l'ordinaire, avec les affiches toujours aussi populaires d'anges de la période romantique du XIXe siècle, coupées en ovales de tailles différentes et encadrées d'une frise poétique d'un faux plâtre à relief. Combiné à de la peinture vert sauge dorée brunie, ce traitement paradisiaque crée une ambiance tout en donnant un effet neutre surprenant.

Premièrement lisez ceci

Le scellant au silicone, celui utilisé comme scellant pour les fenêtres et les bains, est un matériel moderne étonnant utilisé pour créer un ouvrage de faux plâtre décoratif. Choisissez un produit scellant à base de silicone qui est peignable. Le silicone a la meilleure adhérence. Achetez le scellant vendu sous forme de tube avec un embout et qui fonctionne avec un pistolet - non pas des petits emballages plastiques pour le bain. Ne soyez pas intimidé par le pistolet. Après quelques coups de pratiques, vous aurez le tour avec le pistolet. Les pages d'un calendrier en couleurs surdimensionné de peintures de Bouguereau rendent bien le côté romantique des anges. Pour le découpage de photos, sélectionnez des affiches ou des calendriers. Ces photos sont habituellement imprimées sur du papier épais. Le papier épais les rendraient normalement inappropriées pour le découpage, mais de ce cas-ci, le silicone cachera les bords coupés. Ce traitement devrait se limiter aux meubles autres que les dessus de table, car la décoration surélevée pourrait endommager les verres et peut être abîmée par l'usure.

AVANT

Une commode des années 1950 aux lignes simples et avec un fini très lacqué qui a eu sa dose de dégâts et de brûlures de cigarettes. Refinition ou peinture ? La propriétaire a opté pour la décoration plutôt que la simplicité.

MATÉRIAUX

- un litre d'apprêt à base d'eau et à adhérence élevée
- outils pour la peinture : un pinceau, un petit rouleau, un plateau à rouleau
- calendrier imprimé ou affiches
- accès à un photocopieur
- ciseaux ou couteau universel (*X-acto*™)
- crayon
- ruban à mesurer ou règle
- adhésif pour papier peint à base de cellulose
- éponge, chiffons
- tube de scellant à base de silicone *peignable*, pistolet à calfeutrage
- fil de métal ou autre objet mince et coupant
- carton ou morceau de bois inutilisé
- règle de précision
- un litre de peinture au latex avec fini coquille d'œuf ou satin dans une teinte blanc ivoire ou vert sauge
- pinceau d'artiste, à pointe carrée bon marché
- pinceau d'artiste, à pointe fine
- tube d'acrylique (ou substituez avec du latex) pour rendre rustique, terre d'ombre brûlée ou vert olive foncé
- tubes d'acryliques, or irisé
- un litre de vernis à base d'eau non jaunissant

1 *Apprêt*

Voir *Techniques de base de la peinture* (page 34). Préparez et donnez une couche de fond, mais ne peignez pas la commode. Si votre commode a un miroir, retirez-le, mais n'oubliez pas de le travailler à chaque étape appropriée.

2 *Découper des images de forme ovale*

Photocopiez le patron du modèle de l'ovale (page 225), en réduisant ou élargissant le patron pour qu'il soit de la bonne taille pour le dessus de votre commode ainsi que la façade des tiroirs. Découpez le centre du patron ovale et tracez l'ovale sur l'image du calendrier (ou affiche), en faisant quatre très petites marques sur les bords de l'image aux lignes transversales. Découpez les images du calendrier le long de votre ligne.

Marquez les positions pour les images ovales sur la commode en mesurant et en marquant légèrement d'une croix au point central où vous désirez mettre l'image. Faites correspondre les quatres marques sur l'ovale avec les lignes de la croix.

3 *Découpage*

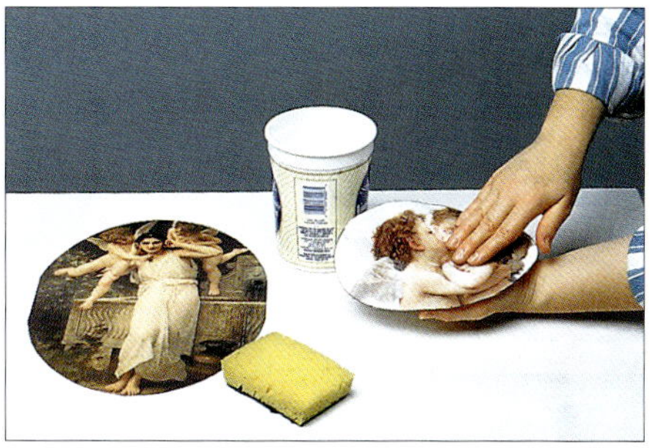

En suivant les instructions du fabricant, mélangez une petite quantité d'adhésif pour papier peint dans un bol. Frottez doucement l'adhésif sur les deux côtés d'un ovale, le couvrant complètement. Positionnez l'ovale sur la commode.

Lissez l'image avec une éponge humide en partant par le centre vers l'extérieur, en éliminant les bulles d'air et en essuyant l'excédent d'adhésif. Ne frottez pas vigoureusement. L'image imprimée pourrait s'enlever.

Répétez pour tous les ovales. Laissez l'adhésif sécher complètement. Vous pourriez voir de petites ridules se former dans le papier mouillé. Prenez votre courage à deux mains, car vous ne devez pas tenter d'éliminer les ridules. Lorsque le papier sèche, il rétrécit et les ridules disparaîtront. Si vous tentez d'aplatir les ridules, vous endommagerez l'affiche.

4 *Planifier le relief en plâtre*

Mettez la quincaillerie en place, mais ne l'installez pas. Tracez au crayon les patrons du plâtre en relief sur la commode, en évitant la quincaillerie. Vous suivrez ces patrons avec le pistolet à calfeutrage.

Faites des lignes simples, avec des boucles larges, en évitant les patrons recherchés et les courbes serrées qui peuvent être difficiles à suivre avec un gros pistolet à calfeutrage. Les lignes droites sont parfaites pour les bordures.

Si votre commode a un miroir, marquez l'endroit où il repose pour pouvoir éviter la zone.

5 *Essayer le scellant*

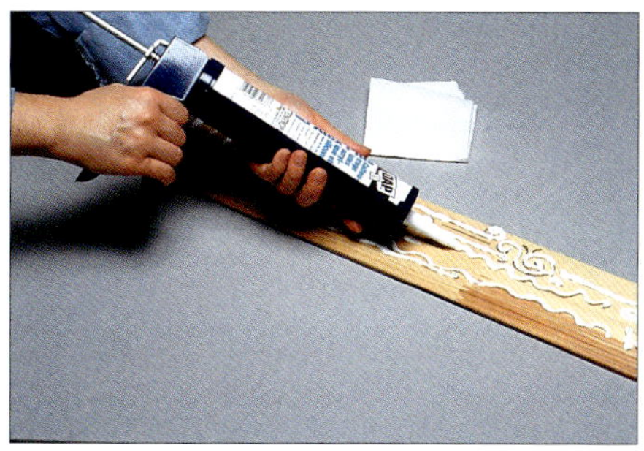

Coupez le bout de l'embout de plastique du tube de scellant. Coupez en angle près de l'extrémité pour que le trou de l'embout ait environ 3 mm (1/8 po) de diamètre. Vous pouvez coupez l'embout de nouveau plus tard pour agrandir le diamètre au besoin. Insérez un objet pointu et coupant, tel qu'un fil de métal, à l'intérieur de l'embout et percez le sceau interne. (Certains embouts peuvent être retirés pour un accès facile.) Chargez le tube de scellant à base de silicone dans le pistolet à calfeutrage et enfoncez la détente jusqu'à ce que le scellant sorte de l'embout.

Sur du carton ou un morceau de bois inutilisé, faites des essais en formant des lignes et des gribouillis pour vous habituer au débit d'écoulement du scellant. Lorsque vous appliquez le scellant, laissez traîner le bout pour créer un contact entre le scellant et le bois. Ce n'est pas grave si vous faites une erreur. Enlevez le scellant en raclant pendant qu'il est encore humide et recommencez. Gardez à portée de main un chiffon sur lequel vous déposez le pistolet lorsque vous ne l'utilisez pas, car le scellant continue de sortir.

Laissez le scellant sécher complètement. Celui-ci se rétrécit en séchant. Si les lignes sont trop étroites et semblent négligeables, coupez de nouveau l'embout pour obtenir un diamètre plus large.

6 *Dessiner des lignes droites avec le scellant*

Retirez la quincaillerie de la façade des tiroirs. Faites toutes les lignes droites en premier. Posez un mètre le long de la ligne. En appuyant le bout de l'embout contre la commode et le côté de l'embout contre le bois, appuyez doucement sur la détente et faites une ligne de scellant. À la fin de la ligne, relâchez la détente et soulevez le pistolet. Retirez doucement le mètre sans toucher le scellant. Laissez le scellant sécher.

Les lignes ne seront pas parfaites. Elles doivent être grumeleuses et quelque peu inégales. Une petite accumulation de scellant se forme chaque fois que le pistolet est soulevé. Ces accumulations seront retouchées plus tard.

Finissez toutes les lignes droites.

7 *Dessiner des courbes avec le scellant*

Lorsque vous posez le scellant avec précaution autour des images, couvrez le bord coupé du papier. Puis commencez à poser le scellant le long des lignes courbes. Cette tâche doit être faite à main levée. N'essayez pas de suivre exactement les lignes de crayon. Elles ne sont qu'un guide.

Même si le scellant devient sec au toucher, il est encore humide à l'intérieur. Appuyez sur les accumulations non désirées avec vos doigts. Laissez le scellant sécher et durcir complètement.

8 *Peinture*

Avec un pinceau à pointe carrée, peignez autour et sur tous les détails du scellant avec la peinture au latex blanc ivoire ou vert sauge.

Un pinceau d'artiste, à fine pointe est pratique pour peindre le scellant autour des images.

Peignez le reste de la commode avec un pinceau et un petit rouleau. Appliquez une deuxième couche, au besoin, pour obtenir un recouvrement consistant.

9 *Traitement de vieillissement*

Pour rendre la commode rustique, utilisez une peinture acrylique ou au latex dans une teinte semblable mais beaucoup plus foncée que la couche de fond. Utilisez la teinte vert olive foncé pour patiner une couche de fond vert sauge, ou terre d'ombre brûlée pour une couche de fond blanc ivoire. Délayez la peinture jusqu'à ce qu'elle ait une consistance liquide.

Appliquez la peinture sur une section du scellant en travaillant jusque dans les menus détails.

Laissez la peinture s'accumuler dans les creux. Essuyez l'excédent de peinture des crêtes avec un chiffon humide. Continuez jusqu'à ce que tout le scellant ait été patiné. Si vous le désirez, patinez toute garniture ou autre détail.

10 *Rehauts*

Pour donner des rehauts or au plâtre à relief, trempez un pinceau dans la peinture acrylique or, en essuyant le surplus sur un chiffon. Faites glisser le pinceau légèrement sur le dessus des renflements du scellant, permettant à la peinture d'adhérer aux zones élevées.

Enrichissez la couleur et protégez les images découpées et la peinture en vernissant la commode avec un vernis à base d'eau qui ne jaunit pas. (Voir *Vernissage,* en page 48.)

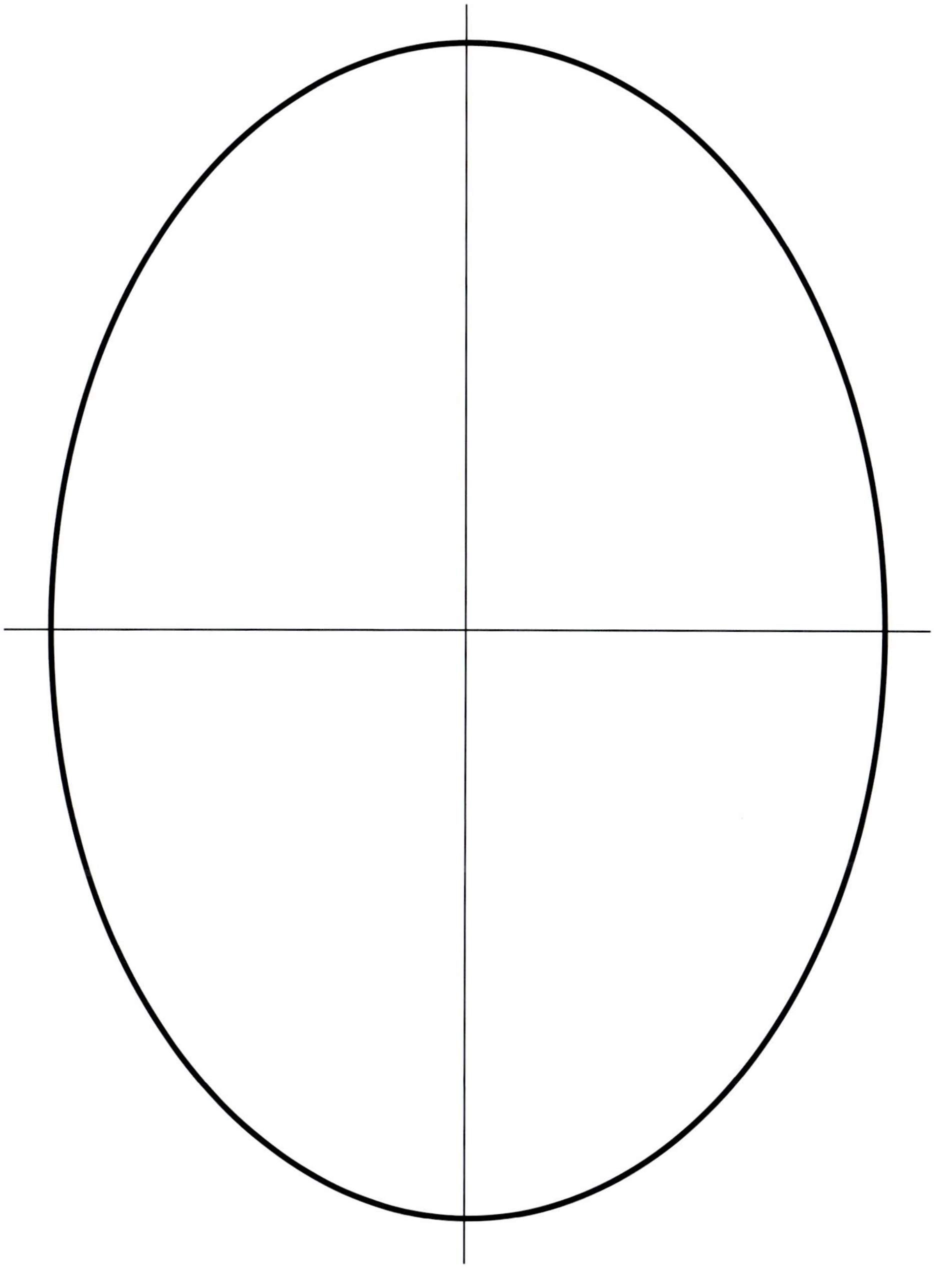

PATRON POUR LE MODÈLE OVALE

Tables

Les plateaux de table sont au refinisseur de meubles ce qu'est un canevas vierge pour un artiste. Un plateau de table offre une grande surface plane qui donne plein pouvoir à la créativité du décorateur et permet au peintre de s'exprimer. Avec toute la gamme de traitements faciles à utiliser offerts et dont l'apparence est plus que professionnelle, il n'y a pas de meilleur moment pour refinir une table. Les vernis transparents permettent de laminer des matériaux fragiles comme le papier ou le tissu sur un plateau de table. La peinture populaire, l'impression à la main, le faux marbre et le granit ainsi qu'une multitude de techniques de texturage, même la mosaïque de tuiles décorative, sont à la portée des amateurs. Les mosaïques sont fantastiques au toucher et un plaisir pour les yeux. Si vous refinisez un ensemble de salle à dîner, traitez la base et les chaises comme des coordonnées et joueurs secondaires à l'attraction principale qu'est le plateau de la table.

Impressions durables

UN SIMPLE BANC DE POISSONS IMPRIMÉ À LA PLANCHE

Des poissons bleu campagnard sur un arrière-plan blanc cassé qui nagent perpétuellement sur le périmètre d'une table ronde généreusement proportionnée. Chaque poisson imprimé à la planche est unique et décoratif. Pas compliquée mais irrésistible, la fraîcheur de la peinture à la planche n'aura jamais la même apparence que la peinture au pinceau. Une bordure en dents de scie complète un concept qui allie la simplicité rustique à une touche stylisée et audacieuse.

Premièrement lisez ceci

Ce projet utilise une des techniques de peinture les plus simples : l'impression à la planche. Les patrons sont coupés dans une semelle (le coussin en mousse qui se glisse dans votre chaussure) et une pomme de terre, puis facilement appliqués. Imprimer avec une semelle en mousse peut sembler inhabituel, mais les petits trous réguliers donnent un bel effet décoratif et la composition de la semelle permet de la couper, de sculpter des détails et de la manipuler facilement. L'impression sur pomme de terre, dans laquelle une pomme de terre sculptée est utilisée comme tampon imprimeur de caoutchouc, est idéale pour les petits concepts et patrons. Avant de faire la peinture à la planche, la table est peinte avec une bonne couche de fond de peinture au latex. Si votre table a un fini plastique laminé, utilisez une peinture à base de mélamine. (Voir *Peinture à mélamine,* en page 27.) L'impression à la planche peut également être efficace sur le bois naturel qui a reçu une couche de teinture et de vernis. Vernissez de nouveau après l'impression à la planche.

AVANT

Utilisée pour un décor de théâtre, cette table en bois solide a été peinte d'une peinture émail verte, aussi lourde qu'assomante. Ébréchée par surcroit, elle a bien besoin d'un traitement simple et frais.

MATÉRIAUX

- un litre d'apprêt à base d'eau et à adhérence élevée
- un litre de peinture au latex avec fini coquille d'œuf ou satiné, blanc cassé
- 1/2 litre de peinture au latex, Wedgwood ou bleu lin
- outils pour la peinture : un pinceau, un petit rouleau, un plateau à rouleau
- accès à un photocopieur, ou papier et crayon
- marqueur permanent résistant à l'eau
- Semelles en mousse bon marché
- ciseaux, stylet
- papier
- ruban à masquer facile à enlever
- pinceau d'artiste, à pointe carrée bon marché
- grosse pomme de terre
- couteau à légumes aiguisé
- un litre de vernis à base d'eau non jaunissant
- *Facultatif :* apprêt à vaporiser ; apprêt à vaporiser acrylique peu lustré

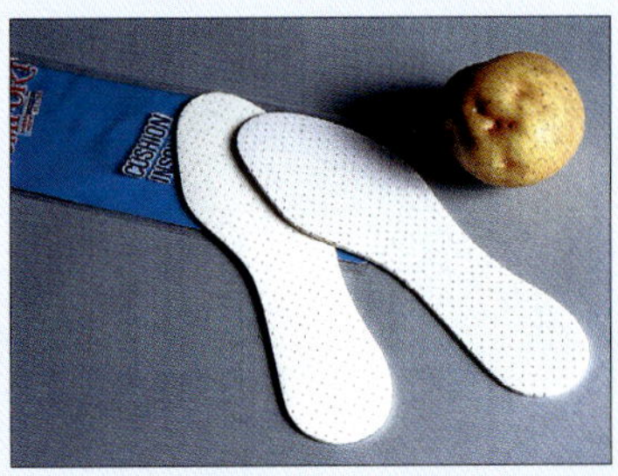

1 *Peinture*

Voir *Techniques de base de la peinture* (page 34). Préparez la table et les chaises, donnez-leur une couche de fond et peignez-les avec une peinture au latex blanc cassé. Un apprêt à vaporiser et de la peinture peuvent être utilisés sur la base de la table et les chaises. (Voir *Peinture par pulvérisation en* page 44.) Si vous le voulez, vous pouvez peindre la base de la table en bleu.

2 *Fabriquer l'estampe de poisson*

Photocopiez le patron du poisson (page 233) à une grandeur appropriée pour votre table. (Vous pouvez également tracer le patron en utilisant du papier et un crayon.) N'oubliez pas que le patron doit entrer dans la semelle. Découpez le patron.

Placez le patron sur le côté en mousse de la semelle et faites un trait autour du patron (incluant l'onglet) avec un marqueur permanent résistant à l'eau. Le poisson, lorsqu'imprimé, nagera dans le sens contraire du patron. (Si vous désirez que le poisson nage dans le même sens que le patron, placez le patron sur le côté tissu.)

Découpez le long du contour du poisson, incluant l'onglet. Dessinez les lignes de détails sur le côté mousse du poisson.

3 *Ajouter les détails*

Créez des écailles, des branchies et autres détails dans le poisson. Tracez avec le couteau universel (*X-acto*™) deux lignes de coupe parallèles prés l'un de l'autre le long des lignes de la mousse. Coupez la mousse, mais ne coupez pas à travers le tissu. Enlevez la mousse en grattant le tissu entre les lignes de coupe parallèles. Enlevez un point de mousse pour former l'oeil. Coupez à travers la mousse (pas le tissu) à la base de l'onglet pour qu'il puisse se replier facilement.

4 *Planifier les impressions*

Coupez plusieurs poissons en papier et placez-les sur le plateau de la table dans le sens des impressions en les séparant également. Collez les poissons en papier avec du ruban-cache à l'endroit où ils doivent aller. Les autres types de ruban peuvent endommager votre peinture.

5 *Essayer les impressions*

Faites des essais de l'impression du poisson sur du papier avant d'imprimer la table. Appliquez de la peinture bleue, avec un pinceau à pointe carrée, sur le côté mousse du poisson, en évitant l'onglet. Placez le poisson côté mousse vers le bas sur le papier. Appuyez doucement sur tout le tissu du poisson, en vous assurant que toute la surface ait été bien en contact avec le papier. Enlevez le poisson du papier en soulevant l'onglet.

Chaque impression sera différente. L'application de plus de peinture sur la mousse donnera une impression plus foncée, avec moins de détails. (L'excédent de peinture inonde les détails en les obscurcissant.) Moins de peinture donne un effet plus péle avec des détails plus précis. Faites plusieurs essais d'impression avec une application de peinture sur la mousse. La plupart des estampes donnent de meilleurs résultats aprés avoir été utilisés plusieurs fois.

6 *Imprimer*

Commencez à imprimer sur la table. Appliquez de la peinture sur la mousse. Ensuite soulevez un patron en papier en plaçant le poisson côté mousse vers le bas à la place du patron.

Appuyez sur le poisson également partout, puis enlevez-le. Après plusieurs impressions, la peinture peut suinter à travers le tissu. Même si le suintement n'est pas un problème pour l'impression, faites attention de ne pas transférer de la peinture de vos mains au plateau de la table.

N'oubliez pas les chaises ! Imprimez au goût. Deux poissons, dos à dos sur le siège ou à travers le dossier, coordonneront les pièces.

7 *Fabriquer l'impression sur pomme de terre*

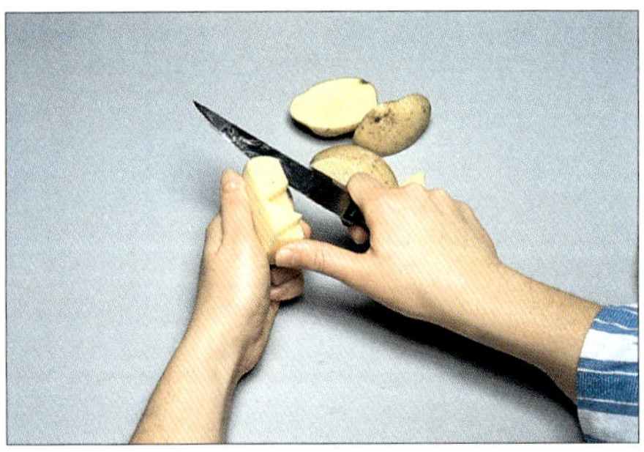

Faites un motif de dents de scie sur le contour de la table. Utilisez un couteau à légumes pour sculpter un patron solide en forme de W (ou utilisez le patron en page 233 comme un guide) dans un morceau de pomme de terre. Pour vous aider à placer l'image lorsque vous imprimez, coupez l'excès de pomme de terre autour du W, mais laissez assez de pomme de terre à l'arrière pour faire une poignée.

8 *Impression sur pomme de terre*

Faites des essais d'impressions sur du papier. Appliquez de la peinture sur le W et appuyez sur le papier, en utilisant un mouvement de balancement.

Commencez à imprimer des dents de scie continues sur le contour de la table. Appliquez de la peinture sur le W. Placez l'extrémité large du W contre le côté externe de la table.

Appuyez sur l'image fermement dans un mouvement de balancement vers le centre de la table. Placez chaque impression très près de l'impression précédente pour aligner uniformément le motif.

Lorsque vous êtes à quelques impressions de la fin, vous aimeriez peut-être couper l'estampe W en deux et imprimer chaque V séparément. Chevauchez ou espacez légèrement les impressions pour remplir l'espace qui reste le plus uniformément possible. Vous pouvez également ajouter des dents de scie aux chaises.

9 *Impressions supplémentaires*

Vous pouvez aussi ajouter d'autres patrons ou concepts. Ici, une deuxième impression sur pomme de terre de trois petites feuilles (voir patron en page 233) a été ajoutée entre les poissons.

10 *Vernissage*

Enrichissez la couleur et protégez la peinture en appliquant une ou plusieurs couches de vernis à base d'eau qui ne jaunit pas, au plateau de la table, aux sièges et aux dossiers des chaises. (Voir *Vernir,* en page 48.)

PATRON DE POISSON POUR IMPRESSION À LA PLANCHE

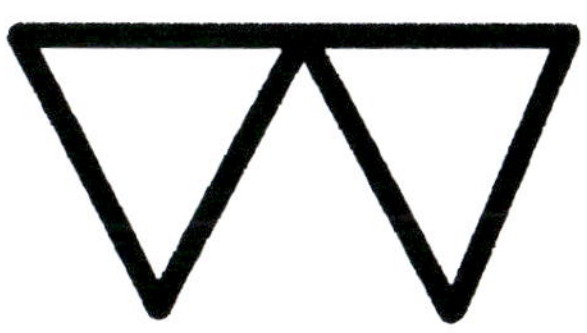

PATRON DE DENTS DE SCIE POUR IMPRESSION SUR POMME DE TERRE

PATRON DE TROIS FEUILLES POUR IMPRESSION SUR POMME DE TERRE

Fall Cry through the Homestead

Table horaire

De simples pochoirs créent un classique à l'épreuve du temps

Peu importe les dimensions – d'une table de salon à une grande table de salle à dîner – n'importe quelle table ronde peut être utilisée pour une composition d'une horloge traditionnelle. Les teintes neutres et l'horloge traditionnelle à chiffres romains font de ce traitement d'une table un classique qui s'agence à n'importe quelle pièce. Ce projet se fait en trois étapes simples. La partie difficile est de décider l'heure à laquelle les aiguilles de l'horloge demeureront pour l'éternité.

Premièrement lisez ceci

Après avoir peint la base de la table avec une couche de fond noir, trois traitements faciles complètent la face de l'horloge – la peinture à l'éponge, au pochoir et un peu de peinture à la main. Si votre table a une finition de plastique stratifié, utilisez la peinture à mélamine pour la couche de fond. (Voir *Peinture à mélamine,* en page 27.) La peinture à l'éponge se fait très rapidement, donnant à l'horloge une apparence rustique semblable à un parchemin. Puis les chiffres romains sont peints au pochoir en noir. Patrons pour les pochoirs - un I, un X, un V, et une aiguille d'horloge - sont présentés en page 239. Les trois chiffres sont les seuls nécessaires parce qu'ils seront taillés et combinés au besoin. La peinture avec un temps de séchage le plus rapide pour le pochoir est la peinture acrylique. Les peintures en crème, vendues dans les boutiques d'artisanat, sont les peintures à pochoir ayant la consistance du cirage à chaussure. Si vous les choisissez, n'oubliez pas que la plupart nécessite plusieurs jours pour sécher complètement. La peinture par pulvérisation peut être utilisée, mais la surpulvérisation est un problème, nécessitant un temps de masquage pour chaque chiffre. C'est un projet d'une fin de semaine qui donnent des résultats impressionnants pour le temps investi.

AVANT

Au premier coup d'œil, une table à deux niveaux. En réalité, une base en chêne plaisante avec un plateau différent.

MATÉRIAUX

- ½ litre de peinture au latex avec fini coquille d'oeuf, blanc cassé
- pinceau, 4 cm (1 ½ po) de large
- papier et ruban-cache, pour masquer
- cannette de peinture acrylique en aérosol, noir
- marqueur résistant à l'eau, noir
- pinceau d'artiste à pointe fine
- éponge pour la peinture à l'éponge
- petite quantité de peinture acrylique ou au latex, taupe
- craie ou crayon
- règle et équerre ou autre angle droit
- compas ; ou corde, marteau et petit clou
- plastique à pochoir (disponible dans les boutiques d'artisanat) ou carton léger
- accès à un photocopieur
- couteau universel (*X-acto*™)
- tube de peinture acrylique et pinceau d'artiste à pointe carrée, ou peinture en crème et brosse à pocher
- un litre de vernis à base d'eau non jaunissant
- *Facultatif :* colle en aérosol, papier non utilisable ou toile de peintre
- *Facultatif :* petite quantité de peinture à retouches noire
- *Facultatif :* bouton en laiton plat et large avec queue de bouton à l'arrière ; perceuse électrique ; colle blanche de charpentier
- *Facultatif :* petite quantité de peinture acrylique gris moyen

1 *Appliquer la couche de fond*

Si possible, retirez le plateau de la base de la table. (Demandez de l'aide si la table est grande ou pesante.) Le niveau du haut de cette table a été jeté parce que il était gauchi et ne pouvait être réparé.

Peignez le plateau avec deux couches de peinture au latex blanc cassé. Laissez sécher complètement.

Masquez le dessus de la table avec du papier et du ruban autour du bord, à l'intérieur du rebord (si la table en a un) ; ou laissez une bordure de 2,5 cm (1 po). Retournez la table et peignez à l'aérosol noir la face inférieure du plateau. (Voir *Peindre à l'aérosol,* page 44.) Laissez sécher complètement.

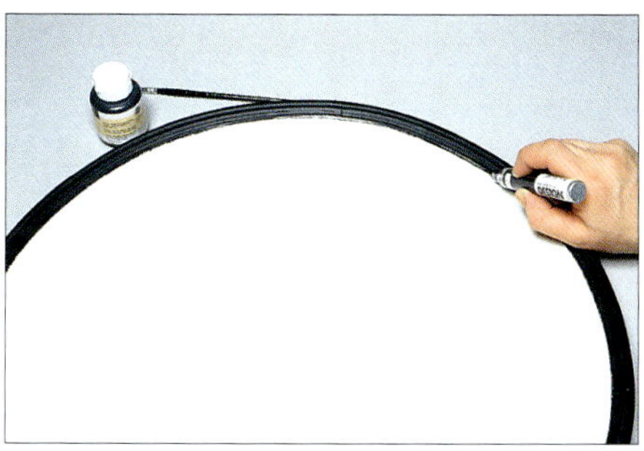

Tournez le plateau le dessus vers le haut et vaporisez de la peinture sur le bord masqué. Enlevez le papier et le ruban. Si la ligne de peinture ondule ou est inégale, dessinez une ligne douce avec le marqueur résistant à l'eau et remplissez l'écart avec de la peinture noire appliquée avec un pinceau à fine pointe.

Peignez à l'aérosol la base en noir. Appliquez autant de couches nécessaires pour un recouvrement dense. Laissez sécher complètement.

2 *Peinture à l'éponge*

Donnez à l'arrière-plan de l'horloge une apparence de parchemin en peignant à l'éponge avec la peinture taupe. Si vous le désirez, vous pouvez masquer les bords pour éviter de peindre à l'éponge sur le rebord noir.

Délayez la peinture taupe avec de l'eau jusqu'à ce qu'elle ait une consistance liquide, ou ajoutez un glacis. (Voir *Glacis* en page 28.) Déchirez un morceau d'éponge et humectez-le légèrement avec de l'eau. Il doit être légèrement humide. Saturez l'éponge avec la peinture taupe et serrez-la pour extraire l'excèdent. Peignez à l'éponge la couleur taupe sur la surface blanc cassé avec un mouvement de tapotement pour que la moitié de la couleur de la couche de fond environ soit visible. Évitez d'appliquer de la peinture sur la bordure noire. Enlevez le ruban et laissez la peinture sécher complètement. Effectuez les retouches nécessaires.

3 *Planifier la face de l'horloge*

Mesurez le centre de la table et marquez légèrement à la craie ou au crayon. Divisez et marquez la table en quarts en posant une règle à travers le centre de la table, en marquant les demies. Puis, à l'aide d'un équerre ou d'un autre angle droit, marquez les quarts supérieurs et inférieurs.

À l'aide d'un compas et d'un marqueur noir résistant à l'eau, dessinez une ligne à enrivon 2,5 cm (1 po) à l'intérieur du bord du cercle.

Vous obtiendrez de meilleurs résultats avec un compas, mais si vous n'en avez pas, essayez cette méthode d'une faible technicité. Enfoncez un petit clou à moitié au centre de la table. Attachez une corde au clou à une extrémité et un marqueur noir résistant à l'eau à l'autre extrémité, à la bonne distance pour dessinez le cercle. En tenant le marqueur droit et en maintenant une tension sur la corde, dessinez le cercle en joignant avec soin les extrémités.

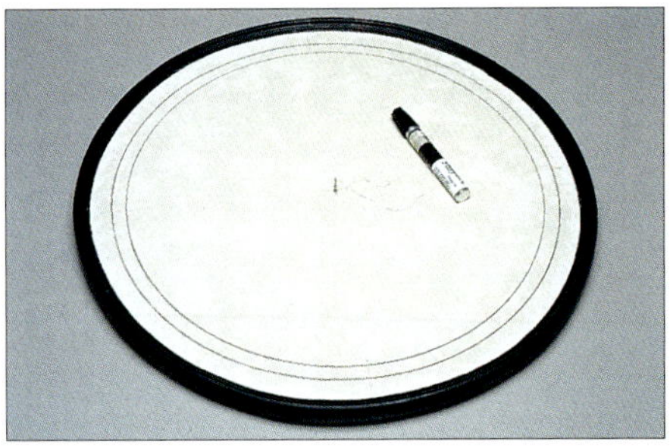

Répétez, en dessinant un autre cercle à environ 2 cm (3/4 po) à l'intérieur du premier cercle.

4 *Peinture au pochoir*

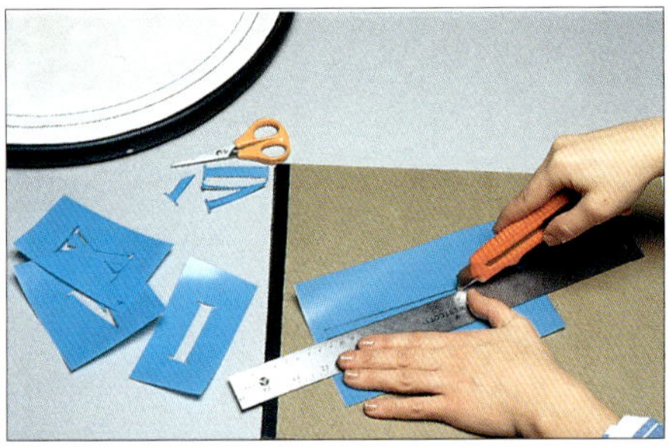

Photocopiez les patrons (en page 239) à la taille appropriée et tracez-les sur le plastique à pochoir ou sur le carton léger. Découpez-les en utilisant un couteau universel (*X-acto*™) (prière d'utiliser une nouvelle lame coupante).

La peinture au pochoir est plus facile et les résultats plus propres si l'arrière des pochoirs est vaporisé avec de la colle en aérosol et que les pochoirs puissent sécher au moins une heure, jusqu'à ce qu'ils soient légèrement collant. Si la colle est trop collante, elle enlèvera la peinture de la couche de fond.

Marquez les positions des chiffres en mesurant et en divisant chaque quart de l'horloge en tiers. Marquez les divisions au crayon. Toutes les horloges n'ont pas douze chiffres. Si vous préférez, peignez au pochoir seulement le XII, le III, le VI et le IX et utilisez des petits motifs décoratifs pour les autres heures.

Placez un pochoir avec le haut du chiffre sur la ligne courbe. (Les chiffres se lisent du bon côté en partant du centre de l'horloge.)

Lorsque vous peignez au pochoir, tentez de visualiser le chiffre au complet et tentez de centrer le chiffre sur la marque. Par exemple, pour le III, le I central se situe sur la marque et les deux autres I de chaque côté. Appuyez le pochoir en place en faisant une légère adhérence. En utilisant la peinture noire – acrylique et pinceau d'artiste à pointe carrée, ou peinture à pochoir crème et une brosse à pocher (une brosse ronde à soies dures et une extrémité plate) – remplissez le pochoir. Enlevez le pochoir. Peignez les chiffres au pochoir au hasard pour éviter le maculage de peinture.

Peignez les aiguilles en commençant par le centre. Assurez-vous de peindre l'aiguille de minutes plus longue que celle des heures. Laissez sécher.

5 *Détails décoratifs*

Facultatif : au centre de la table, percez un grand trou peu profond pour la queue de bouton à l'arrière du gros bouton en laiton. Entrez la queue de bouton dans le trou et fixez le bouton avec de la colle à charpentier. Le bouton en laiton couvrira le centre de l'horloge à l'endroit où les aiguilles se rejoignent.

Optionnel : avec un pinceau à pointe fine et de la peinture noire, ajoutez des triangles décoratifs, des motifs floraux, des diamants et autres motifs sur la face de l'horloge.

Avec un pinceau à fine pointe et de la peinture gris moyen, peignez une ombre étroite le long du bord inférieur des aiguilles, leur donnant ainsi une apparence tridimensionnelle.

6 *Vernissage*

Enrichissez la couleur et protégez la peinture en appliquant du vernis à base d'eau qui ne jaunit pas sur la face de l'horloge. (Voir *Vernissage,* en page 48.)

Rattachez le plateau au reste de la table.

I X V

PATRONS DE POCHOIR DES CHIFFRES ET DES AIGUILLES DE L'HORLOGE

Faites l'aiguille de la longueur nécessaire pour votre horloge.

Vannerie

DES PANIERS QUI AJOUTENT FRIVOLITÉ À DE PETITES TABLES

La texture et la couleur du panier ajoute de la fantaisie et une toute nouvelle raison d'être à la table de salon au design classique et simple. Une table de salon fiable est un socle idéal pour un panier, en particulier lorsqu'il a une finition pour coordonner avec le décor environnant. Trois approches différentes – couleurs lavées en bleu campagnard, l'osier naturel avec des touches de noir, et entièrement de brindilles naturelles – montrent la polyvalence de ce traitement. Remplissez la table finie avec des fruits ou des plantes, ou utilisez-la ingénieusement comme panier à pain lors de votre prochain dîner entre amis – aucun espace nécessaire pour une table.

Premièrement lisez ceci

Une table à assembler ou qui peut facilement être séparée en morceaux est nécessaire pour ce projet. Choisissez un panier peu profond avec un fond plat pour ajouter un rebord texturé à la table, ou sélectionnez un panier plus gros avec poignées pour créer une étagère à pots de fleurs. Lorsque vous allez à la recherche du panier, apportez le plateau avec vous et vérifiez que les deux correspondent, facilement, *aplatissez l'intérieur* du fond du panier. Après avoir sélectionné le panier, décidez le traitement à utiliser et choisissez la peinture par pulvérisation ou un faux fini pour la base et le dessus. La base et le plateau sont d'abord peints avec une couche de fond. Puis la finition du panier doit coordonner avec le reste et la table est assemblée. Si votre table a un fini plastique laminé, utilisez une peinture à base de mélamine pour la couche de fond. (Voir *Peinture à mélamine,* en page 27.)

AVANT

Ces petites tables de salon, bon marché à assembler sont vendues dans les grands magasins à rayons.

MATÉRIAUX

Pour toutes les tables :

Ces matériaux sont nécessaires pour toutes les tables.
Il y a également tout ce que vous avez besoin pour faire une *Étagère à pots de fleurs naturelles* (voir la photo en bas à droite en page 240).

- panier pour agencer le plateau de la table
- papier sablé fin (grade 220), tampon gras
- 1 cannette de peinture à vaporiser ou de faux-fini à vaporiser (pour le fond) dans une couleur appropriée (étape 2)
- règle ou ruban à mesurer
- couteau tout usage, ciseaux robustes ou ciseaux de jardin
- carton ondulé
- colle de menuiserie blanche
- agrafeuse et agrafes, ou vis et rondelles
- *Facultatif :* ruban masque

Pour une table avec couleurs lavées :

Voir la photo, haut de la page 240.)

- 1/2 litre d'apprêt ou gesso (disponible dans les boutiques d'artisanat)
- éponge ou pinceau à peinture 4 cm (1 1/2 po) ; chiffon
- petite quantité de peinture au latex mat, bleu campagnard (peut être substituée par de l'acrylique)

Pour une table peinte au pinceau :

Voir la photo, en bas à gauche, en page 240.

- 1 cannette de peinture acrylique par pulvérisation brilliant, noir
- 1/2 litre d'apprêt
- 1/2 litre de latex avec fini coquille d'oeuf, blanc cassé
- tubes d'acryliques : oxyde jaune, terre de Sienne brûlée, noir mars
- chiffon ou papier essuie-tout
- pinceau d'artiste, à pointe fine
- *Facultatif :* 2 sacs de plastique et du ruban adhésif
- *Facultatif :* crayon
- *Facultatif :* vernis en aérosol

POUR TOUTES LES TABLES :

1 *Sablage*

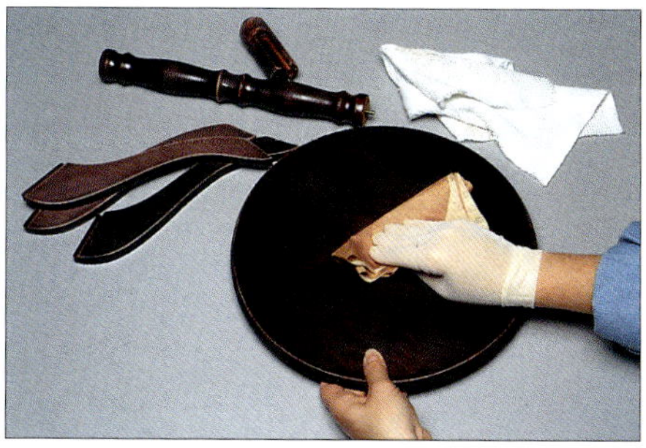

Avec la table encore en morceaux, sablez légèrement le dessus de la table avec un papier sablé fin. Essuyez complètement toute la poussière avec un chiffon humide. Les pieds peuvent être également sablés si la finition est brillante.

2 *Peinture par pulvérisation*

Peignez à l'aérosol la base de la table avec deux ou trois couches au besoin, en suivant les instructions du fabricant.

Si vous faites une *Table avec couleurs lavées*, peignez à l'aérosol la base et le plateau de la table dans une teinte bleu campagnard.

Si vous faites une *Table peinte au pinceau*, peignez à l'aérosol la base de la table seulement en noir brilliant. Ne peignez pas le plateau.

Si vous faites une étagère à pots de fleurs naturelle, peignez à l'aérosol la base et le dessus avec la peinture fausse pierre ou granit en beige ou gris. (Voir *Peinture à pulvérisation en* page 44.)

Optionnel : pour prévenir les accumulations de peinture qui peuvent rendre l'assemblage difficile, vous pourriez mettre du ruban-cache aux endroits où les pieds glissent dans le poteau central avant de peindre.

3 *Découper le panier*

Renversez le plateau et mesurez le diamètre de la bride (le cercle de bois dans le centre dans lequel la base est vissée).

Coupez un trou au centre du panier correspondant au diamètre de la bride. Si le panier a une armature desserrée et délicate, appliquez du ruban à masquer à travers la zone avant de couper.

Selon le poids du panier, utilisez un couteau tout usage, des ciseaux robustes ou ciseaux de jardin pour le découpage.

4 *Rondelle de carton*

Coupez un cercle de carton ondulé, 10 cm (4 po) plus large en diamètre que celui de la bride sur la face inférieure du plateau. Coupez un trou au centre du cercle de carton ondulé qui correspond au trou dans le panier. Vous pouvez peindre à l'aérosol le carton. Mettez de côté le carton, qui sera utilisé lors de l'assemblage du panier et de la table.

5 *Traitements au panier*

Pour laver les couleurs du panier, suivez les étapes pour une *Table aux couleurs lavées* (page 244). Pour peindre au pinceau le plateau et le panier, suivez les étapes pour une *Table peinte au pinceau* (page 245).

Si vous désirez faire une *étagère à pots de fleurs naturelles*, allez à la prochaine étape, numéro 6.

6 *Attacher le panier au plateau*

Appliquez de la colle de charpentier sur la face inférieure du plateau, en évitant la bride centrale. Placez le plateau à l'envers sur un support, comme une petite boîte. Placez le panier à l'envers, en le centrant sur le plateau, avec le trou du panier centré sur la bride. Vous devriez voir la bride. Placez l'anneau de carton autour de la bride centrale. Agrafez le panier au plateau. Assurez-vous d'utiliser des agrafes qui traverseront le panier et pénétreront dans le plateau.

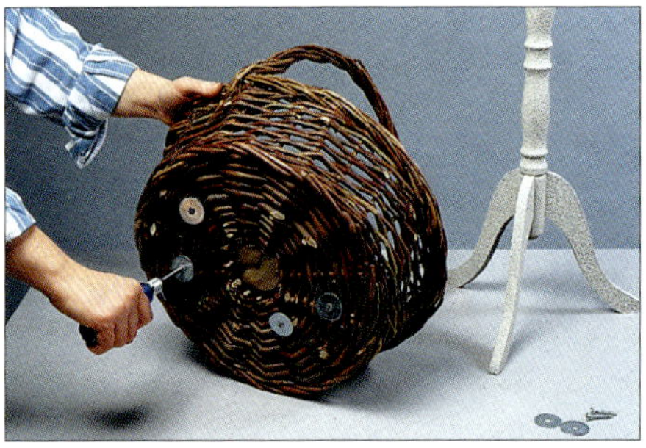

Si le panier est trop épais pour les agrafes, utilisez des vis et des rondelles. Les rondelles empêcheront les vis de sortir de l'armature du panier. Assurez-vous que les vis soient assez longues pour traverser la rondelle et le panier et pénétrer à *mi-chemin* dans le plateau.

7 *Assemblage*

Assemblez la base. Puis vissez la base dans le plateau.

TABLE AVEC COULEURS LAVÉES

Choisissez un panier rustique avec une armature à petites protubérances dans une couleur de roseau claire à moyenne.

A *Démarrer*

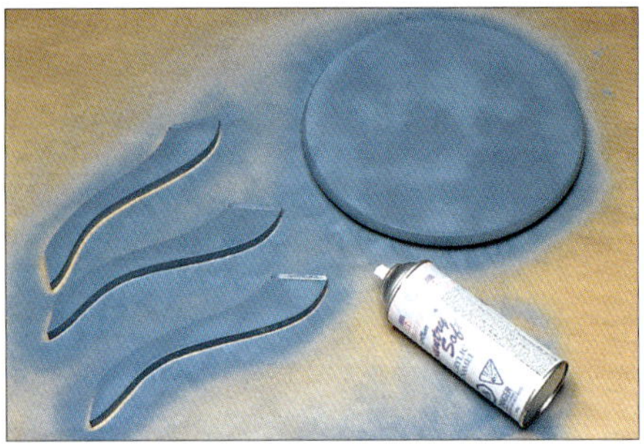

Suivez *Pour toutes les tables,* les étapes 1 à 4.

B *Laver au blanc*

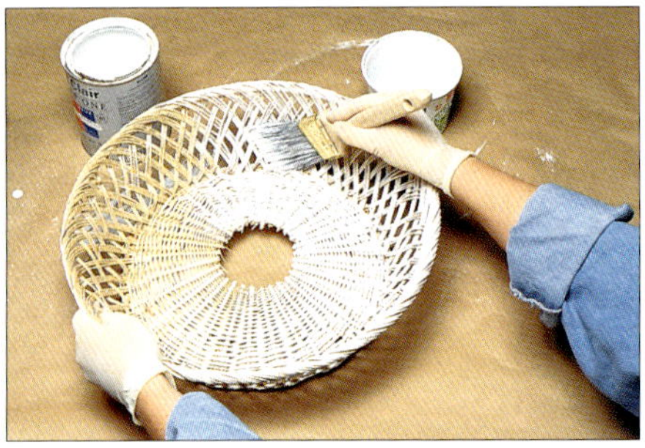

Délayez l'apprêt ou le gesso pour qu'il s'écoule facile du pinceau. Avec un pinceau, une éponge ou un chiffon, donnez une couche de fond blanc au panier, en travaillant dans toutes les crevasses. Pendant que vous travaillez, utilisez un chiffon humide pour essuyer le panier à des endroits au hasard, en enlevant le blanc à certains endroits pour exposer le roseau naturel sur les crêtes. Laissez sécher complètement.

C *Laver au bleu*

Mélangez la peinture acrylique ou au latex pour obtenir une teinte bleu campagnard. Délayez la peinture jusqu'à ce qu'elle ait une consistance liquide. Travaillez la peinture bleue sur le panier comme vous l'avez fait avec l'apprêt, en utilisant un pinceau, une éponge ou un chiffon. Pendant que la peinture est encore humide, utilisez un chiffon humide pour enlever la peinture à des endroits au hasard sur les crêtes, exposant ainsi l'apprêt et le roseau naturel. Laissez sécher complètement.

D *Finition*

Suivez *Pour toutes les tables,* les étapes 6 et 7.

TABLE PEINTE AU PINCEAU

Choisissez un panier avec une armature plane. Des paniers bon marché de ce genre sont offerts dans les boutiques du quartier chinois. Les paniers particulièrement attirant sont ceux avec des touches cuivrées.

A *Démarrer*

Suivez *Pour toutes les tables,* les étapes 1 à 4, en peignant la base en noir brilliant. Ne peignez pas le plateau.

B *Peindre le dessus*

Peignez le plateau avec une couche d'apprêt et deux couches de peinture au latex blanc cassé. Laissez sécher complètement.

Mélangez ensemble les acryliques oxyde jaune et terre de Sienne brûlée. Délayez le mélange de peinture avec de l'eau jusqu'à ce qu'il ait une consistance liquide.

Trempez un chiffon ou un papier essuie-tout dans la peinture et frottez légèrement sur le plateau. Ce fini sera inégal et devrait se coordonner avec le panier. Laissez sécher complètement.

C *Peindre le panier*

Optionnel : pendant que le plateau sèche, découpez et ouvrez deux sacs de plastique. Placez un sac par-dessus l'extérieur du panier et un autre à l'intérieur. Fixez les sacs avec du ruban adhésif à l'extrémité inférieur du rebord du panier, en laissant seulement le rebord du panier exposé. Peignez à l'aérosol le rebord avec deux couches de noir brillant. Laissez sécher complètement et enlevez le ruban et le plastique.

En utilisant la peinture noir mars et un pinceau à fine pointe, peignez des ornements à main levée sur le plateau. Délayez la peinture avec de l'eau, au besoin, pour qu'elle s'écoule facilement du pinceau. Les ornements doivent avoir une allure peinte à la main, non pas parfaites. Dessinez d'abord les ornements au crayon, si vous le désirez, mais n'essayez pas de suivre exactement vos lignes de crayon. Au lieu, utilisez-les seulement comme un guide. Essayez de dessiner l'ornement d'un seul mouvement fluide. Ajoutez de petits tirets à des angles étranges autour des ornements. Laissez sécher complètement.

Peignez une bordure en zigzag et des tirets au hasard à l'extérieur du panier. Peignez une bordure en zigzag à l'intérieur. Laissez sécher complètement.

D *Vernir*

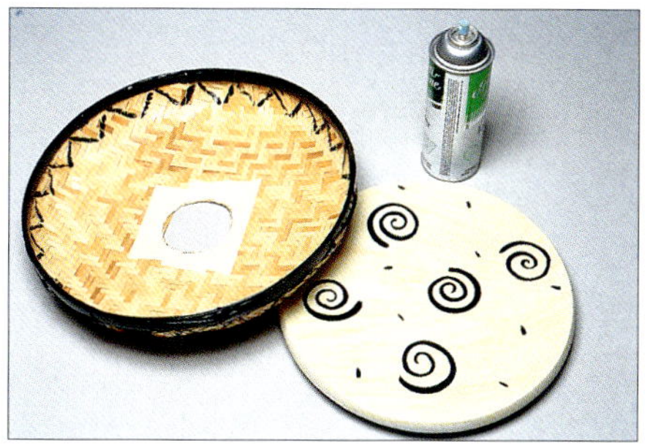

Optionnel : pour protéger le travail de peinture, vaporisez du vernis sur les deux côtés du panier et du plateau. Laissez sécher complètement.

E *Finition*

Suivez *Pour toutes les tables,* les étapes 6 et 7.

Plateau tonnelle de roses

DES POCHOIRS DE ROSES BRUMEUSES DÉGUISENT CETTE TABLE DE BOIS

Plongez dans un jardin de roses Victoriennes peintes en teintes pastels. Ce traitement de peinture impressionniste représente la nostalgie anglaise et la réminiscence de la boîte à chapeau des dames du début du siècle dernier, avec les arrangements floraux peints à la main bordés par des bandes et arrosés de minuscules fleurs. Cette table polyvalente se meut facilement dans une entrée ou une salle de bain, une cuisine ou une chambre à coucher.

Premièrement lisez ceci

Choisissez un meuble avec une inspiration cottage anglais : Des pièces de bois simples avec un peu de garniture, des pieds travaillés, ou autres détails doux, mais pas encombrants. Premièrement, la table est peinte avec une bonne couche de fond de peinture au latex. Si votre table a une finition de plastique stratifié, utilisez la peinture à mélamine pour la couche de fond. (Voir *Peinture à base de mélamine en* page 27.) Puis les régions planes sont peintes à l'éponge et au pochoir avec des motifs de rose et de feuille. Un morceau de bois solide fini dans ce style peut être vieilli s'il n'a pas reçu de couche de fond avant la peinture. (Voir *Pour l'amour du placard* en page 53.) Si les pastels sont trop intenses pour votre agencement de couleurs, consultez l'étape 7 pour connaître comment appliquer un glacis sur la peinture pour obtenir une apparence plus douce. Ou bien, essayez de travailler dans les tons victoriens de bourgogne, bleu ardoise et taupe. Ce projet utilise quatre pochoirs différents et plusieurs sont superposés. (Les patrons se trouvent en page 251.) Choisissez les acryliques ou les peintures en crème pour le pochoir. Les peintures acryliques sont préférables pour leur temps de séchage plus rapide. Si vous utilisez les peintures à pochoir crème offerts dans les boutiques d'artisanat, attendez-vous à ce que chaque couleur prenne plusieurs jours à sécher.

AVANT

Une table en bois des années 1940 dont les proportions sont intéressantes avec des pieds fuseau tournés et garniture en dentelle de bois. Lorsque le vernis écaillé est enlevé et que les pieds et la garniture sont réparés, elle sera un joyau parfait pour un traitement victorien.

MATÉRIAUX

- un litre d'apprêt à base d'eau et à adhérence élevée (ou apprêt à vaporiser)
- un litre de peinture au latex avec fini coquille d'oeuf, bleu poudre
- outils pour la peinture : un pinceau, un petit rouleau, un plateau à rouleau
- éponge synthétique ou naturelle pour la peinture à l'éponge
- pour la peinture à l'éponge : peintures acryliques et/ou au latex – rose pastel, bleu-vert pastel, blanc cassé
- plastique à pochoir (disponible dans les boutiques d'artisanat (ou carton léger))
- ciseaux ou couteau universel (*X-acto*™)
- crayon de couleur rose
- pour la peinture au pochoir : tubes d'acryliques (et un pinceau d'artiste, à pointe carrée bon marché), ou des peintures à pochoir crème (et une brosse à pocher) – vert acide, bleu-vert pastel, rose pastel, rose moyen
- pour la peinture à la main : tubes d'acryliques – jaune, blanc cassé, bleu nuit, vert moyen, bleu-gris foncé
- pinceau d'artiste, à pointe fine et pinceau d'artiste, à pointe moyenne
- ruban de peintre ou ruban masque facile à enlever
- un litre de vernis à base d'eau non jaunissant
- *Facultatif :* colle en aérosol, papier non utilisable, toiles de peintre

I *Peinture*

Voir *Techniques de base de la peinture* (page 34). Préparez la table, donnez-lui une couche de fond et peignez-la avec deux couches de peinture au latex bleu poudre.

Laissez sécher complètement. Si vous désirez vieillir la table, ne lui appliquez pas d'apprêt. (Voir *Pour l'amour du placard* en page 53.)

2 *Peinture à l'éponge*

Mélangez chacune des couleurs énumérées pour la peinture à l'éponge.

Utilisez le ruban-cache ou le ruban à maquer pour masquer la région à peindre à l'éponge.

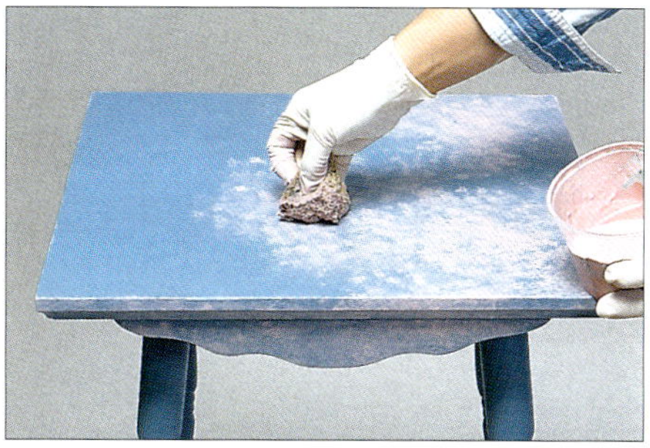

Mélangez la peinture rose pastel avec de l'eau jusqu'à ce qu'elle ait une consistance liquide, ou ajoutez un glacis. (Voir *Glacis* en page 28.) Déchirez un morceau d'éponge et humectez-le légèrement avec de l'eau. Puis saturez l'éponge de peinture. Serrez-la pour faire sortir le plus de peinture possible.

Peignez à l'éponge avec un léger mouvement poncif le plateau (et toutes autres sections que vous désirez), en laissant environ la moitié de la couleur bleue visible. Pour faire une apparence de formations de nuage, faites un recouvrement plus lourd à certains endroits. La couche de fond (bleu poudre) commencera à disparaître sous les couches successives de couleurs à l'éponge, qui deviendront proéminentes.

3 *Peinture à l'éponge, suite*

Pendant que la peinture rose est encore humide, peignez à l'éponge avec le bleu-vert pastel, permettant au rose et au bleu d'être visibles.

Peignez à l'éponge une couche finale de blanc cassé, permettant aux couleurs précédentes de resplendir. Laissez sécher complètement.

4 *Préparer les pochoirs*

Pendant que la peinture à l'éponge sèche, tracez des patrons de roses et de feuilles sur le plastic à pochoir (ou matériel semblable) et découpez le centre des zones grisées. Vous pouvez faire le découpage avec des ciseaux ou un stylet.

Pour faciliter la peinture au pochoir, appliquez de la colle en aérosol à l'arrière des pochoirs. Laissez la colle sécher au moins une heure, jusqu'à ce qu'elle soit légèrement collante. (Si la colle est trop collante, elle enlèvera la peinture de la couche de fond.)

Faites des essais de pochoirs sur du papier avant de pocher la table. Appuyez le pochoir sur le papier et, en utilisant un pinceau d'artiste ou une brosse à pocher (une brosse ronde à soies dures et une extrémité plate), peignez le centre du pochoir. Un pinceau donnera une apparence de peinture à la main avec des coups de pinceau, alors que la brosse à pocher donnera une couleur douce. Ajoutez des lignes ou des détails à main levée.

5 *Peinture au pochoir*

En utilisant le pochoir *Rose en fleur* et un crayon de couleur rose, marquez les positions des roses sur la table. Placez ce pochoir de côté.

En utilisant le pochoir *Grande feuille* et la peinture vert acide, peignez au pochoir des feuilles autour et superposant des roses marquées. Posez le pochoir sur la surface en appuyant doucement pour qu'il adhère. Puis peignez l'ouverture au complet. Soulevez doucement le pochoir pendant que la peinture est encore humide et procédez à la prochaine feuille. Faites attention de ne pas poser le pochoir sur la peinture humide. Il est préférable de commencer à peindre au pochoir les coins de la table, en ajoutant plus de feuilles entre, au fur et a mesure que la peinture sèche.

En utilisant le pochoir *Petite feuille* et la peinture bleu-vert pastel, peignez au pochoir des feuilles à côté des grandes feuilles. Permettez-leur de superposer les grandes feuilles à certains endroits, et à d'autres endroits arrêtez au coutour des grandes feuilles.

En utilisant le pochoir *Rose en fleur* et la peinture rose pastel, peignez les roses aux endroits marqués, en couvrant une partie de certaines feuilles et en peignant autour d'autres feuilles.

En utilisant le pochoir *Centre de rose* et la peinture rose moyen, peignez les centres au-dessus des roses. Les centres peuvent être pochés sur les roses dans n'importe quel sens. Il n'y a pas de sens particulier pour les aligner.

6 *Peinture à la main*

Mélangez une petite quantité de jaune dans un peu de peinture blanc cassé. Avec un pinceau d'artiste, à pointe moyenne, peignez au hasard des rehauts sur les roses.

Peignez des petits segments de coutour courbes à l'intérieur et autour des roses avec la peinture bleu foncé et un pinceau d'artiste à fine pointe. Peignez au hasard des ombres des lignes centrales sur les feuilles avec la peinture vert moyen et un pinceau d'artiste, à pointe fine.

Créez des bouquets de petits points parmi les roses avec la peinture bleu-gris foncé et un pinceau d'artiste, à fine pointe.

Peignez les moulures sur les pieds, ou ajoutez d'autres détails tels que des bandes, comme illustrées ici, avec les couleurs de votre choix.

7 *Vernis et glacis*

Enrichissez la couleur et protégez la peinture en appliquant une ou plusieurs couches de vernis à base d'eau qui ne jaunit pas. Si les couleurs sont plus foncées que désirées, glacez-les pour diminuer leur intensité en ajoutant une très petite quantité de peinture blanc cassé au vernis, en mélangeant complètement. Peignez sur la table comme vous le feriez avec un vernis pur. (Voir *Vernissage*, en page 48.)

PATRONS DE POCHOIR

Rose en fleur

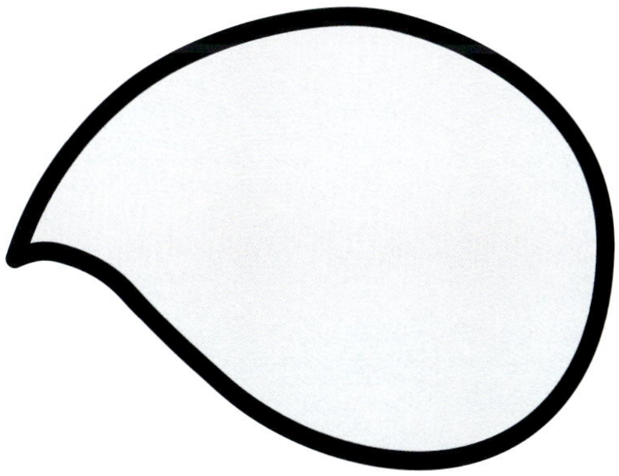

Grande feuille

Centre de rose

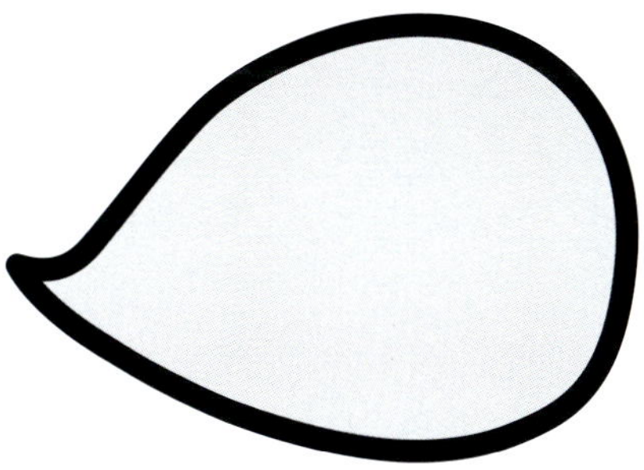

Petite feuille

Les plaisirs du tissu

Des panneaux de tissu ajoutent une touche vivante par la texture et la couleur

Il n'y a pas de meilleur moyen de changer de façon dramatique l'aspect d'un meuble que d'introduire du tissu dans l'équation rénovation. Les couvertures en tissu et en peintures assortissent les bases décoratives de la couleur, la texture et le motif. La sélection étendue de tissu – dans une variété de textures et toute une gamme de couleurs, dessins et motifs qui plaît à tous – vous propose des rénovations impressionnantes et toutefois faciles à réaliser. Voici deux résultats très différents du même traitement, tous deux avec des panneaux de tissus qui remplacent la vitre.

Premièrement lisez ceci

Ce traitement est simple. On peint la base du meuble pour l'assortir au tissu. Si la finition de votre table est un plastique stratifié, utilisez la peinture à mélamine. (*Voir Peinture à mélamine,* en page 27.) Pendant que la peinture sèche, le tissu est fixé au contreplaqué avec de la colle en aérosol, et vernis pour le protéger. La colle en aérosol ne permet qu'une chance pour fixer le tissu au contreplaqué. Si cette idée vous angoisse, utilisez plutôt l'adhésif pour papier peint. (Voir *bureau romantique,* page 183.) Le panneau est ensuite assemblé avec le meuble peint. Achetez le contreplaqué de l'épaisseur voulue pour l'ouverture. Taillez-le vous-même, ou faites-le couper. La plupart des chantiers de bois débités peuvent couper le bois selon vos dimensions. L'ajustement ne doit pas être serré, pour permettre au tissu un espace de rebord. Le contreplaqué doit être lisse d'un côté, sans nœud ni rugosité. Lisse des deux côtés, il sera beaucoup plus coûteux, et ce n'est pas nécessaire. Assurez-vous que le contreplaqué n'est pas gondolé. Achetez une quantité suffisante de tissu pour couvrir le contreplaqué d'un rebord de 5 cm (2 po) de tous côtés. En choisissant le tissu, vérifiez comment le motif s'ajuste au panneau. Choisissez un tissu plutôt lisse d'une épaisseur moyenne.

AVANT

À GAUCHE, *une table basse en piteux état, qui présente un aggloméré de bois recouvert d'une mélamine égratignée, et une vitre manquante. Vaut-elle la peine d'être sauvée ? Pourquoi pas ?*
À DROITE, *une table charmante, avec vitrine dorée peinte par pulvérisation, et un vernis en écaille.*

MATÉRIAUX

- un litre d'apprêt à base d'eau et à adhérence élevée
- un litre de peinture au latex, de couleur assortie au tissu (finition satinée)
- contreplaqué, bon d'un côté, taillé à la dimension du panneau
- papier sablé fin (grade 220), chiffon de dépoussiérage
- quantité suffisante de tissu pour couvrir le contreplaqué d'un rebord d'au moins 5 cm (2 po) de tous côtés
- fer à repasser, ciseaux
- ruban adhésif, 5 cm (2 po) de large
- colle en aérosol (ou adhésif pour papier peint à base de cellulose)
- toile de protection
- un litre vernis à base d'eau non jaunissant
- *Facultatif :* scies pour tailler le contreplaqué (étape 2)
- *Facultatif :* épingles droites
- *Facultatif :* moulures et clous de finition
- *Facultatif :* peinture de contraste pour la garniture
- *Facultatif :* vis ou colle blanche, annuaire épais, outils pour monter le panneau
- *Facultatif :* guimpe, pistolet à colle chaude

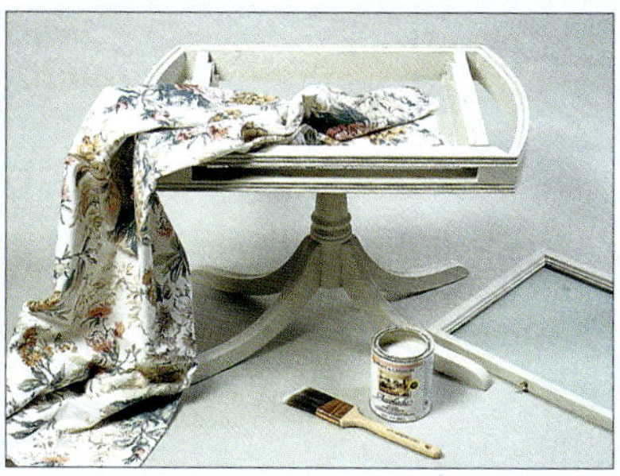

1 *Peinture*

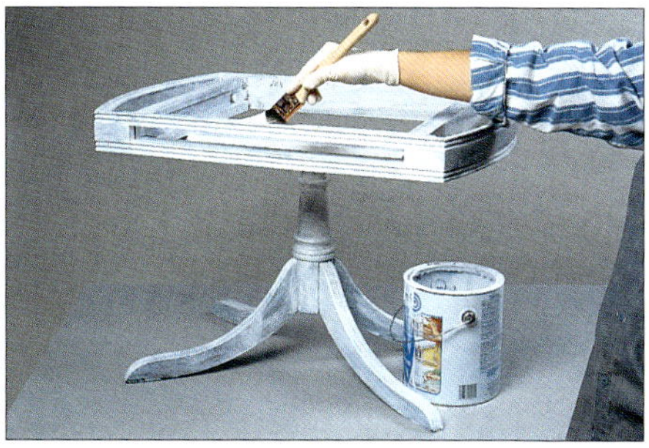

Voir *Techniques de base de la peinture* (page 34). Préparez la table, donnez-lui une couche de fond, et peignez-la de deux couches de peinture au latex.

Appliquez une couche de fond aux deux côtés du contreplaqué. L'application de la couche de fond à un seul côté peut causer le gondolage, surtout si le contreplaqué est mince.

Remarque : vous pouvez appliquer la couche de fond au contreplaqué avant ou après l'avoir taillé.

2 *Contreplaqué*

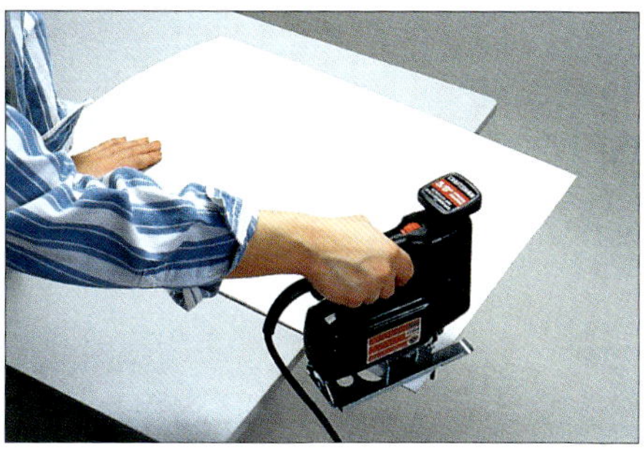

Si ce n'est pas déjà fait, taillez le contreplaqué aux dimensions voulues. Pour les courbes, utilisez une scie sauteuse ou une scie à découper. Les coupes droites devraient être faites avec une scie circulaire. Sablez légèrement les rebords tranchants et le plateau (côté lisse), et enlevez les rugosités. Même une petite quantité de débris fera rider le tissu. Essuyez avec un linge de dépoussiérage.

3 *Tailler le tissu*

Repassez le tissu et étendez-le à l'envers sur une surface à plat.

Centrez le contreplaqué sur le tissu.

Remarque : s'il est trop difficile de voir le motif à travers le tissu, replacez-le à l'endroit. Centrez le contreplaqué sur le bon côté et marquez les coins avec des épingles. Ensuite tournez le tissu à l'envers, positionnez le contreplaqué à l'intérieur des épingles et enlevez les épingles.

Pour marquer un chevauchement uniforme de tissu, et fournir une ligne à suivre pour tailler, fixez le ruban adhésif sur le tissu autour du périmètre du contreplaqué. Pour un bord courbé, utilisez plusieurs morceaux courts pour suivre la courbe. Taillez le tissu le long de *l'extérieur* du ruban adhésif. N'enlevez pas le ruban adhésif.

4 *Contre-coller le tissu*

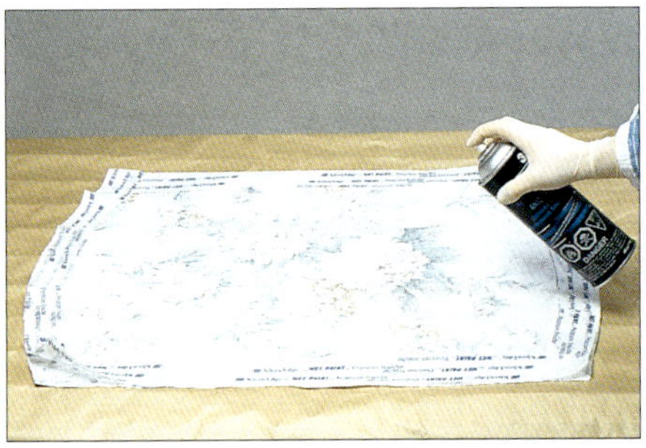

Enlevez le contreplaqué du tissu tout en gardant le ruban adhésif en place. Lisez les instructions sur la colle en aérosol pour former une adhésion permanente. Habituellement, on vous conseillera de bien enduire une surface et d'apposer les articles quand la colle est toujours « agressivement collante ». Placez le tissu à l'envers sur une toile de protection pour capter tout excès de projection, et vaporisez le tissu de colle à vaporiser.

Placez le côté lisse du contreplaqué sur le côté collant du tissu, à l'intérieur du ruban adhésif, en plaçant le point d'un coin en position et en ajustant le côté contigu tout en déposant le contreplaqué doucement sur le tissu.

Facultatif : l'usage de la colle à vaporiser ne vous donne qu'une chance pour positionner votre tissu. Si cette idée vous angoisse, utilisez plutôt l'adhésif pour papier peint. (Voir *Bureau romantique,* en page 183.)

5 *Contre-coller les rebords*

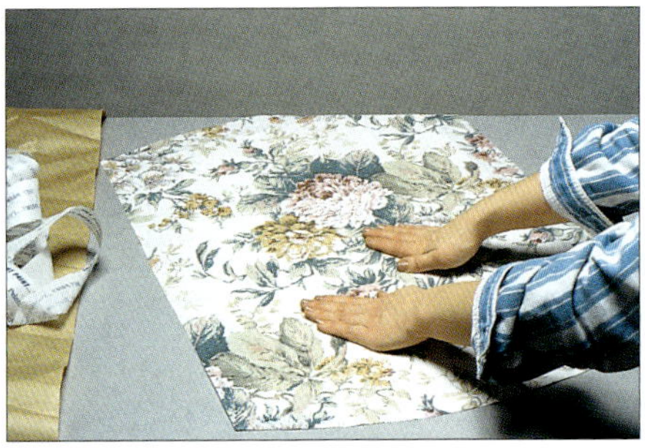

Retournez le contreplaqué avec le tissu collé. Avec les mains propres, commencez au milieu et travaillez vers les bords, en lissant le tissu sur le contreplaqué.

Retournez le contreplaqué et le tissu à l'endroit. Enlevez le ruban adhésif. Taillez les coins de façon à ce qu'ils se rencontrent nettement une fois pliés. Si le contreplaqué a un bord courbé, taillez des V dans le tissu excédent pour l'aplatir une fois plié au dos du contreplaqué.

Travaillant en sections, vaporisez un bord du tissu à la fois avec la colle en aérosol, et ensuite tirez le rebord doucement mais fermement au dos du bois, et lissez-le. Continuez jusqu'à ce que tous les bords soient collés. Laissez sécher.

6 *Vernissage*

Pour sceller et protéger le tissu, appliquez une couche de vernis à base d'eau et laissez-le sécher. Appliquez une deuxième couche et laissez-la sécher. (Voir *Vernissage,* en page 48.)

À l'aide d'un papier sablé fin, sablez *légèrement* la deuxième couche de vernis. Essuyer avec un chiffon de dépoussiérage. Ne vous préoccupez pas de l'effet trouble du sablage sur le vernis.

Appliquez deux autres couches de vernis, sablez et essuyez entre les couches. La surface du tissu devrait maintenant être lisse et complètement couverte et protégée par le vernis. Appliquez des couches supplémentaires, si vous le désirez.

7 *Détails*

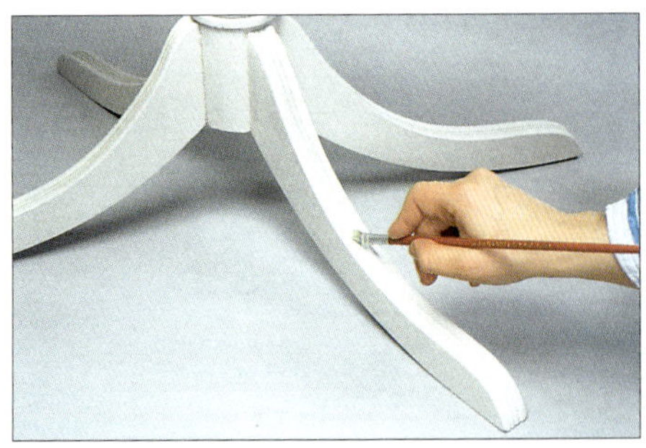

Facultatif : soulignez les moulures d'une couleur contraste. Ajoutez une garniture ou autre détail, et peignez tel que désiré.

8 *Finition*

Si le bas du panneau est visible, peignez le bois exposé au dos du panneau de la même couleur que la table.

Montez le panneau à votre meuble. Le panneau de la table basse est inséré du bas avec des morceaux de bois vissés à la table pour le soutenir.

Le plateau de la desserte peut tout simplement être inséré, ou collé en place. Si vous le collez, placez un annuaire téléphonique sur le plateau jusqu'à ce que la colle soit sèche.

Remarque : si le panneau montre des brèches, vous pouvez coller de la guimpe le long du bord. Utilisez un pistolet à colle chaude. *Faites attention de ne pas vous brûler, surtout si vous n'avez pas beaucoup d'expérience avec un pistolet à colle chaude.* La colle devient assez chaude pour causer des brûlures sévères. Repliez et collez les bouts de guimpe entre le panneau et le bord.

Enchantement diaphane

DES VIGNES FLORALES TRANSPARENTES S'ENTORTILLENT SUR UN TREILLAGE PEINT

Des lustres tamisés, des roses du printemps, des gloires du matin pourpres et bleues, et un feuillage vert sauge. Ces vignes peintes à la planche s'entortillent sur un treillage devant un arrière-plan neutre et subtil. Créez un jardin frais et joli qui trouvera sa place dans toute pièce. C'est en effet une approche moderne à la poésie.

Premièrement lisez ceci

Plusieurs techniques simples ont été utilisées sur cette table ; ensemble, elles sont impressionnantes. Premièrement, on a appliqué une couche de fond au latex. Si la finition de votre table est de plastique stratifié, utilisez la peinture à mélamine. (Voir *Peinture à mélamine,* en page 27.) La couche de fond de peinture est ensuite texturée à l'aide d'un sac de plastique mis en boule, pour soulever la portion encore humide de la couche de peinture plus foncée. Le treillage est collé et peint au jet, et les tracés floraux et de feuillage sont estampés. Les estampes sont faites de mousse déjà coupée et taillée. Vous pouvez acheter des dessins déjà taillés dans les boutiques d'artisanat, mais vous économiserez beaucoup en créant les vôtres depuis les motifs fournis (pages 264 et 265). Une fois familiarisé à l'impression à main, vous trouverez que presque tous les meubles méritent cette touche de décoration poétique.

Avant

Une table à abattants aux proportions intéressantes avec plusieurs points d'intérêts désirables — une base solide, des pieds en laiton, et des tiroirs à quincaillerie décorative. Mais un vernis qui s'écaille, des brûlures et des marques profondes peuvent signifier qu'un décapage ne suffira pas. Un travail de peinture complexe cache les imperfections.

Matériaux

- un litre d'apprêt à base d'eau et à adhérence élevée
- un litre de peinture au latex satiné, de teinte blanc os
- ruban adhésif, 5 cm (2 po) de large
- 1/2 litre de glacis, pot de peinture
- 1/2 litre peinture au latex satiné, taupe clair
- petit rouleau ou pinceau à peinture
- plusieurs sacs de plastique
- toiles de protection ou papier
- ruban à mesurer et crayon
- marqueur
- peinture à vaporiser gris pâle
- pinceau d'artiste à pointe fine
- crayon vert ou craie verte
- mousse mince et souple (utilisée pour bricolages et disponible dans les boutiques d'artisanat)
- accès à une photocopieuse, ou du papier à tracer et crayon
- ciseaux, stylet
- pinceau d'artiste à pointe carrée moyenne à bon marché
- glacis acryliques (ou mélangez les acryliques et les glacis, ou substituez de la peinture acrylique transparente), vert foncé, vert-bleu, vert pâle, rose, rouge, orange, violet et bleu
- un litre vernis à base d'eau non jaunissant
- papier sablé fin (grade 220), chiffon de dépoussiérage
- *Facultatif :* petite quantité de peinture au latex ou acrylique gris moyen
- *Facultatif :* produit d'addition
- *Facultatif :* poli à métal pour la quincaillerie

1 *Peinture*

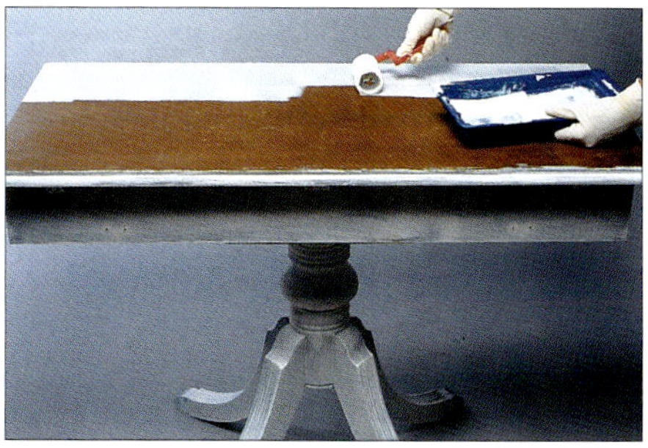

Voir *Techniques de base de la peinture* (page 34). Préparez la table, donnez-lui une couche de fond, et peignez-la de deux couches de la peinture au latex blanc os.

2 *Texturage*

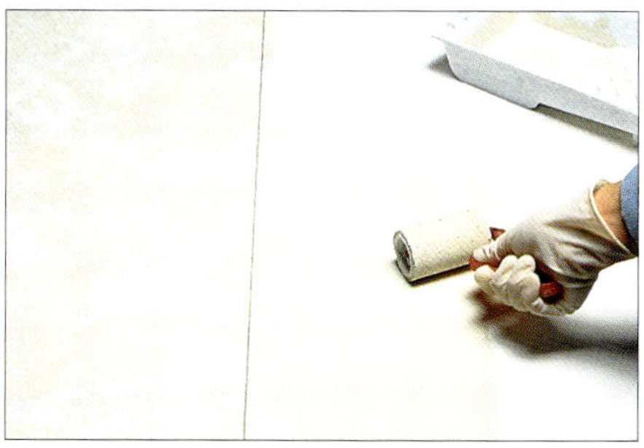

Créez un arrière-plan doux en texturant le plateau à l'aide d'un sac de plastique mis en boule. Placez les rallonges de la table en position ouverte. Collez les rebords du plateau à l'aide du ruban adhésif. Mélangez la peinture au latex taupe avec le glacis dans le pot à peinture. Remuez bien. Un produit d'addition peut être ajouté. (Voir *Glacis* en page 28 et *Produits d'addition* en page 28.) À l'aide d'un petit rouleau ou d'un pinceau, appliquez la peinture à une petite section du plateau.

Appuyez un sac de plastique mis en boule sur la peinture et enlevez-le, soulevant la peinture taupe et révélant la couche de fond avec un motif plissé. Prenez un coin propre du sac et plissez-le si nécessaire.

Continuez et changez de sac de plastique à mesure qu'il devient trop gluant. Une fois le plateau complètement texturé, laissez-le sécher.

3 *Mesures pour le treillage*

Rabattez les rallonges de la table et masquez autour du plateau, tout en protégeant la base et les rallonges avec une toile ou du papier. Mesurez la largeur du plateau.

Marquez la mesure de la largeur le long d'un bord du plateau, en commençant par un coin.

4 *Masquer le treillage*

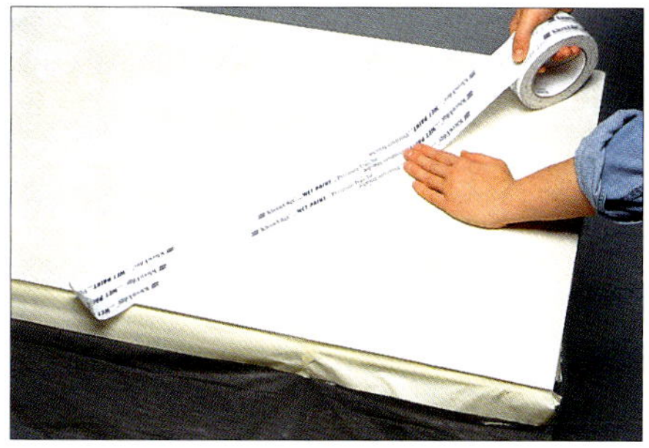

Placez une longueur de ruban adhésif sur la largeur de la table, en commençant à la marque de mesure sur le bord et vers le coin opposé. Le bord du bas du ruban adhésif devrait faire le long de la marque et couper le coin, en formant un triangle à 45 degrés.

Avec le marqueur, marquez ce ruban «Première bande».

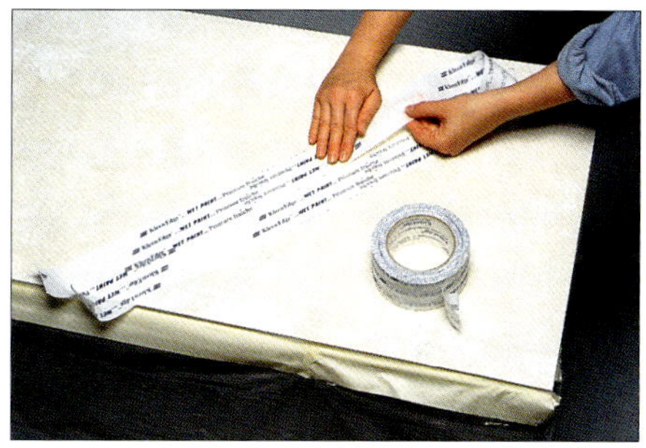

Placez des bandes de ruban côte-à-côte le long de la table, avec chaque bande touchant le bord de la suivante. Continuez jusqu'à ce que le plateau soit recouvert de bandes de ruban adhésif.

Enlevez les bandes de ruban à chaque côté de la première bande. Continuez à enlever une bande sur deux. Ces bandes pourront être réutilisées plus tard.

5 *Le treillage par pulvérisation*

Appliquez une ou deux couches de peinture en aérosol selon les directives du fabricant. (Voir *Peinture à pulvérisation,* page 44.) Enlevez les bandes de ruban adhésif lorsque la peinture est sèche au toucher. Laissez sécher complètement.

Répétez les étapes 3, 4 et 5, en commençant au même bout de la table mais cette fois placez le ruban dans la direction opposée, en travers des lignes peintes. Appliquez la peinture en aérosol. Laissez sécher.

6 *Ombrages*

Facultatif : pour donner un effet de profondeur au treillage, mélangez une petite quantité de peinture gris moyen (latex ou acrylique). À l'aide d'un pinceau d'artiste, à pointe fine, peignez des ombrages à un côté des lignes du treillage, là où elles traversent les autres lignes.

7 *Dessiner les vignes*

Levez les rabats de la table. À l'aide d'un crayon ou d'une craie, dessinez légèrement la direction des branches et des vignes pour les roses sur l'un des rabats, et pour les gloires du matin sur l'autre. Les vignes devraient commencer aux coins opposés de la table et suivre un motif en S, et s'entortiller autour des lattes du treillage. Dessinez des courbes généreuses pour accommoder les feuilles et les fleurs. Ajoutez des branches pour remplir les espaces vides.

8 *Tailler les estampes*

Transférez les motifs (pages 264 et 265), incluant les pattes, en les traçant ou en les photocopiant. Tracez les motifs sur la mousse. Découpez les estampes avec des ciseaux ou un stylet.

À l'aide d'un stylet, inscrivez le long des lignes à l'intérieur des impressions. Tâchez de ne pas couper à travers la mousse. Les lignes inscrites imprimeront plus foncé, ce qui donnera un aspect plus détaillé à l'impression.

9 *Imprimer*

Faites des essais d'impression sur papier. À l'aide d'un pinceau d'artiste, à pointe carrée moyenne, peignez le glacis sur la surface du bloc de mousse. Appuyez sur le bloc, face en bas, et appliquez une pression uniforme sur sa surface. Soulevez en tirant doucement sur la patte. Essayez une couleur. Ensuite, essayez de peindre des sections de plusieurs teintes sur un seul bloc. Le bloc pêut être utilisé plusieurs fois avec la même couche de glacis, apportant des variantes intéressantes à l'intensité de l'impression.

Avec les rabats levés, commencez à imprimer les feuilles des gloires du matin en une variété de teintes de vert sur un rabat et le treillage, et en suivant les tracés de craie pour les vignes. Vous pouvez créer une merveilleuse intensité en chevauchant le feuillage des gloires du matin. Laissez de l'espace pour les fleurs.

Continuez à imprimer le feuillage des roses. Lavez les blocs d'impression et mettez-les de côté.

Ajoutez les fleurs et les boutons de fleurs, en peignant les gloires du matin en tons bleu et pourpre et les roses en tons rose, rouge et/ou orange. Une fois les impressions florales complétées, ajoutez l'impression du *bouquet de feuillage sépale* à la base des fleurs de rose et de gloire du matin.

10 *Peinture à main levée*

À l'aide d'un pinceau d'artiste, à pointe fine et de glacis ou de peinture acrylique, peignez les branches et les vignes d'un ton brun/vert. (Mélangez le vert avec du rose ou du violet pour créer le ton brun/vert.) Chargez le pinceau de peinture diluée, et peignez d'un mouvement long et large. Ne vous inquiétez pas de peindre directement sur les lignes. Les lignes ne sont que des guides.

Ajoutez des feuilles ou des fleurs au besoin.

11 *Vernissage et finition*

Enrichissez la couleur et protégez le travail de peinture en le vernissant avec deux ou trois couches de vernis non-jaunissant à base d'eau. Sablez légèrement avec du papier sablé fin et essuyez avec un chiffon de dépoussiérage entre les couches. Une fois le vernis séché, utilisez un stylet pour couper le long de la ligne où les rallonges rejoignent la table. Sablez légèrement tout surplus de vernis avec un papier de verre fin. Si le ponçage brouille le vernis, retouchez les défauts avec une autre couche. (Voir *Vernissage,* en page 48.)

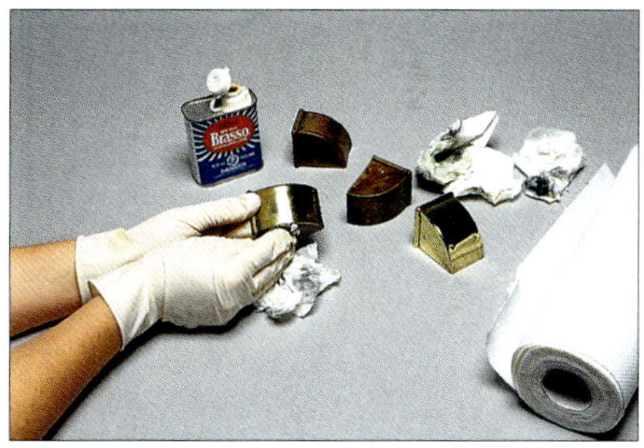

Polissez les pieds de laiton ou autre quincaillerie et montez la quincaillerie.

MOTIFS POUR LES ESTAMPES DE MOUSSE

Rose, en pleine floraison

Rose, en pleine floraison, de profil

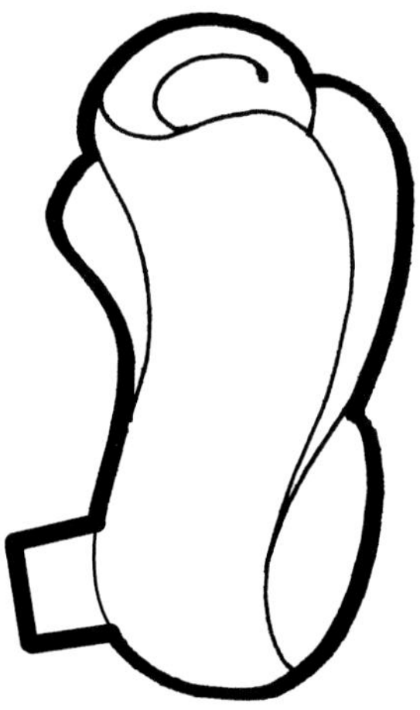

Bouton de rose

Feuillage de rose

Bouquet de feuillage sépale

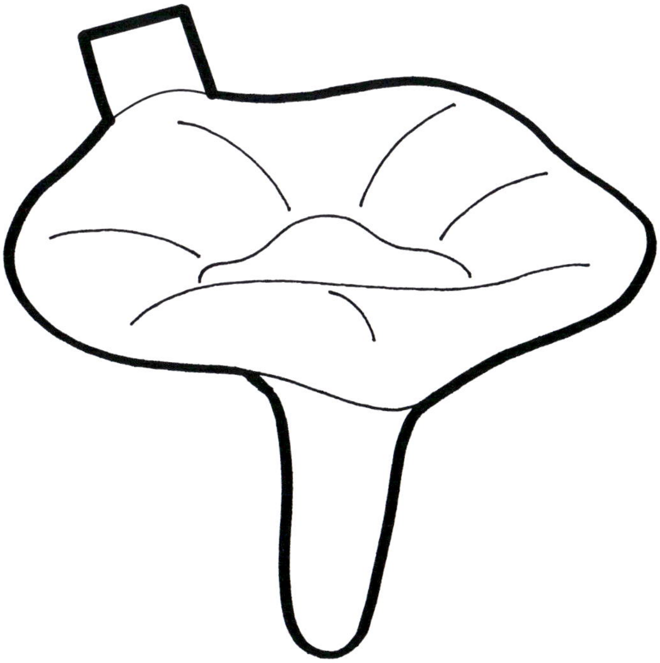

Gloire du matin en floraison, de profil

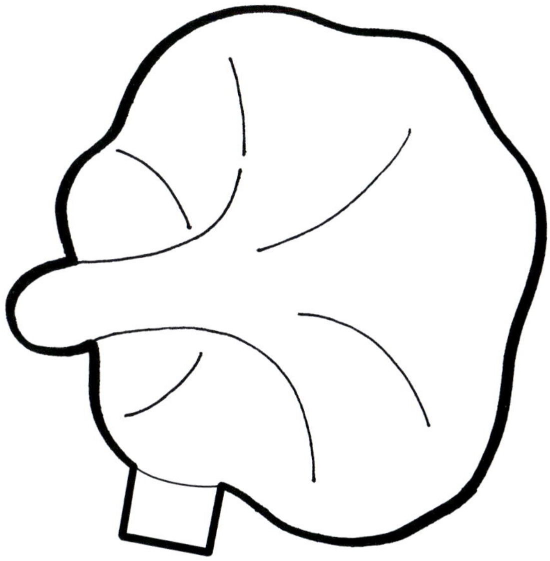

Gloire du matin en floraison

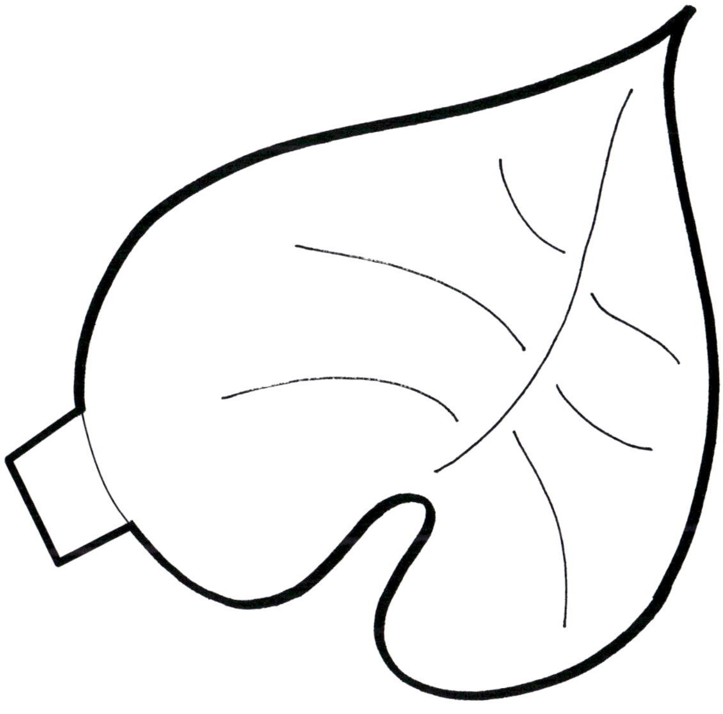

Feuillage de la gloire du matin

Feuillage de la gloire du matin

Bouton de la gloire du matin

Passion lierre

Montez une table teinte couleur d'ambre avec un lierre découpé dans le cuivre

Ajoutez des éléments naturels - le bois naturel bruni d'une teinture miel, des vignes rampantes pleines de feuilles de tons verts riches d'été, et le cuivre vieilli grâce à une patine glorieuse. Voici les types d'éléments à combiner. Ils se contrastent tout en créant une harmonie de texture et de ton, et le résultat est remarquable.

Premièrement lisez ceci

Choisissez une table de bois nu, ou dont le plateau est complètement décapé. Le plateau est teint, et cette teinture doit être appliquée au bois brut. (La base peut être faite de n'importe quel matériau). Une bordure de cuivre est peinte et patinée. Les vignes et les feuilles de lierre sont imprimées en bloc au rouleau - une méthode rapide et facile - et d'autres feuilles peuvent être ajoutées. Ensuite, le plateau est complètement vernis. La base de la table est peinte au latex d'une teinte foncée de vert sarcelle. Si la base de votre table a une finition de plastique stratifié, utilisez la peinture à mélamine. (Voir *Peinture à mélamine,* en page 27.) Enfin, la table est assemblée. Même si chaque étape est simple, le résultat est extraordinaire. Le cuivre (souvent appelé couche de finition en cuivre) pour la bordure et la patine (choisissez le bleu ou le vert) peuvent être achetés dans les boutiques d'artisanat. Achetez aussi un apprêt d'impression.

AVANT

Une table de bois brut solide à assembler. Les possibilités pour la finition créative sont sans fin.

MATÉRIAUX

- un litre d'apprêt à base d'eau et à adhérence élevée
- un litre de peinture au latex satiné, d'un ton foncé de vert sarcelle
- pinceau, 4 cm (1 1/2 po) de large
- 250 ml teinture ambrée
- un litre de vernis à base d'eau non jaunissant
- régle ou ruban à mesurer
- ruban adhésif
- petites boîtes ou contenants en plastique pour soutenir le plateau
- cuivre broyé à peindre ; patine liquide compatible (bleu ou vert) ; apprêt transparent compatible
- rouleau de 10 cm (4 po) avec manche
- plusieurs feuilles de papier
- une paire de semelles de mousse bon marché
- stylo ou crayon
- ciseaux, stylet
- colle à vaporiser ; papier ou toile de protection
- crayon ou craie de couleur pâle
- pinceau d'artiste, à pointe fine
- glacis acryliques (ou mélangez les acryliques et les glacis, ou substituez de la peinture acrylique transparente), vert foncé, vert moyen, vert pâle
- pinceau d'artiste, à pointe carrée

1 *Peinture*

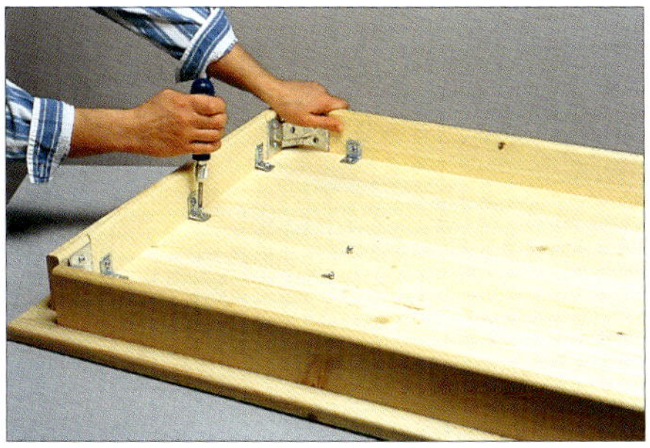

Si le plateau a une base, utilisez les outils appropriés pour l'enlever, si possible.

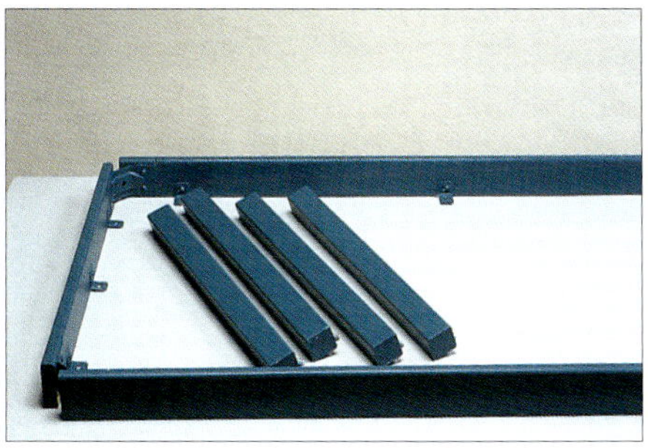

Voir *Techniques de base de la peinture* (page 34). Préparez la base, donnez-lui une couche de fond, et peignez la base et les pieds d'une teinte foncée de vert sarcelle. Laissez sécher complètement. Si votre table est en bois et que vous désirez vieillir la base, n'appliquez pas d'apprêt avant de la peindre. (Voir *Pour l'amour du placard*, en page 53.)

2 *Teinture et vernissage*

Teignez le plateau des deux côtés avec la teinte ambrée. Teignez le dessous en premier, ensuite teignez le dessus et les côtés. (Voir *Teindre le bois,* page 46.)

Appliquez une couche de vernis à base d'eau non jaunissant (ou l'apprêt transparent pour le cuivre) sur le dessous, le dessus et les côtés du plateau. Le vernis protégera le bois teint et vous pourrez facilement essuyer toute marque faite lors de votre travail. (Voir *Vernissage,* en page 48.)

3 *Bordure de cuivre*

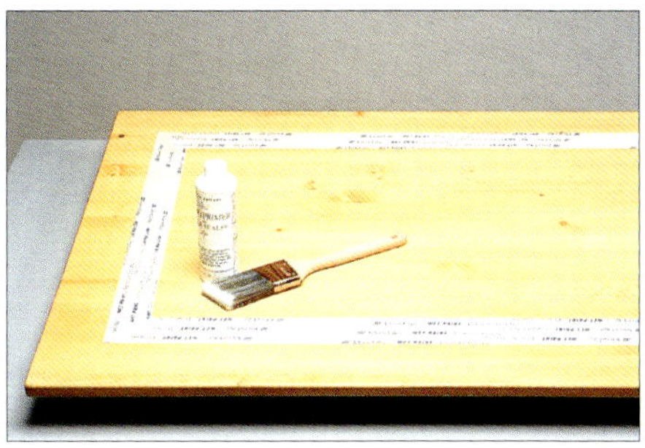

Mesurez et masquez une bordure de 7,5 cm (3 po) de largeur autour du bord du plateau avec le ruban adhésif. Masquez une bordure égale au dessous de la table. Le dessous sera travaillé en premier. À l'aide des petites boîtes ou contenants en plastique, soutenez le plateau.

Peignez la bordure et les bords avec le cuivre broyé (l'agent de finition en cuivre). Une fois le cuivre sec au toucher, retournez la table et peignez la bordure sur le dessus. Lisez les directives du fabricant du cuivre et appliquez une deuxième couche, le cas échéant. Laissez sécher.

Versez de la patine bleue (ou verte) dans un petit pot. Appliquez la patine sur le cuivre sur le dessous de la table. Laissez-la changer de couleur. Ensuite, renversez la table et appliquez la patine au cuivre sur le dessus, les côtés et les bords.

La patine commencera à modifier très rapidement la couleur du cuivre ; cependant elle doit durcir complètement avant d'être revêtue d'apprêt. Cela peut prendre trois jours. Lisez les directives du fabricant. Laissez durcir la patine ; ensuite appliquez l'apprêt transparent compatible à la bordure de cuivre. Laissez sécher et retirez tout le ruban.

Appliquez une couche d'apprêt à la bordure de cuivre peinte des deux côtés du plateau de la table. Commencez par le dessous de la table. Recouvrir le plateau en entier empêchera la formation d'une ligne d'apprêt le long de la bordure. Laissez sécher.

4 *Tailler les motifs*

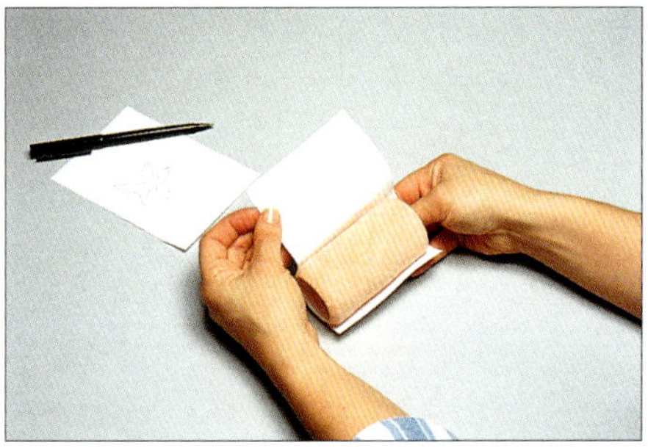

Tracez le motif pour la *petite feuille de lierre,* ci-dessous. Mettez-le de côté. Taillez un morceau de papier de la largeur du manche du rouleau et de la longueur nécessaire pour l'envelopper autour du manche.

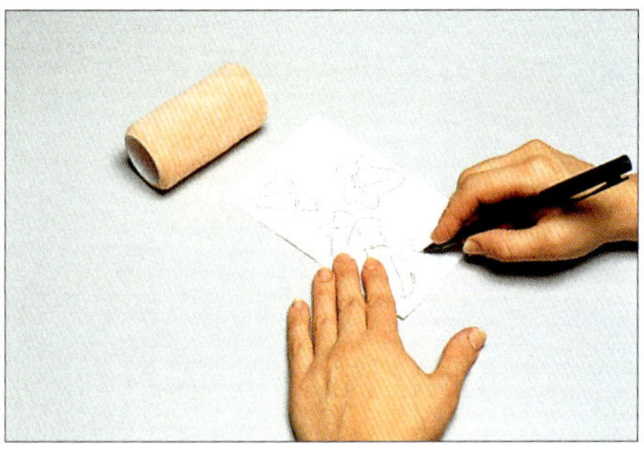

Déterminez la quantité de feuilles dont vous aurez besoin. Découpez la feuille de lierre tracée. Tracez autour de la feuille, sur le papier pour le manche. Faites plusieurs tracés et créez un motif de feuilles le long du papier. Mettez ce papier de côté.

MOTIF POUR LA PETITE FEUILLE DE LIERRE

5 *Tailler les estampes*

Placez le motif découpé de feuilles sur le côté feutre d'une semelle et tracez autour. Continuez à tracer le motif jusqu'à ce que vous ayez la quantité de feuilles voulue. Découpez les feuilles à l'aide des ciseaux.

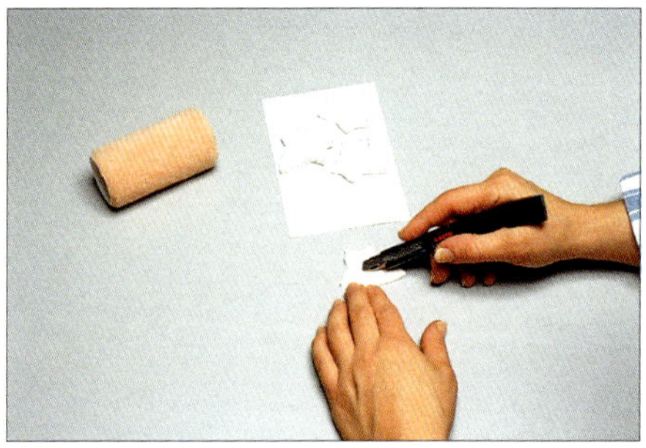

À l'aide du stylet, coupez des veines dans les feuilles, en coupant la mousse - mais pas à travers le côté feutre. En terminant chaque feuille, placez-la *côté mousse en bas* sur la feuille de papier de la largeur du rouleau. Vous pouvez positionner les feuilles tel que vous les aviez placées et marquées, ou vous pouvez retourner le papier (pour éliminer votre dessin original) et refaire le motif.

6 *Coller les estampes*

Positionner le papier de la largeur du rouleau (avec ses feuilles de lierre) sur du papier pour capter tout excès de colle. Sécuriser les bords du papier à l'aide de ruban adhésif. Lisez les instructions sur la colle en aérosol pour former une adhésion permanente. La majorité des gens conseillent d'attacher les surfaces quand la colle est « agressivement collante », ce qui signifie vaporiser, attendre deux minutes, et coller les surfaces. Vérifiez que les feuilles sont en position côté mousse vers le bas, et vaporisez la colle.

Positionnez le manche du rouleau bien droit, à un bout du papier. Roulez doucement le manche sur le papier en ramassant les feuilles de mousse. Vous pouvez faciliter le processus en soulevant les feuilles avec vos doigts, si nécessaire. Ne vous inquiétez pas si de la colle s'attache à la peluche du rouleau. Celle-ci séchera. Continuez jusqu'à ce que toutes les feuilles soient bien collées au manche du rouleau. Mettez de côté.

7 *Peindre les vignes*

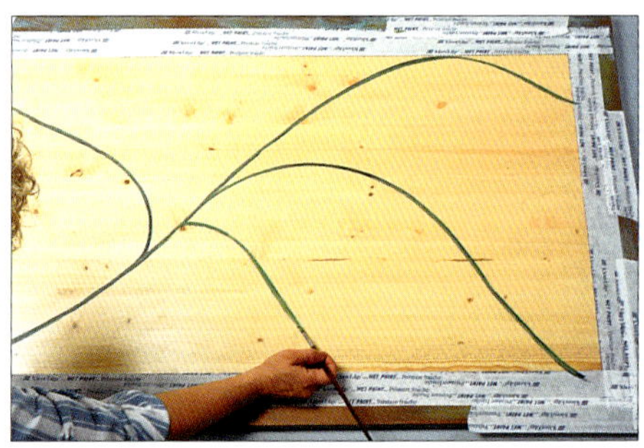

À l'aide du ruban adhésif, masquez la bordure de cuivre. Avec un crayon ou une craie de couleur pâle, dessinez les vignes sur le centre de la table. Faites des lignes légèrement courbées qui seront faciles à suivre au rouleau. Diluez de la peinture vert moyen ou utilisez un glacis pour peindre les vignes. La peinture devrait couler librement du pinceau d'artiste à pointe fine. Peignez les lignes rapidement, et utilisez vos lignes dessinées seulement pour vous guider. Laissez sécher.

8 *Imprimer*

Faites quelques essais d'impression au rouleau sur papier avant d'entreprendre la table. Appliquez la peinture aux feuilles de mousse en les peignant avec le pinceau d'artiste à pointe carrée et le glacis en plusieurs tons de vert, ou la peinture en acrylique transparente diluée à l'eau. Pour plus de profondeur et d'intérêt, appliquez plus d'une teinte de vert sur une feuille. Évitez de mettre de la peinture sur la peluche du rouleau. Placez le rouleau sur le papier et pressez en roulant. En général, les estampes sont meilleures, plus vives et plus détaillées, après quelques utilisations.

Commencez à imprimer sur la table. Débutez au bord de la table et roulez vers le centre, en suivant une vigne. Tâchez de garder la vigne au centre du rouleau, et arrêtez-vous à la bifurcation d'une autre vigne ou au bord de la table. Continuez à ajouter de la peinture à la mousse et à imprimer jusqu'à ce que toutes les vignes soient décorées de feuilles.

9 *Touches de finition*

Facultatif : si votre motif vous paraît trop régulier, ajoutez de larges feuilles de lierre au hasard. Tracez le motif pour *Grande feuile de lierre* (cette page), incluant la patte. Transférez-le au côté feutre de la semelle et découpez la forme. Coupez les veines du côté mousse et coupez entre la patte et la feuille. Utilisez cette feuille de mousse comme estampe simple.

Appliquez la peinture au côté mousse, sauf pour la patte, et appliquez l'estampe au plateau, en appuyant uniformément. Enlevez la feuille de mousse en la soulevant par la patte. Ajoutez des feuilles le long des vignes, si désiré. Ces feuilles plus larges peuvent chevaucher les plus petites.

Facultatif : à l'aide d'un pinceau d'artiste, à pointe fine et de glacis ou de peinture, peignez à main levée des vrilles au hasard le long des vignes. Une bordure étroite peut également être masquée et peinte le long de la bordure de cuivre.

10 *Vernissage*

Enrichissez la couleur et protégez le bois teint et votre travail de peinture en vernissant le plateau de la table avec deux couches de vernis non-jaunissant à base d'eau. (Voir *Vernissage,* en page 48.) Laissez sécher.

11 *Finition*

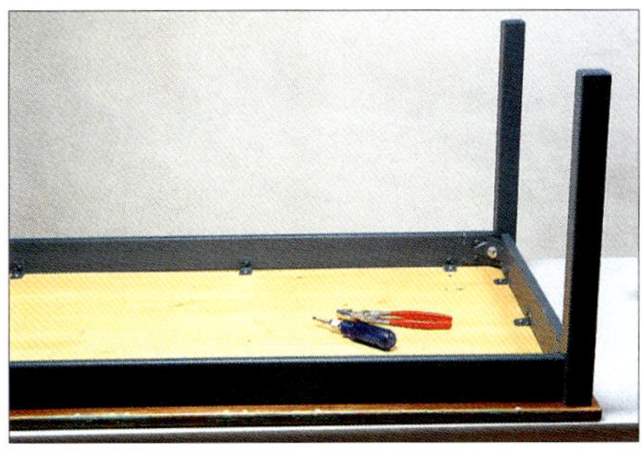

Assemblez de nouveau la base de la table avec son plateau.

MOTIF POUR LA GRANDE FEUILLE DE LIERRE

Argent Sterling éclatant

ARGENT ET MICA FONT SCINTILLER LE FER

Oubliez la ruée vers l'or. L'argent et ses cousins - le fer, l'aluminium, l'étain et le chrome - créent des accents qui possèdent à la fois une présence et une neutralité fraîche. Une petite table de bois reçoit un traitement original - la feuille d'argent vieillie très convaincante lui donne l'air d'être trop lourde pour être soulevée. Recouvrent cette table : un gel embué de mica, coupé en dessins à main levée et incrusté de médaillons d'étain et de boutons d'argent.

Premièrement lisez ceci

Ce projet donne des résultats étonnants et provocants. Chaque étape, jusqu'à la finition, est simple. C'est la combinaison qui est étonnante. Pour ce traitement, choisissez une petite table avec un plateau calé à rebords, qui autrefois avait une vitre. Commencez par peindre la table par pulvérisation, d'une couleur de base foncée. Si la finition de votre table est de plastique stratifié, utilisez la peinture à mélamine pour la couche de fond. (Voir *Peinture à mélamine,* en page 27.) Sur cette couleur, appliquez la feuille d'argent. Avec cette feuille d'argent, utilisez un adhésif et un scellant compatibles du même fabricant, et achetez-en assez pour recouvrir toute la base de la table.

Une fois que la feuille d'argent est appliquée et vieillie, enduisez le plateau de gel mica. C'est un gel très épais mélangé avec du mica, ce qui lui donne un châtoiement noir. Les gels avec d'autres additifs sont également disponibles, mais achetez-en un de consistance la plus épaisse possible. La densité du gel vous permet de le sculpter et de l'incruster de médaillons et de pièces de monnaie, ce qui rehausse la nature ton-sur-ton de ce meuble. On peut aussi ajouter, au centre de la table, du fer instantané rouillé à la perfection, pour obtenir une touche inattendue de rouille rougeâtre. Vous pouvez acheter ces matériaux dans les boutiques d'artisanat et de matériel d'artiste.

AVANT

Une table d'extrémité ordinaire, en bois. Au deuxième coup d'oeil : des lignes attrayantes, et une garniture intéressante qui mérite d'être soulignée.

MATÉRIAUX

- peinture acrylique en aérosol peu lustrée, un contenant de vert et un de noir
- feuille d'argent, adhésif et scellant pour recouvrir la base de la table (achetez des produits compatibles).
- pinceau, 2,5 cm (1 po) de largeur
- petit pinceau tout-usage à soies dures
- gel mica ou autre gel très consistant coloré ou texturé (assez pour recouvrir et garnir le plateau de la table).
- grattoirs à peinture larges et étroits
- médaillons d'argent, boutons en argent, pièces de monnaie ou autres objets plats
- Toile pour essuyer
- *Facultatif :* tubes d'acrylique, vert pthalo ou gris de Payne
- *Facultatif :* linges ou serviettes de papier
- *Facultatif :* fer et rouille instantanés (disponibles dans les boutiques d'artisanat et de matériel d'artiste) ; pinceau d'artiste, à pointe fine

1 *Peinture par pulvérisation*

Voir *Techniques de base de la peinture* (page 34). Préparez votre table (*Préparation,* en page 36). Ensuite, référez-vous à la section *Peinture à pulvérisation* (page 44), et peignez la table par pulvérisation avec les peintures verte et noire. Vaporisez chaque couleur en sections, en chevauchant les couleurs. Ces couleurs bariolées paraîtront à travers les fissures dans la feuille d'argent, ce qui donne un aspect riche. Laissez sécher la peinture.

2 *Feuille d'argent*

La feuille d'argent devrait être appliquée à la base et autour du bord du plateau, mais pas sur le pateau-même (le gel sera appliqué au plateau).

Suivez les instructions sur le contenant. Utilisez un pinceau de 2,5 cm (1 po) pour appliquer le produit adhésif de la feuille d'argent à une section de la table. Laissez durcir l'adhésif selon les instructions. Le produit adhésif demeurera très collant.

Enlever une feuille d'argent du folio. Placez-la sur l'adhésif. Ne vous inquiétez pas des déchirures ou fissures qui se produisent lors de l'application. En effet, ces fissures sont souhaitables. Brunissez la feuille d'argent avec vos doigts, en vous assurant que la feuille demeure en contact avec le produit adhésif.

Enlevez en déchirant les grandes sections de feuille d'argent au bord de l'adhésif et mettez-les de côté. À l'aide du petit pinceau tout-usage à soies dures, frottez vigoureusement la feuille d'argent, en vous débarassant des petits morceaux excédants. C'est un travail malpropre qui répandra de la poussière de fée partout.

Continuez à appliquer adhésif et feuille d'argent en sections jusqu'à ce que la table soit recouverte, sauf pour le plateau. Laissez les petites fissures ouvertes, mais cachez tout grand défaut.

3 *Traitement de vieillissement*

Facultatif: vieillissez la feuille d'argent pour enrichir l'argent et atténuer sa vivacité. Dans un petit pot, mélangez du vert pthalo et du gris de Payne pour produire un ton riche vert foncé noirâtre. Diluez à l'eau jusqu'à ce que la peinture ait une consistance liquide. Commencez par une section discrète de la table. Peignez une section de la feuille d'argent avec la peinture diluée.

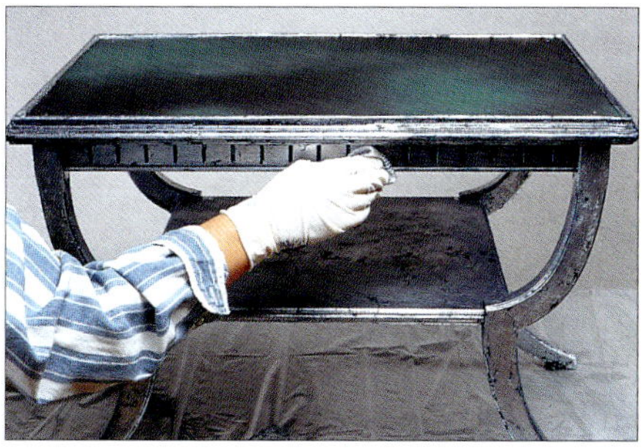

Laissez la peinture sécher deux minutes, essuyez ensuite l'excèdent avec un linge humide ou une serviette de papier. Laissez une couche très fine de peinture sur la feuille d'argent, et laissez la peinture s'installer dans les fissures. Continuez, jusqu'à ce que toute la feuille d'argent soit vieillie. Laissez sécher. Ensuite recouvrez complètement la feuille d'argent d'un scellant.

4 *Gel Mica*

Appliquez le gel mica sur le plateau de la table. À l'aide du grattoir étroit, récupérez une quantité du gel du pot et laissez-le tomber sur le plateau. Continuez jusqu'à ce que le pot soit vide. Étendez le gel à l'aide du grattoir large, en assurant un niveau égal de gel. Le gel rétrécira quelque peu en séchant, alors appliquez-en assez pour égaliser à peu près le plateau calé.

En étendant le gel, évitez la tentation de le lisser complètement : c'est impossible. Plutôt que de contrer les textures naturelles qui se forment en lissant le gel, continuez à le travailler jusqu'à ce qu'il présente une texture généralement satisfaisante.

5 *Enfoncer les médaillons*

Le gel étant encore très mouillé, enfoncez des médaillons ou autres objets plats dans la surface. Les médaillons peuvent créer une surface inégale, alors il vaut mieux les placer au bord du plateau où ils ne seront pas la cause de verres de vin renversés.

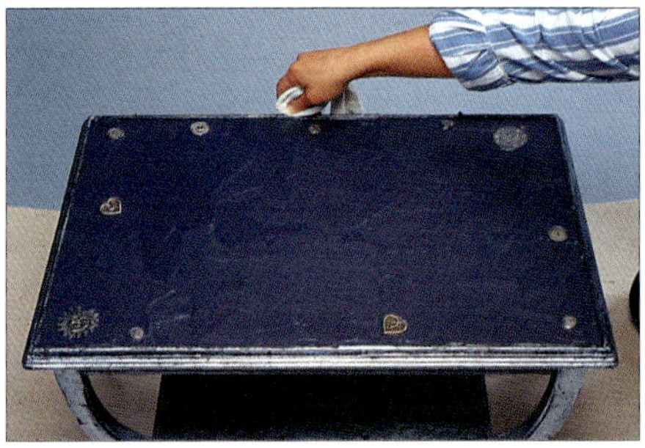

Alors que le gel est encore humide, évaluez votre plateau. Ajoutez ou enlevez des médaillons et ajustez la texture du gel. Si nécessaire, utilisez un linge humide pour enlever tout excédent de gel sur le bord du plateau.

Alors que le gel est encore humide, utilisez le grattoir étroit pour sculpter des dessins ou des motifs. Ne vous préoccupez pas des erreurs. Vous n'avez qu'à lisser le gel de nouveau (enlever et nettoyer les médaillons, si nécessaire) et recommencer.

Laissez sécher le gel, deux ou trois jours.

6 *Fer rouillé*

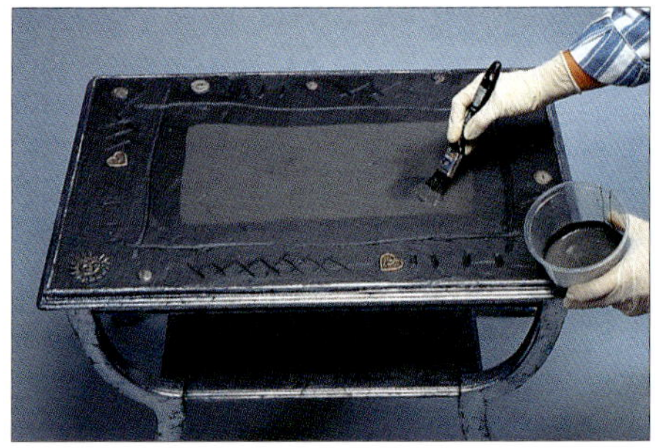

Facultatif : ajoutez du fer et de la rouille instantanés. Avec le fer instantané, peignez le centre du plateau en suivant les directives du fabricant. Laissez sécher toute la nuit.

À l'aide d'un pinceau d'artiste à pointe fine, peignez un motif sur le fer avec la rouille liquide instantanée. Ajoutez une deuxième couche si nécessaire. Laissez durcir et sécher. Certains fabricants suggèrent l'usage d'un scellant, mais le scellant peut assombrir l'effet de la rouille et va aussi diminuer le chatoiement du mica et des médaillons. Faites un essai sur du papier ou du carton pour vous assurer que vous aimerez les résultats avant de sceller le plateau.

Si le plateau de votre table n'est pas calé ou qu'il ne convient pas pour le traitement de gel incrusté, considérez la combinaison d'estampes de tôle avec des motifs au pochoir en feuille métallique. (Voir Quand l'art est créatif,en page 189.)

Droits miniers

FAUX MARBRE, GRANIT ET OR FORGENT UNE PALETTE DE MINEUR

La pierre vermeil, polie, appliquée à la main par un artiste, n'est plus banalisée comme copie. Recréer l'aura de la pierre et du minérai naturel est devenu une forme d'art. Les faux-finis faits à la main ne devraient pas être pris pour des mélamines faites à la machine et les autres finis fabriqués. Tandis que les finis imprimés sont des fraudes, la pierre, le marbre, le granit, ou la feuille métallique traitée à la main a un effet *trompe l'oeil* qui trompe le spectateur pour une seconde, et lui permet par la suite de l'apprécier pour ce qu'elle est : une reproduction soigneusement formée, souvent avec une ironie masquée.

Premièrement lisez ceci

Les finis imitant la pierre devraient être installés en lieux plausibles telles que les surfaces plates des plateaux de commode, de table ou de bureau. Certaines surfaces moins vraisemblables sont acceptables, tels que les panneux de porte, les colonnes, ou les tablettes de fenêtre. Mais une commode ne serait jamais construite entièrement de pierre ; après tout, elle serait plutôt difficile à manoeuvrer. Si vous marbrez une commode entière, ou une chaise ou un bureau, faites-le avec le sens de l'humour. Dans ce projet, premièrement la surface est peinte d'une couche de fond et les effets de pierre sont appliqués par-dessus. Si votre table a une finition de plastique stratifié, utilisez la peinture à mélamine pour la couche de fond. (Voir *Peinture à mélamine,* en page 27.) L'effet granit est obtenu à l'aide d'un produit aérosol disponible dans la plupart des magasins de peinture. Ce produit normalement raboteux est soluble à l'eau et n'est pas pratique pour les plateaux de table. Cependant, la technique que vous voyez ici de sabler et vernir le granit à pulvérisation produit un fini vitré, étanche à l'eau et durable. La technique de marbrage peut être subtile ou frappante, comme vous voulez. (Le vrai marbre est disponible dans une variété étonnante de combinaisons de couleurs, avec une veinure qui change de teinte et d'intensité d'un morceau à l'autre). Une garniture de feuille d'or vieilli ajoute un cadre riche et chaleureux aux traitements plus frais de la pierre.

AVANT

Un ensemble de salle à dîner défraîchi, mais quand même intéressant avec une base de table élaborée, garnitures et chaises à la mode de la cour du roi Arthur. Le plateau en hexagone présente une surface convenable pour l'imitation pierre avec des accents en feuille d'or sur la garniture.

MATÉRIAUX

- peinture sous pression en acrylique peu lustrée, vert forêt
- toiles de protection
- ruban adhésif
- feuille d'or ainsi qu'un adhésif et un scellant compatible
- pinceau d'artiste, à pointe carrée moyenne à bon marché 1,25 cm (1/2 po) de largeur
- petit pinceau
- torchon
- *Facultatif :* tubes d'acrylique, de couleur ombre brûlée et/ou sienne brûlée

Pour le faux-granit :

- papier ou plastique pour recouvrir les sections de la table
- granit en aérosol et la que de finition en aérosol (souvent disponible en ensemble)
- un litre de vernis à base d'eau non jaunissant
- papier sablé fin (grade 220), tampon gras

Pour le marbrage et la veinure :

- 1/2 litre de peinture au latex, vert foncé
- petite quantité de peinture au latex ou acrylique : vert pâle-moyen, vert foncé-moyen, blanc cassé
- éponge tout-usage rectangulaire
- 2 contenants peu profonds en plastique (ajustés à l'éponge)
- bâtons à brasser ou autres articles semblables
- petite quantité de produits d'addition et de glacis (Voir *Produits d'addition,* page 28 ; *Glacis,* page 28.)
- plume moyenne ou grande
- un litre de vernis à base d'eau non jaunissant
- papier sablé fin (grade 220), tampon gras

1 *Appliquer la couche de fond*

Voir *Techniques de base de la peinture* (page 34). Enlevez le plateau si possible. Préparez la table (et les chaises), étalez vos toiles de protection, et vaporisez la peinture sur les bords du plateau de la table. (Voir *Peinture à pulvérisation,* page 44.)

Vaporisez la base de la table et les chaises. Si la table a un plateau central, gardez-le à part, mais n'oubliez pas de le travaillez à chaque étape. Appliquez au moins deux couches à chaque morceau pour obtenir une couverture dense. Laissez sécher.

2 *Feuille d'or*

Décidez quelles sections de la garniture ou du détail doivent être dorées. À l'aide du ruban-cache, masquez les bords de la garniture, à moins que les sections soient faciles à peindre sans les masquer (les portions isolées ou en relief, par exemple). À l'aide du pinceau d'artiste bon marché, suivez les directives du fabricant et appliquez la feuille d'or. Laissez durcir, selon les instructions. Le produit adhésif demeurera très collant.

Enlevez le ruban-cache. Placez une feuille d'or sur l'adhésif. Brunissez-la à l'aide des doigts, et pressez dans les régions enfoncées avec un cure-dent ou le bout du manche d'un pinceau. Arrachez les grands morceaux excédents de feuille d'or et réservez-les. Répétez jusqu'à ce que tout l'adhésif soit couvert de feuille d'or. Des petites fissures dans la feuille d'or sont souhaitable.

À l'aide d'un petit pinceau à peinture (à soies dures, de préférence), brossez tout l'excédent de feuille d'or. C'est un travail malpropre qui éparpillera de la poussière de fée partout.

Appliquez la feuille d'or sur les chaises et la base de la table. Pour appliquer la feuille d'or aux faîteaux ou aux bâtons, appliquez l'adhésif au pinceau. Ensuite enveloppez la pièce d'une feuille d'or en frottant la feuille dans les fissures ou les détails. Cachez toute section nue avec les bouts de feuille d'or.

Peignez toute la feuille d'or de scellant, et laissez sécher.

3 *Traitement de vieillissement*

Facultatif : pour un effet plus riche et pour atténuer l'éclat, vieillissez la feuille d'or. Mélangez une petite quantité d'acrylique couleur ombre brûlée et/ou sienne brûlée avec de l'eau pour obtenir une consistance aqueuse. Peignez une section de la feuille d'or avec la peinture brune.

Attendez deux minutes. Essuyez la section avec un linge humide et enlevez l'excédent. Laissez une couche fine qui atténuera l'éclat de la feuille d'or, et enrichira la couleur. Laissez sécher l'effet de vieillissement. Ensuite appliquez une couche de scellant.

Pour faire des coussins pour les chaises finies, voir *Asseyez-vous*, page 153.

4 *Faux granit*

À l'aide du ruban-cache, masquez une bordure autour de la section qui recevra le traitement de faux-granit. Etalez des toiles de protection et cachez le reste de la table avec du papier ou du plastique collé en place avec du ruban adhésif. Ne laissez aucune fente.

Vaporisez la section avec le granit en aérosol, en assurant une couverture solide. Laissez sécher complètement. Le résultat sera raboteux et moucheté.

Avec la laque en aérosol qui vient avec le granit en aérosol, vaporisez le faux granit complètement, en respectant les directives sur le contenant. Laissez sécher.

Appliquez une couche de vernis à base d'eau non jaunissant sur le faux granit. Laissez sécher.

À l'aide de papier de verre fin, sablez *très légèrement* le granit. Le sablage aplanit quelque peu les bosses. Ne vous inquiétez pas si le granit devient trouble à cause du sablage. À l'aide d'un linge de dépoussièrage, essuyez la surface complètement. Ensuite appliquez une deuxième couche de vernis. Le granit devrait être plutôt lisse. Une autre couche de vernis sera ajoutée plus tard, ce qui donnera une surface complètement lisse. Laissez sécher. (Voir *Vernir,* en page 48.)

5 *Couche de fond de marbre*

Enlevez tout ruban et papier du plateau ; laissez la toile de protection sur la base de la table. Si la table a une rallonge centrale, placez-la dans la table. Déterminez quelles sections vous désirez marbrer. Masquez autour de ces sections avec du ruban-cache. Peignez les sections à marbrer avec une couche de fond de peinture au latex vert foncé. Laissez sécher.

6 *Marbrer*

Humectez légèrement l'éponge tout usage. Créez un paysage lunaire cratérisé – plus il y a de cratères, mieux c'est – à un côté de l'éponge en arrachant de petits morceaux irréguliers de sa surface. Mettez l'éponge de côté.

Dans un contenu peu pronfond en plastique assez large pour accommoder l'éponge, utilisez un bâton à brasser ou autre instrument pour crachiner des rubans de produits d'addition et de glacis au hasard. (Voir *Produits d'addition* en page 28 et *Glacis* en page 28.) Ensuite crachinez le vert pâle moyen et par-dessus, le vert foncé-moyen. Diluez la peinture avec de l'eau si nécessaire. Ni l'une ni l'autre de ces couleurs devrait être aussi foncée que le vert foncé de la couche de fond.

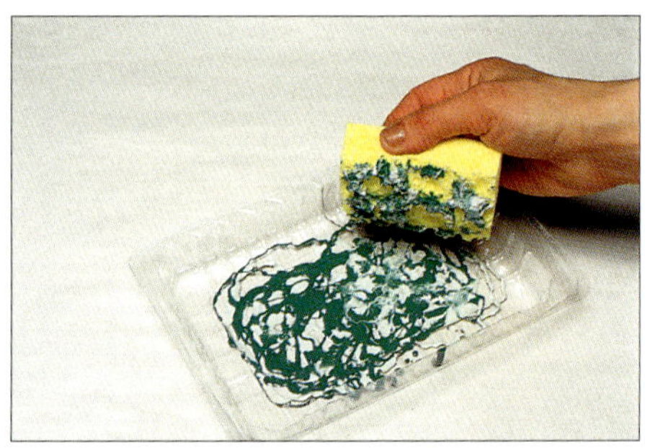

Tenez l'éponge humide à plat, côté cratères vers le bas, et saucez-la dans la peinture crachetée. Tâchez de ne pas la comprimer ou de la bouger ce qui mélangerait la peinture. Soulevez l'éponge et saucez-la encore dans une autre section du contenant peu profond.

Taponnez le côté peinture de l'éponge sur la couche de fond du plateau de la table, et créez un chemin courbe de couleur. En taponnant, tâchez de ne pas tirer sur l'éponge. Ne faites que des mouvements de long en large. Travaillez le chemin, en taponnant légèrement vers l'extérieur. Plus vous taponnez, plus la couleur sera douce et graduée. Continuez de cette façon, et créez plusieurs petits chemins de couleurs plus claires qui s'incorporeront dans la couche du fond.

Ce processus crée les couleurs de fond douces et texturées de la roche. Reculez de la table et regardez bien votre travail pour voir émerger le motif. En travaillant la rallonge centrale, tâchez de balancer le motif pour qu'il s'aligne même si la rallonge est enlevée. Si la rallonge centrale sera utilisée la majorité du temps, il est plus important que le dessin soit assorti. Mais si la rallonge ne sera que très peu utilisée, concentrez-vous sur la balance du motif sans la rallonge. (Idéalement, le motif correspondra, que la rallonge y soit ou non). Enlevez la rallonge et retouchez légèrement le motif pour l'aligner à la division.

7 *Veinure*

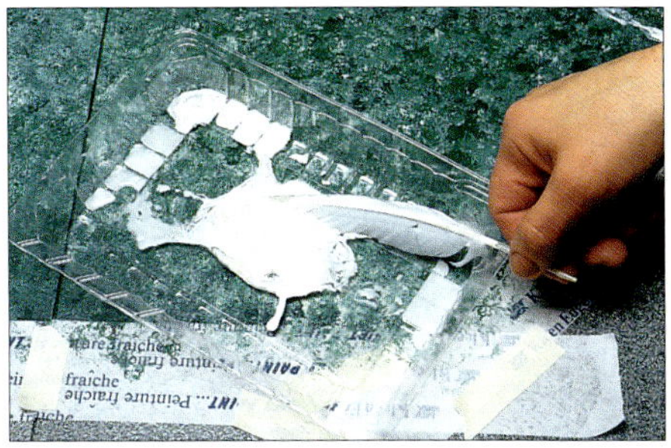

Appliquez la veinure sans la rallonge et avec la table fermée. Crachinez de petites quantités de produits d'addition, de glacis et de peinture blanc cassé dans un contenant peu profond. Ne pas mélanger.

Prenez la plume et trempez une longueur du bout plumeux dans le contenant, en permettant à la plume d'attraper de la peinture et du produit d'addition.

En commençant par le bord le plus près de vous, placez la plume légèrement sur la table et repoussez-la loin de vous. En repoussant la plume, faites trembler votre main en petits mouvements saccadés.

Résistez à la tentation de tirer la plume vers vous. Si vous tirez, la veinure aura un aspect régulier et faux. En progressant, le bord de la plume s'étalera en segments et produira plusieurs lignes de différentes largeurs qui suivront toutes le même mouvement. Voilà l'aspect recherché. Pour de meilleurs résultats, repoussez la plume de la main gauche (si vous êtes droitier), et vice-versa.

Pour un aspect naturel, souvenez-vous que les veinures rayonnent d'un seul point et s'étalent en branches qui, à leur tour, créent de nouveaux points d'origine pour d'autres veines. Reculez régulièrement de votre travail afin de voir le motif général de la veinure. La veinure peut être subtile ou frappante, comme vous voulez.

Placez la rallonge centrale dans la table. Joignez les veines d'un côté de la rallonge à l'autre en utilisant la plume et le mélange de peinture.

8 *Vernissage*

Pour protéger la peinture, enrichir la couleur, et donner une finition vitrée, appliquez trois couches de vernis non-jaunissant à base d'eau au plateau, y compris le granit. Sablez légèrement avec du papier de verre fin et essuyez avec un tampon gras entre les couches. Vernissez la rallonge centrale séparément. (Voir *Vernir,* en page 48.)

Délire mosaïque

UN PAVAGE ÉCLATÉ HABILLE TROIS PLATEAUX DE TABLE FASCINANTS

L'histoire de la mosaïque est cimentée dans les temps romains et grecs, au moment où les dessins et portraits magnifiques étaient créés à partir de tout petits carreaux céramiques. Mais les motifs de mosaïque contemporains, soit d'illustrations ou abstraits, peuvent être créés d'une combinaison de tuiles entières ou cassées, de coutellerie, de marbre, de bijoux, de perles — même de médaillons et de cadres antiques. Les mosaïques d'aujourd'hui mélangent la texture, la couleur et les motifs, en plus de combiner le potentiel créatif sans limite avec la permanence.

Premièrement lisez ceci

Appliquez la mosaïque à un plateau de table stable, ou encore taillez un contre-plaqué ajusté à la table. La plupart des parcs à bois débités peuvent couper le bois selon vos dimensions, même en cercle. Avec ses petits morceaux irréguliers, la mosaïque élimine le travail précis de couper et ajuster la tuile. La tuile et la faïence sont cassés à l'aide d'un marteau (une excellente thérapie), et les morceaux sont placés pour l'ajustement. Les adhésifs et le coulis sont faciles à utiliser et presque indétraquable.

En choisisssant de la céramique et autres petits morceaux, décidez à l'avance à peu près quelles couleurs et textures vous désirez. Mais demeurez flexible. Le don de faire ses trouvailles parmi des pièces variées mais quand même assorties donne l'inspiration. Ne vous inquiétez pas de trouver des articles ayant tous de la même épaisseur. Vous pourrez tout mettre à niveau à l'étape de l'adhésion. Achetez *un coulis sableux pour planchers,* et non pour les murs, de couleur assortie à la tuile. La mosaïque prend beaucoup plus de coulis que la tuile, puisque les morceaux de mosaïque sont petits, alors achetez deux fois la quantité recommandée. Une fois que vous aurez choisi la tuile et le coulis, achetez de la peinture de couleur assortie pour peindre la base de la table. Pour carreler un comptoir ou une table avec des tuiles entières, et non de la mosaïque, voir *L'armoire était nue* (page 105, étapes 10 à 14).

MATÉRIAUX

- papier sablé fin ((grade 220) et un tampon gras pour délustrer le plateau de table existant
- *si le plateau est manquant :* contreplaqué, lisse d'un côté, taillé à la dimension du panneau (étape 1) ; scie sauteuse, scie circulaire ; compas à trusquin (ou encore de la corde, un marteau et un clou) ; crayon ou stylo
- de l'apprêt et de la peinture (étape 2)
- carreaux, faïence, et autres articles de collection (des billes, des perles de verre, ect.)
- linge ou torchon
- marteau
- adhésif à carreaux (soit prêt à l'emploi ou prêt à mélanger)
- abaisse-langue ou autre article semblable jetable
- coulis sableux pour planchers de la couleur désirée (au moins deux fois la quantité spécifiée sur le sac)
- petit seau ou bol pour mélanger le coulis
- toile de protection
- spatule de cuisine de caoutchouc ou de plastique
- tampon de récurage en plastique ou linge rude
- *Facultatif :* laine d'acier (pour le fer forgé)
- *Facultatif :* perceuse électrique avec grosse mèche
- *Facultatif :* contenants pour trier les morceaux de carrelage
- *Facultatif :* agent de scellement du coulis

AVANT

À gauche, *une table pour deux, en jaune serin présentant beaucoup de rouille, qui a besoin d'attention* PARTICULIÈRE.
Au centre, *une table d'extrémité intéressante avec cet aspect « abusé ». Mais regardez de plus près : vous verrez des lignes élégantes, avec un rebord autour du plateau offrant un bord parfait pour le traitement de mosaïque.*
À droite, *une petite table neuve, plutôt dispendieuse avec quatre carreaux enfoncés dans son plateau, dont l'un fut brisé en cours de route. Une nouvelle surface était nécessaire.*

APRÈS

À gauche, *une bordure noire lustrée et un motif en crosse de fougère présentent un contraste sophistiqué aux carreaux neutre. Ce motif est créé de carreaux étroits pour la bordure qui, avec leur largeur régulière, sont excellents pour la composition des motifs linéaires.*
Au centre, *de petits carreaux à dessins sont arrangés dans un bloc au centre, avec d'autres carreaux brisés pour la bordure. Des morceaux assortis de carreau blanc bouchent les trous.*
À droite, *cette mosaïque de faïence combine des assiettes, des billes, des perles – et même le manche d'une fourchette. Vu leur dessin chargé, les mosaïques de faïence sont à leur meilleur lorsqu'elles sont mises en valeur sur une petite table.*

1 *Préparer le plateau de la table*

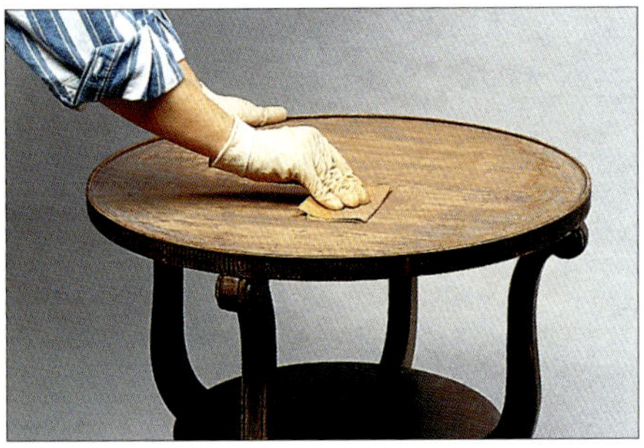

Si votre table a son plateau, sablez-le bien pour enlever tout vernis qui s'écaille et pour complètement le délustrer, afin que l'adhésif puisse coller. Dépoussiérez complètement à l'aide d'un tampon gras.

Si la table n'a pas de plateau, taillez-en un de contreplaqué à l'épaisseur voulue, 6 mm(1/4 po) s'il sera enfoncé dans une petite table, 1,25 cm (1/2 po) pour les tables de moyenne grandeur, et 2 cm (1 po) pour les tables à manger. La plupart des parcs à bois débités peuvent couper le bois selon vos dimensions. Si vous taillez le bois vous-même, utilisez une scie sauteuse pour les formes irrégulières ou une scie circulaire à table pour les coupes droites. Si le plateau est en forme de cercle, dessinez le cercle à l'aide d'un compas à trusquin. Si vous ne possédez pas un compas à trusquin, martelez un petit clou au centre du plateau. Attachez une ficelle au clou et au rayon exact du centre, attachez un crayon ou stylo. Gardez la ficelle tendue et le crayon ou stylo vertical, et dessinez le cercle.

Coupez le long de la ligne avec la scie sauteuse.

Facultatif : peignez le dessous du plateau (le côté lisse du contreplaqué) d'une couche de fond, et ensuite d'une couche de peinture. Laissez sécher.

2 *Peinture*

Si votre table est en bois, préparez la base, donnez-lui une couche de fond, et peignez-la avec de la peinture au latex ou à vaporisation. (Voir *Techniques de base de la peinture,* page 34.) Si votre table a une finition de plastique stratifié, utilisez la peinture à mélamine. (Voir *Peinture à mélamine,* en page 27.)

Si votre table est en fer forgé, nettoyez-la soigneusement, en enlevant le plus de rouille possible à l'aide de la laine d'acier, et vaporisez-la de peinture anti-rouille. (Voir *Peinture par pulvérisation en* page 44.)

Quel que soit le genre de table, ne peignez pas la section à être carrelée.

3 *Casser la tuile*

Placez la tuile (ou la faïence), couverte d'un linge, sur une surface dure tel qu'un plancher de béton. Casser la tuile sur du bois ou autre surface résiliente est beaucoup plus difficile.

Frappez la tuile (ou la faïence) avec le marteau. Après quelques essais, vous saurez quelle force prendre pour tout casser. Si vous préférez tout casser sans couvrir les matériaux, pour avoir un meilleur contrôle de la dimension des morceaux cassés, *vous devez porter des lunettes de sécurité.*

Continuez à casser les morceaux de tuile jusqu'à ce qu'ils soient de petite taille uniforme, environ 2,5 cm (1 po) de grandeur. Le triage des différentes couleurs peut aider lors du processus de dessin. Manipulez les morceaux cassés avec soin. Les bords sont tranchants et le glacis sur la faïence est en réalité de la vitre. De petits éclats de glacis peuvent tomber et ils sont difficiles à voir.

4 *Planifier la mosaïque*

Planifiez votre motif. Un par un, placez les morceaux de tuile et de faïence sur le plateau de la table, en ajustant les morceaux. Laissez un petit espace, 3 à 6 mm (1/8 à 1/4 po), entre les tuiles. Vous remplirez ces espaces de coulis.

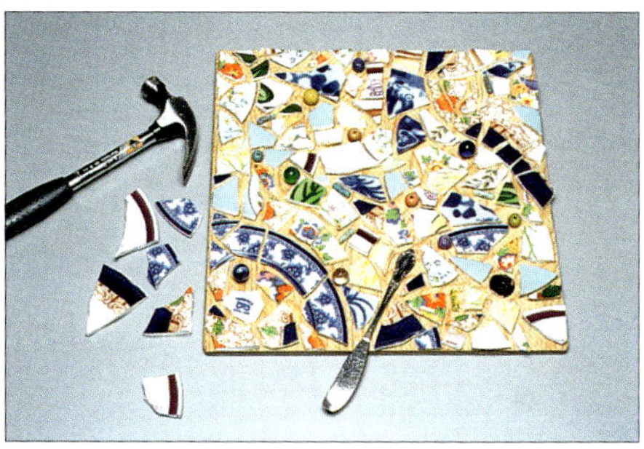

Si vous désirez créer une mosaïque de faïence, placez les morceaux au hasard, ou créez de l'ordre en positionnant les morceaux assortis ensemble pour former un bloc de couleur ou peut-être une assiette fracassée entière ou en partie. Arrangez tous les morceaux du motif, y compris les perles, les billes, les bijoux et la coutellerie.

Si vous créez une mosaïque de tuile, mélangez les couleurs et les textures pour créer un motif. Le motif peut être une image (un tournesol, la lune, les étoiles, l'ombre d'un chat, un bouton de rose) ou abstrait (des vire-vents, des zigzags, un damier, une plume en parafe). Vous pouvez ajouter des tuiles entières parmi les morceaux cassés, et aussi former des bordures.

5 *Coller la mosaïque*

Utilisez un produit adhésif prêt à l'emploi, ou encore mélangez une petite quantité d'adhésif sec avec de l'eau selon les directives du fabricant. Mélangez-en plus au besoin. L'adhésif devrait avoir la consistance de beurre d'arachides.

À l'aide d'un abaisse-langue ou autre bâton semblable, appliquez l'adhésif au dessous du morceau de mosaïque. Cachez complètement le dessous du morceau de mosaïque, ensuite placez-le sur le plateau. En le plaçant, donnez-lui un petit effet pour assurer un contact complet de l'adhésif au plateau. (Si vous créez une mosaïque en faïence, collez tous les morceaux sauf les billes et les perles. Voir étape 6.)

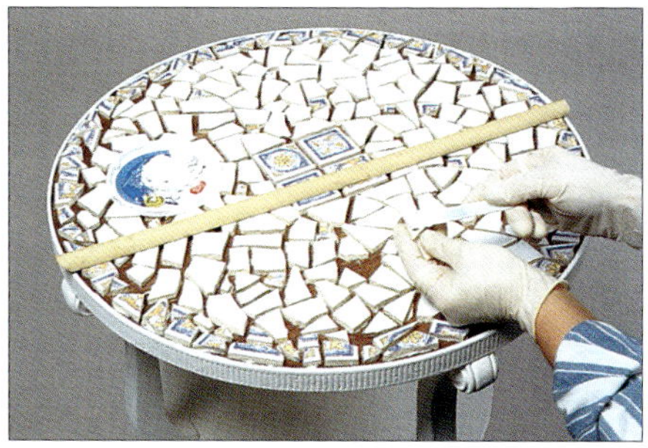

Commencez par un côté ou un coin. Avec les grandes surfaces, il est facile de perdre le fil des morceaux déjà collés. Placez une régle ou un bâton sur la table et travaillez jusqu'au bâton. Ensuite déplacez le bâton et travaillez de nouveau jusqu'à celui-ci. Continuez jusqu'à ce que toutes les tuiles soient collées.

Autant que possible, gardez la mosaïque à niveau. Ajoutez de l'adhésif supplémentaire au morceaux plus minces pour les mettre de niveau avec les morceaux plus épais. Permettez à l'adhésif de sécher et durcir, un procédé qui prend un jour ou deux. Vérifiez les directives sur la boîte pour le temps de séchage.

6 *Coller les billes et les perles*

(Si vous créez une mosaïque en faïence, collez tous les morceaux sauf les billes et les perles. Laissez durcir et sécher la colle. À l'aide de la perceuse avec une grosse mèche, percez des trous dans le plateau où les billes seront placées. Percez lentement et avec soin en tâchant de ne pas déloger les autres morceaux. Si un morceau se détache, recollez-le. Essayez la bille dans le trou. Elle devrait s'enfoncer pour être de niveau avec les autres morceaux de la mosaïque. Si elle est toujours trop soulevée, percez à nouveau le trou avec une mèche plus grosse.

Étalez de la colle autour du bord du trou percé, et placez la bille ou la perle dans le trou. La lumière venant du trou devrait illuminer la vitre. Laissez durcir et sécher la colle.

7 *Le coulage*

Si vous appliquez la mosaïque à un grand plateau ou un comptoir, placez le plateau sur sa base maintenant. Déplacer un grand plateau de mosaïque séparément après le coulage peut causer la fracture. Assurez-vous que les vis sont de la bonne longueur et qu'elles ne dérangeront pas les morceaux de mosaïque.

Mélangez une petite quantité de coulis. (Une trop grande quantité commencerait à sécher pendant que vous travaillez). Il est plus facile de travailler en petites sections, à moins que deux personnes fassent le travail ensemble. Placez quatre tasses d'eau tiède dans un petit seau ou un bol. Ajouter du coulis à l'eau pour obtenir la consistance de la crème sûre mélangée au sable. Si le coulis est trop liquide il formera des gerçures en séchant. Trop sec, il séchera avant que puissiez effectuer votre travail. Bien mélanger. Si les directives du fabricant demandent l'extinction (laisser reposer le coulis), vous devez laissez le coulis de côté pour le temps requis.

Utilisez une toile de protection. C'est un travail malpropre qui éparpillera de la poussière de sable et des miettes de coulis partout. À l'aide d'une spatule de cuisine de caoutchouc ou de plastique, répandez le coulis sur une section des tuiles et forcez-le dans les espaces entre les tuiles. Si votre table a un rebord, remplissez jusqu'au bord.

Remplissez tous les espaces, y compris les tuiles attachées au bord coupé du contreplaqué.

8 *Enlever l'excédent de coulis*

Tandis que le coulis est encore humide, saupoudrez du coulis sec sur la surface. Cette poussière aidera à absorber de l'humidité en surface et rendra le coulis de surface plus facile à enlever.

N'utilisez pas d'eau pour cette étape. À l'aide d'un tampon à récurer sec en plastique, ou d'un linge rugueux, frottez la surface du plateau de la table et enlevez l'excédent de coulis pour exposer la surface de la mosaïque. Le coulis devrait remplir les espaces entre les tuiles et être presque au niveau avec les morceaux de mosaïque.

Vous aurez peut-être la tentation de lavez le coulis, mais l'eau est son ennemie. Elle causera des gerçures en séchant.

Une fois le coulis en surface enlevé, essuyez la surface de la mosaïque avec un linge propre et humide.

Ne jamais jeter les restes de coulis dans la toilette ou l'évier, à moins de vouloir la visite de votre plombier. Il vaut mieux de jeter les restes de coulis aux poubelles. Laissez durcir et sécher le coulis et laissez la table en place — ne pas la déplacer. Cette étape prendra deux jours.

9 *Finition*

Si la table n'est pas encore réunie avec sa base, rassemblez-la maintenant.

Si désiré, appliquez un scellant de coulis (disponible dans les magasins de tuiles) sur le coulis. Ce produit aide à prévenir le coulis d'absorber les taches.

Et si on tournait la table ?

UNE PEINTURE POPULAIRE CRÉE UNE SCÈNE VERSATILE ET SAISONNIÈRE SUR UNE TABLE À ABATTANTS

La peinture populaire est une forme d'art sans âge, qui combine la naïveté avec des représentations de la vie quotidienne. Ces scènes centrent sur des paysages campagnards, des activités domestiques, et la vie en villages ruraux. Qu'elle soit simple et austère ou pleine de vie et de détail, la peinture populaire présente l'aura des temps plus simples et confortables. Cette table, peinte d'été sur un abat et liée par le ciel à l'automne sur l'autre, représente les saisons campagnardes de façon originale. Pour le peintre expérimenté, permettez-nous de servir d'inspiration pour votre propre création. Pour le débutant, les instructions détaillées donne des résultats parfaits.

Premièrement lisez ceci

Pour cette technique, choisissez un meuble simple. Tandis qu'un montant limité de détail décoratif peut rehausser votre travail, les meubles trop raffinés ou tatillons ont tendance à compromettre le style de la peinture. La peinture populaire fournit un camouflage idéal aux finitions âbimées. Le motif complexe et la texture de la peinture détourne l'attention des dégâts. La nature naïve de la peinture populaire n'exige pas une compétence en perspective dans la matière, alors c'est à la portée des débutants. En effet, la meilleure peinture populaire est celle qui est enfantine et sans prétension.

Ce style de peinture de meubles comporte deux étapes. Un travail de peinture de base, de couche de fond et de couche de peinture au latex (ou à pulvérisation, si vous préférez) est requis. Si votre table possède une finition de plastique stratifié, utilisez la peinture à mélamine pour la couche de fond. (Voir *Peinture à mélamine,* en page 27.) La peinture populaire est appliquée pardessus la couche de fond. Une variété de couleurs est requise. C'est le projet idéal pour la personne en possession d'une collection de peinture acryliques, ou pour quelqu'un désirant s'en procurer une.

AVANT

Une table à rabats Duncan Phyfebien proportionnée. Elle a perdu ses pieds en laiton, et son plateau est strié et abîmé ; c'était une aubaine trouvée dans un magasin de meubles d'occasion.

MATÉRIAUX

- litre d'apprêt à base d'eau et à adhérence élevée
- un litre de peinture au latex satiné, vert Oxford (utilisez la peinture aérosol en acrylique, si vous préférez).
- outils pour la peinture : un pinceau, un petit rouleau, un plateau à rouleau
- accès à un photocopieur
- ciseaux
- craie ou crayon blanc
- tubes d'acryliques : blanc titanium, ombre brûlée, noir mars, rose pâle (ou rouge mélangé au blanc), gris de Payne, vert pthalo, sienne brûlée, bleu de prusse, variété de vert, brun, jaune et rouge.
- pinceau d'artiste à pointe carrée moyenne, 1,25 cm (1/2 po) de largeur
- pinceau d'artiste, à pointe fine pour le détail
- ruban adhésif
- un litre de vernis à base d'eau non jaunissant
- *Facultatif :* cire en pâte, linge à polir

1 *Appliquer la couche de fond*

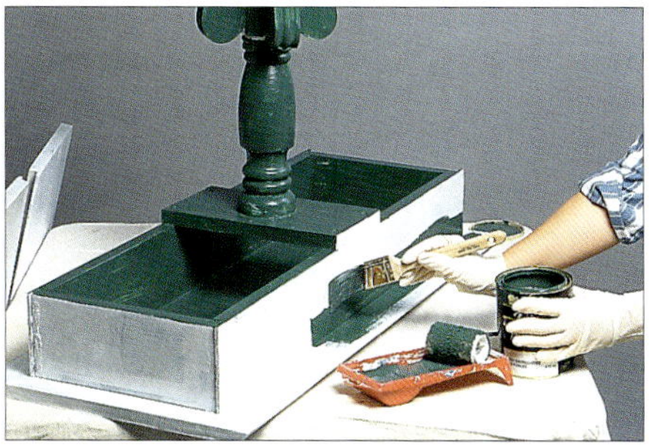

Voir *Techniques de base de la peinture* (page 34). Préparez la table, donnez-lui une couche de fond, et peignez-la complètement en vert Oxford. Si vous préférez, utilisez la peinture à pulvérisation en acrylique. (Voir *Peinture à pulvérisation*, page 44.) Si votre table est en bois et que vous désirez vieillir la base, n'appliquez pas d'apprêt avant de la peindre. (Voir *Pour l'amour du placard*, page 53.) Rassemblez la table une fois sèche.

2 *Peindre la vache*

Placez la table sur une petite boîte ou sur une table stable. La section à être peinte devrait être à hauteur des yeux ; vous devriez pouvoir marcher tout autour de la table, et la rejoindre de tous côtés. (Demandez de l'aide pour soulever la table).

Photocopiez la vache (page 298) ajustée à votre table. Découpez-la. Positionnez-la, la centrant sur un rabat de la table, et tracez autour avec une craie ou un crayon à mine blanche.

Mélangez de la peinture blanc titanium à un peu d'ombre brûlée (pour atténuer l'éclat). À l'aide d'un pinceau d'artiste, à pointe carrée moyenne peignez la silhouette de la vache. Laissez sécher. Ajoutez une deuxième couche au besoin.

Dessinez des taches Holstein sur la vache et peignez-les de noir mars.

Mélangez du blanc avec du noir pour obtenir un gris pâle. Peignez une ligne gris pâle dans les sections blanches de la vache, près du bord de la silhouette, pour lui donner un aspect trois-dimensions. Réservez de la peinture grise. À l'aide du pinceau à pointe fine, dessinez le contour du motif de l'oeil et l'oreille, et peignez les sabots et les cornes en gris.

Avec le rose pâle mélangé à un peu d'ombre brûlée, peignez le pis, le nez et l'oreille.

3 *Peindre le paysage*

Dessinez le contour des collines, granges, arbres et maisons en craie blanche. Collez les rebords du plateau à l'aide du ruban-cache.

Pour donner une couche de fond foncée aux collines, utilisez le gris de Payne et commencez au pied de chaque colline en montant, en alliant au vert pthalo. Diluez le vert pthalo et peignez-le en glacis semi-transparent. Peignez jusqu'à la vache, en définissant ses pattes et son corps. Lorsque la peinture est sèche, redessinez les objets qui auraient été recouverts.

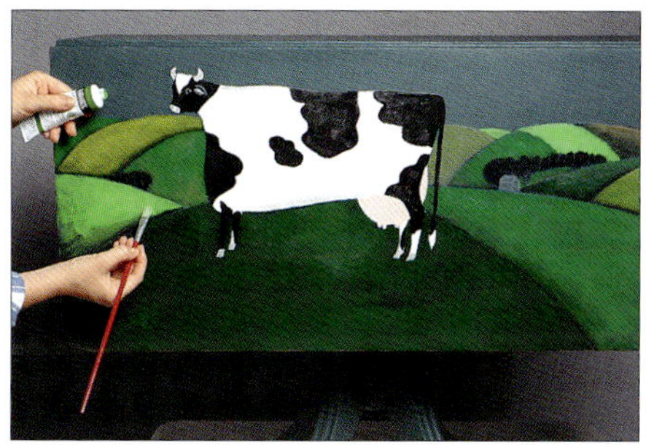

En utilisant une variété de vert (et du brun si désiré), peignez chaque colline ou champ d'un ton différent, en peignant autour des maisons, arbres et autres objets dans le paysage. Prenez la peinture directement du tube, avec très peu d'eau ; vous obtiendrez ainsi un effet frotté très riche, avec des nuances de la couche de fond. Les lignes au bord de chaque colline peuvent être laissées sans peinture, pour créer des divisions.

À l'aide du pinceau d'artiste à pointe carrée peignez autour de la vache et avivez son contour.

4 *Peindre les détails*

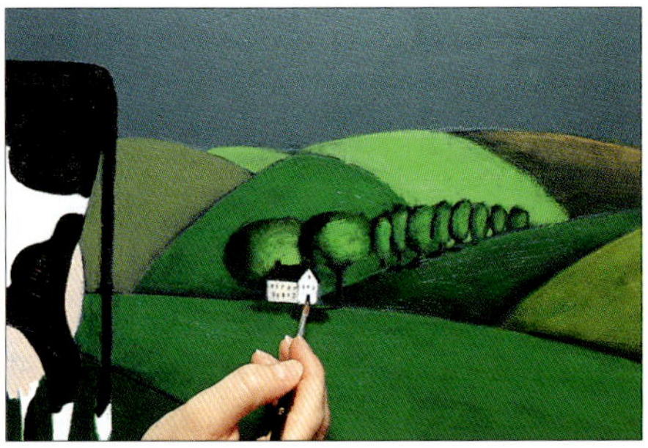

Décidez de quelle direction brille le soleil. Peignez le côté ombragé de tous les arbres en vert pthalo. Peignez le côté ensoleillé en vert vif. Peignez le côté ombragé d'une maison gris pâle ou beige, et peignez son côté ensoleillé en blanc. Les toîts et les fenêtres peuvent être noirs. Ajoutez des ombres au sol près des arbres et des structures, pour les ancrer au sol.

Ajoutez des rangées de céréales sur quelques-unes de collines. Celles-ci peuvent être tout simplement des lignes ou des rangées de points qui suivent le contour des collines. Utilisez des couleurs contrastes pour la moisson.

Ajoutez tout autre détail désiré : des lacs, des ruisseaux avec des poissons, des chemins, des fourragères, des animaux de ferme, des clôtures, des tracteurs, des gens – tout ce qui capte votre imagination.

5 *Peindre le cheval*

Retournez la table. Sur l'autre rabat, photocopiez le cheval (page 299) et dessinez le contour du motif du cheval, tel que vous l'avez fait pour la vache. Remplissez la silhouette du motif du cheval avec le gris de Payne. Peignez par-dessus le gris, presque jusqu'au bord de la silhouette, avec l'ombre brûlée, en laissant paraître un bord de gris. Ajoutez de la forme et de la surbrillance avec la sienne brûlée. Dessinez les collines en arrière-plan.

Peignez la crinière, la queue et les sabots en noir, et dessinez le contour de l'oeil en gris.

À l'aide du ruban adhésif collez les bords du plateau. Peignez une couche de fond sur les collines, avec le gris de Payne au pied et alliant à l'ombre brûlée au sommet. L'ombre brûlée et le gris de Payne peuvent être dilués à l'eau et peints comme glacis. Redessinez tout détail qui aurait été recouvert.

6 *Peindre les détails supplémentaires*

Peignez les collines, en peignant autour des arbres, granges et autres détails, tel que vous l'avez fait pour la peinture de la vache, mais utilisez la palette chaleureuse d'automne, avec ses jaunes, verts mats et bruns. Ajoutez des détails tel que vous l'avez fait pour la peinture de la vache, et respectez les côtés ensoleillés et ombrageux des objets, ainsi que les couleurs d'automne.

Ajoutez plus de détails automnaux si désiré, telles que des feuilles ardentes, des citrouilles, des épouvantails, des paniers de récoltes, une église, un moulin, des meules de foin ou des charettes.

7 *Peindre le ciel*

Faites-vous aider pour enlever la table de son perchoir. Remontez les deux rabats et dessinez des nuages au ciel. Regardez-les des deux côtés, pour être certain qu'ils n'ont pas l'air à l'envers d'un côté.

Mélangez du blanc à une petite quantité de brun et/oude rose (pour atténuer l'éclat) et peignez les nuages.

Mélangez un demi-tube de blanc titanium et un-tiers de tube de bleu de prusse. Peignez le ciel bleu jusqu'aux nuages, en laissant paraître la couche de fond vert parmi les nuages en laissant un bord sans peinture. Descendez les rabats de la table, et utilisez du bleu pour peindre les bords exposés entre le plateau de la table et ses rabats. Laissez sécher.

8 *Vernissage*

Enrichissez la couleur et protégez le travail de peinture. Mettez du ruban-cache dans les fentes où se rencontrent les rabats et le plateau, et remontez les rabats. Vernissez le plateau de deux couches de vernis non-jaunissant à base d'eau. Laissez sécher, et enlevez le ruban des fentes. Sablez très légèrement tout excedent de vernis. Si le sablage laisse un effet trouble sur le vernis, appliquez une couche légère à la section affectée. (Voir *Vernissage,* en page 48.) Gardez les rabats descendus durant le durcissage de la peinture et du vernis. Ensuite, pour empêcher que cela colle, appliquez une ou deux couches de cire à pâte dans les fentes où se rencontrent le plateau et les rabats.

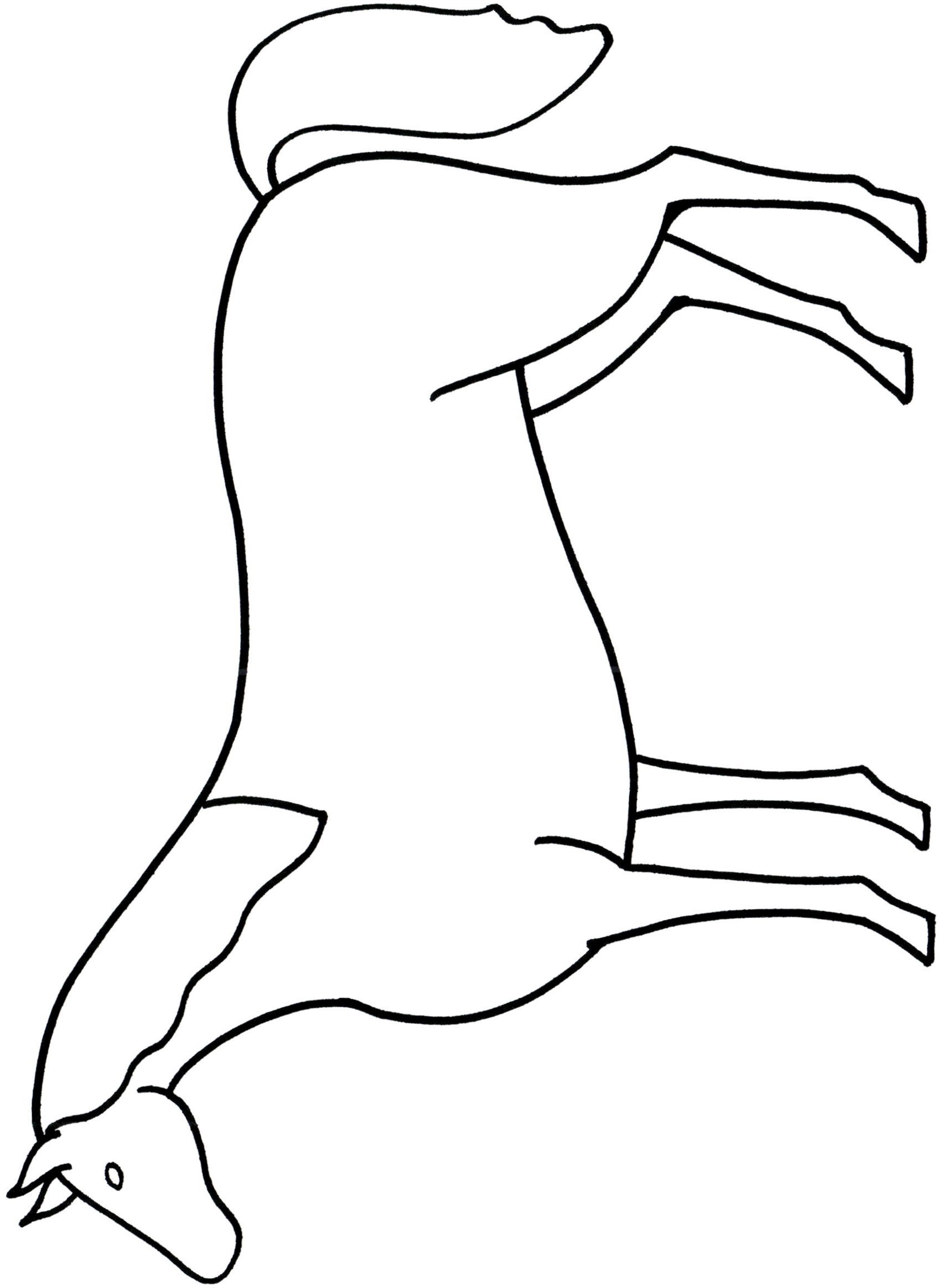

Index